**中华人民共和国海船船员适任评估教材**

交通运输类"十四五"创新教材

符合《海船船员适任评估规范（2024版）》评估要求

# 轮机实操评估II
# ——机舱资源管理

Ⓜ 中国海事服务中心 组织编写

大连海事大学出版社

DALIAN MARITIME UNIVERSITY PRESS

**图书在版编目(CIP)数据**

轮机实操评估. Ⅱ, 机舱资源管理／中国海事服务
中心组织编写. — 大连：大连海事大学出版社，2025.
6. —(中华人民共和国海船船员适任评估教材).
ISBN 978-7-5632-4724-0

Ⅰ. U66

中国国家版本馆 CIP 数据核字第 2025U33X69 号

大连海事大学出版社出版

地址:大连市黄浦路523号　邮编:116026　电话:0411-84729665(营销部)　84729480(总编室)
http://press.dlmu.edu.cn　E-mail:dmupress@ dlmu.edu.cn

大连天骄彩色印刷有限公司印装　　　　大连海事大学出版社发行

2025 年 6 月第 1 版　　　　　　　　2025 年 6 月第 1 次印刷
幅面尺寸:184 mm×260 mm　　　字数:361 千　　　印张:14.5
出版人:余锡荣

策　　划:李明阳　　　　　　　　　　组　　稿:沈荣欣
责任编辑:高　颖　　　　　　　　　　责任校对:王　琴
封面设计:张爱妮　　　　　　　　　　版式设计:张爱妮

ISBN 978-7-5632-4724-0　　定价:52.00 元

# 中华人民共和国海船船员适任评估教材

## 编审委员会

主　　任：单红军

委　　员：(按姓氏笔画排序)

于忠武　王　勇　万　健　吴中平　吴丽华　施祝斌

唐强荣　温华兵　曾庆成

## 审定委员会

主　　任：单红军

委　　员：(按姓氏笔画排序)

马洪涛　王平义　王明春　王　琪　吕　明　刘金华

刘锦辉　闫松银　李忆星　李　丽　李明月　杨甲奇

肖亚明　何江华　张庆宇　张守波　陈东水　陈常晖

周明顺　黄江昆　景向伟

## 编写委员会

主　　任：曾庆成

执行主任：王　勇　余锡荣　张玉波

副 主 任：(按姓氏笔画排序)

王方金　王希行　方　诚　邓　华　邓志华　叶晓飞

代勇刚　曲　涛　朱永祥　朱耀辉　刘月鹏　刘世伟

刘志军　　刘克忠　　刘宗正　　刘宪珍　　许　亮　　孙长飞
李先强　　李江华　　李　志　　李明阳　　李　颖　　李　翼
杨神化　　吴晓赟　　何　毅　　汪益兵　　张世峰　　张芳亮
张秀霞　　张洪朋　　张　洋　　张　强　　邵国余　　范　鑫
林杰民　　林珊仟　　周欣花　　郑学贵　　俞万能　　俞文胜
贾宝柱　　徐言民　　徐　攀　　郭文波　　郭　敏　　唐　锋
黄党和　　盛进路　　隋江华　　彭周华　　董远志　　蒋庆伟
程文阁　　曾冬苟　　曾志伟　　黎冬楼　　薛丛华　　魏　安

**委　员：**(按姓氏笔画排序)

王立军　　王建军　　王　勇　　王乃璋　　王维伟　　韦国栋
方　力　　卢艳民　　田学军　　付乾坤　　冯海龙　　宁　波
吕二广　　吕建明　　朱永强　　刘长青　　刘沁源　　刘新亮
关长辉　　江建华　　许志彬　　许媛媛　　衣占星　　李连博
李继凯　　李道科　　李富玺　　杨双齐　　杨　林　　杨　栋
吴叶平　　沈荣欣　　张一久　　张　华　　张远强　　张　明
张春阳　　张选军　　张　磊　　陆宝成　　陈永利　　陈丽芬
陈维军　　武　斌　　林　郁　　岳现杰　　金建元　　念　静
周娅琼　　宗永刚　　赵志强　　赵俊豪　　赵贵竹　　郝振钧
胡贤民　　柯洋洋　　姜广丰　　夏　楷　　奚　瑞　　高世有
高　颖　　高增云　　席建龙　　唐德才　　黄　华　　黄兴旺
阎　义　　蒋　龙　　韩晓春　　温清洪　　赖云灵　　赖　强
雷绍权　　裴景涛　　戴　武

# 前　言

作为全球贸易主动脉的海洋运输,承载着90%以上的国际货物流动,在世界经济格局中发挥着举足轻重的作用。海船船员是全球航运体系的核心,其专业素养与适任能力直接决定着全球海上物流链的安全畅通与运营效能。在智能船舶技术日新月异、新能源装备迭代升级、自动化系统深度应用的当代航运变革中,国际公约和国内海事管理法规亦呈现动态演进态势,这些深刻变化对海船船员的知识架构、技术应用与应急处置能力提出了前所未有的高标准。

为精准对标高素质船员培养标准,打造与世界一流海运强国相匹配的船员队伍,交通运输部海事局颁布了《海船船员适任评估规范(2024版)》,并于2025年4月1日正式实施。此规范旨在通过科学、系统的评估体系,确保船员具备与岗位相匹配的专业技能与素质。鉴于这一重要背景,中国海事服务中心积极响应行业需求,凝聚行业专家智慧,组织编写了这套《中华人民共和国海船船员适任评估教材》。该系列教材严格遵循评估规范要求,结构严谨、重点突出,实用性强,既为船员备考提供精准指导,又着力于培训过程中对船员实操技能与复杂场景处置能力的强化,切实提升船员的岗位胜任能力。

本套评估教材分为航海、轮机、电子电气三大专业,共16册。

航海专业包括:《航海实操评估Ⅰ——船舶操纵、避碰与驾驶台资源管理》《航海实操评估Ⅱ——航次计划、气象传真图分析》《航海实操评估Ⅲ——货物积载与系固》《航海实操评估Ⅳ——航线设计、电子海图显示与信息系统》《航海实操评估Ⅴ——航海仪器的使用、雷达操作与应用》《航海实操评估Ⅵ——GMDSS设备操作》《航海实操评估Ⅶ——水手工艺、水手值班》;

轮机专业包括:《轮机实操评估Ⅰ——轮机模拟器、动力装置测试分析与操作》《轮机实操评估Ⅱ——机舱资源管理》《轮机实操评估Ⅲ——动力设备拆装》《轮机实操评估Ⅳ——电气与自动控制》《轮机实操评估Ⅴ——动力设备操作》《轮机实操评估Ⅵ——船舶电工工艺和电气设备》《轮机实操评估Ⅶ——金工工艺》;

电子电气专业包括:《电子电气员实操评估Ⅰ——船舶电站操作与维护、船舶电子电气管理与工艺》《电子电气员实操评估Ⅱ——通信与导航设备维护、计算机与自动化》。

本套评估教材的出版具有多重意义。一是有利于行业发展,通过系统提升船员实操能力,为航运业转型升级注入强劲动能,推动我国航运业向绿色航运、智慧航运发展;二是有益于船员职业发展,引导船员精准掌握实训要点,提高培训效率和学习效果;三是有助于评估考试管理,为海船船员适任评估工作提供更加符合行业需求的标准和内容,推动海船船员适任评估工作从实施流程、评估方式到评判标准的全国统一。

中国海事服务中心邀请全国航海院校知名专家,航运企业资深船长、轮机长,以及海事局船员考试领域业务骨干共同参与本套评估教材的编写和审定工作。编审团队深度融合国际公约、国内法规最新要求与航海新技术发展趋势，注重理论联系实际，突出"用、学、考"一体化思维，通过贴合实际的案例、深入浅出的讲解，阐明评估要义，突出评估要点，使整套评估教材既具专业深度又易学易用。我们衷心期望这套凝聚航海智慧的评估教材能够成为广大船员职业成长的加速器，为我国高素质船员队伍建设发挥积极作用。同时，也热忱欢迎行业同仁和广大船员对本套评估教材提出宝贵意见和建议，以便我们不断完善，使其更好地服务于我国的航海事业。

中国海事服务中心
2025 年 4 月

# 编者的话

STCW 公约马尼拉修正案生效后,交通运输部对《海船船员适任考试和发证规则》进行了修订,并配套编制了《中华人民共和国海船船员适任评估规范(2012 版)》。随着海事公约的修订,以及船舶设备的更新和新技术的应用,该规范部分内容已不相适应,亟须修订。于是,《中华人民共和国海船船员适任评估规范(2024 版)》应运而生,其在评估项目、内容、时长、任务、场景、要素、评判标准及方式等方面都进行了调整和优化。为配合《中华人民共和国海船船员适任评估规范(2024 版)》的实施,满足海船船员适任评估和培训的需要,我们编写了这本《轮机实操评估 Ⅱ——机舱资源管理》教材。

本教材主要面向参加海船船员适任评估的考生,也可作为航海院校轮机工程专业学生实操训练以及航运企业对船员进行相关技能培训的教材。通过使用本教材,读者能够更好地理解和掌握机舱资源管理的实操技能,以满足新版适任评估规范的要求。

本教材编写过程中,编者团队系统梳理了《中华人民共和国海船船员适任评估规范(2024 版)》中轮机长、大管轮、二/三管轮岗位机舱资源管理评估项目与能力要求,创新采用项目式编写理念,以评估要素为核心构建内容体系。本教材共分为四章,第一章主要介绍机舱资源管理的由来、目的、定义、内容、评估建议与展望等;第二章主要介绍了 4 项常规工况下的团队评估任务,包括船舶靠泊,船舶在港接受 PSC/FSC 检查,船舶加装燃、润油料,船舶离泊;第三章主要介绍了船舶应急工况概述、8 项应急工况下的团队评估任务(包括全船失电、恶劣海况、船舶搁浅、加油溢油、舵机失灵、机舱火灾、机舱进水、船舶碰撞);第四章主要介绍了 4 项个人评估任务,包括不同人文背景下的轮机部船员交流、热工作业、船舶接船管理、修船管理。在团队评估模块,通过整合不同职位的评估标准表,实现"多角色协同评估"的立体化设计——以某型全任务轮机模拟器为载体,按照评估要素节点编写标准化团队协作脚本,明确轮机长决策指挥、大管轮流程协调、轮机员设备操作等差异化考核要点,确保评估过程既体现岗位特性又强化团队协作,通过"物理操作-虚拟/实操验证-能力评价"的闭环训练模式,帮助考生构建完整的机舱资源管理知识体系。此外,本教材进行标准化题卡设计,希望能够帮助评估员依托评估要素节点实施精准考核,考生亦可对照要素清单有针对性地提升实操能力。

本教材由大连海事大学郭磊、天津海运职业学院杜金印、江苏海事职业技术学院汤明、江苏航运职业技术学院朱永祥主编。仇大志、米晓东、翟冠宇、周明波参与了部分章节的编写。上海海事局时冬生轮机长、大连海事大学张均东教授为本教材的编写提供了专业指导与有力帮助。中国海事服务中心李富玺、浙江海事局任德夫、天津海事局权国富担任本教材主审。全书最后由郭磊统稿。

希望本教材能为广大读者在海船船员适任评估及相关航海实践中提供有力帮助,也期待大家对本教材提出宝贵意见和建议,以便我们不断完善与优化教材的内容。

# 目　录

# 第一章

# 绪论

## 第一节　机舱资源管理概述

### 一、机舱资源管理的由来

#### 1. 海事中的人为因素

船舶营运安全,关系到船员、船舶、货物、港口的安全和海洋环境的保护。美国国家运输安全委员会以及若干国际组织的统计数据表明:所有被调查的商业海事人员伤亡中,有75%~80%是由人为因素引起的。

因此,国际海事组织(IMO)于1993年的第18届大会通过了A.741(18)号决议:《国际船舶安全营运和防止污染管理规则》,并将其纳入《1974年国际海上人命安全公约》(简称SOLAS 74公约)第Ⅸ章内容,成为强制性要求。此届大会也通过了关于《船舶配员中的疲劳因素和安全》的A.778(18)号决议。这标志着IMO对海上人命安全和环境保护方面所采取的措施,在指导思想上有了一个很大转变,即意识到人为因素在确保海上安全和防止海洋污染中所起的重要作用。1995年,IMO对《1978年海员培训、发证和值班标准国际公约》(简称STCW 78公约)做了较大修改。修改后的STCW 78公约对海员的专业知识、管理才能和心理素质提出了更高的要求。

针对人为因素,1997年,IMO所属的海上安全委员会和海洋环境保护委员会经过与有关国家专家的长期研究联合发布了"人为因素统一术语"。1999年,IMO通过了关于《海事中人为因素调查指南》的A.884(21)号决议。另外,IMO的《海事调查员示范教程》第八部分"人为因素",也强调了大量海事事故与人为因素有关,并且人为因素在事故的初发阶段有着十分重要的作用。因此为了消除和减少人为因素对海上安全和防止海洋污染的负面影响,科学地考虑人为因素已是现代船舶管理的一个重要组成部分。

### 2.机组资源管理与驾驶台资源管理

为有效控制人为因素对船舶安全的影响,其中一个举措是 IMO 将驾驶台资源管理培训纳入 STCW 培训要求。最早进行资源管理培训的是航空业,驾驶台资源管理是借鉴航空业的机组资源管理而来的。20 世纪 80 年代,美国国家航空航天局通过对多起飞机事故展开的调查发现,70%以上的客机事故或多或少地涉及人为的失误。更令人吃惊的是,大多数这类失误的起因不是技术上的缺陷,而是在机组人员的沟通、合作和决策等方面出了问题。因此,针对机组人员的机组资源管理(Crew Resource Management,简称 CRM)应运而生。CRM 区别于传统上仅针对单个飞行员进行的技术培训,它以整个机组为培训对象,培训其沟通、决策和领导等资源管理技能,并将这些技能和飞行专门技能一道进行训练和评估,以提高驾驶员整体工作能力。CRM 培训的开展,有效降低了飞机的人为事故率,在航空业得到了普及和发展,并被推广到了其他行业,如医学领域及海事领域。

20 世纪末,为了确保船舶航行安全,瑞典、荷兰等欧洲国家的交通与海事安全主管部门、船东协会、航运公司和引航员协会等开设了船舶驾驶人员安全教育与技能课程,同时借鉴北欧航空公司成功地为航空飞行人员举办机组资源管理培训的经验,结合各自实际情况,开发了船舶驾驶人员安全教育与技能课程——驾驶台资源管理(Bridge Resource Management,简称BRM)。近几年的实践证明,驾驶台资源管理的实施为提高船舶和公司的安全工作管理水平、保证船舶安全营运发挥了实际作用并产生了深远影响,并由 IMO 纳入 STCW 培训的建议性的B 部分进行推广。

### 3.机舱资源管理培训的实施

船舶机舱的资源远比驾驶台丰富,而且工作环境较恶劣,对于其资源的管理,直接影响着船舶营运的安全、海洋环境的保护和航运企业的经济效益和对外信誉。因此,机舱资源管理(Engine Room Resource Management,简称 ERM)的实施,必将对船舶安全营运产生重大影响。

IMO 在 2005 年 1 月 10 日—14 日召开的第 36 届 STCW 预备会议中,签署通过了一项关于STCW 78/95 的 B-Ⅷ/3-2 部分的修正案,该修正案将机舱资源管理列为一项建议性指导。

2009 年 2 月 2 日—6 日,IMO 船员培训和值班标准分委会 STCW 第 40 次会议在伦敦召开,同意将原来在建议性的 B 部分中驾驶台资源管理的原则性要求和机舱资源管理的原则性要求合并,并移入了强制性的 A 部分,进一步完善了第Ⅷ章的修正案初稿。2010 年 1 月,在伦敦召开的 IMO 船员培训和值班标准分委会 STCW 第 41 次会议完成了修正案终稿。2010 年 6月,在菲律宾马尼拉召开的 IMO 船员培训和值班标准外交大会批准了新的 STCW 公约修正案,即 STCW 公约马尼拉修正案。2012 年 1 月 1 日,STCW 公约马尼拉修正案全面生效。随着 STCW 马尼拉修正案的生效,我国开展了对在职船员的资源管理知识更新培训,并将机舱和驾驶台资源管理纳入在校生专业培训科目。

## 二、机舱资源管理的目的

机舱资源管理是在驾驶台资源管理课程的基础上结合轮机的特点开发出来的安全培训课程,其宗旨是通过机舱资源管理培训与应用,使船舶轮机人员进一步强化安全意识和端正工作态度,明确自己在轮机部门工作中的职责与分工,充分发挥轮机部所有人员的团队作用,应用人为失误与事故预防、文化意识、情景意识、沟通与通信、决策与领导、疲劳与压力等现代管理理念,提高正确判断和处理复杂局面的能力,达到熟练掌握和灵活运用船舶机舱资源,保证船舶安全航行的目的。

机舱资源管理课程的重点与以前许多技术或技能性学习和培训课程不同,它着重于较为系统地为船舶轮机人员提供船舶机舱安全管理方面的方法和经验教训,便于轮机人员自我进行船舶机舱资源管理的理论和实际操作方面的学习和训练。机舱资源管理课程以"改变不安全的理念(concept)——改变不安全的态度(attitude)——改变不安全的行为(behavior)(C-A-B)"为宗旨,从管理理念上对轮机人员进行安全教育与培训。通过对机舱资源管理课程的学习,船舶轮机人员应能更好地做到以下几点:

### 1.转变思想理念,端正工作态度

为了有计划、有组织、有控制、有激励、有协调、创新性地将机舱管理水平上升到一个新的台阶,船舶轮机人员必须通过机舱资源管理的学习,通过改变理念、端正态度、规范行为来理顺工作思路与关系,改变和完善自己的工作行为,从而将相关理论知识与管理方法应用到实际工作中,确保船舶及其人员、货物和环境的安全。

### 2.理解机舱资源的分配、分派和优先排序

机舱资源既包括各种机电设备、备件和物料等硬件,也包括船、岸人员的知识、经验、技能和文化以及各种法规、制度、计划、文件、资料等软件。通过学习,船舶轮机人员应熟练掌握在船舶机舱的各种运行状态下,尤其在应急情况下,如何根据需要,按正确的优先顺序分配和分派机舱资源,以执行必要的任务,确保船舶及其人员、货物和环境的安全。

### 3.注重不同文化意识与背景,保持良好的通信与交流

轮机长或其他相关人员在从事船舶机舱管理的工作中,应始终贯穿人性化的管理理念。他们应充分注意船员在生理、心理因素方面的特点;特别应注重相关人员之间,包括与驾驶员之间各自的文化意识和背景,了解不同国家与民族之间的文化差异,并通过采取尊重、理解、学习等方法化解异国异族之间在信息沟通方面的障碍。同时,他们还应采取多种有效的手段加强和保持内部与外部之间的通信和交流,正确掌握和充分运用适当的通信与交流方法,积极有效地沟通、协调自己与其他轮机人员、驾驶员、机务管理人员等多方面之间的工作关系,从而有序和安全地完成船舶的各项工作任务。

### 4.改进管理作风,提高决策水平和应变能力

船舶轮机人员作为船舶团队工作重要成员,应明确机舱团队工作的要求,理解在日常团队工作中的角色和职责,并充分发挥团队成员的作用,认真地收集信息资料,正确操纵机舱设备。同时,船舶轮机人员应熟悉领导艺术和决策技能的运用,并加强应急部署的演习,在面对突发情况和紧迫局面的时候能从容应对,积极有序地做出有效的应急反应,防止事故的发生。

### 5.增强情景意识,及时发现和终止失误链和事故链

船舶轮机人员应能正确认识和了解各种内、外界因素对船舶轮机运行、船舶航行安全的影响,掌握船舶机舱的实际状态,始终保持高度的情景意识,对即将发生的情况和局面做出正确的判断,检查和监督其他轮机人员所采取的操作行动,注意这些行动对船舶机舱安全以及船舶安全的影响,利用集体智慧,规避风险。船舶事故大多数是由人为失误造成的。每一个事故都

是由导致其发生的一系列失误链或事故链造成的。正确了解船舶机舱的情况,认识到每一个失误链或事故链的形成迹象与过程,并采取相应措施,及时破断失误链或事故链,就可以终止失误链或事故链和避免事故的发生。

## 三、机舱资源管理的定义

### 1. 资源

资源指的是一切可被人类开发和利用的物质、能量和信息的总称,它广泛地存在于自然界和人类社会中,是一种自然存在物或能够给人类带来财富的财富。或者说,资源就是指自然界和人类社会中一种可以用以创造物质财富和精神财富的具有一定量的积累的客观存在形态,如物质资源、人力资源、信息资源等。

在人类经济活动中,各种各样的资源之间相互联系,相互制约,形成一个结构复杂的资源系统。每一种资源内部又有自己的子系统。资源可从性质、用途等不同角度进行不同的分类。

(1)按资源的基本属性分:自然资源、社会资源;

(2)按其性能和作用特点分:硬资源、软资源;

(3)按自然资源的再生性分:再生资源、非再生资源。

### 2. 管理

管理是指通过计划、组织、领导、控制及创新等手段,结合人力、物力、财力、信息等资源,以期高效地达到组织目标的过程。

管理是社会组织中,为了实现预期的目标,以人为中心进行的协调活动。它包括四个含义:

(1)管理是为了实现组织未来目标的活动;

(2)管理的工作本质是协调;

(3)管理工作存在于组织中;

(4)管理工作的重点是对人进行管理。

管理就是制订/制定、执行、检查和改进。制订/制定就是制订计划(或制定规定、规范、标准、法规等)。执行就是按照计划去做,即实施。检查就是将执行的过程或结果与计划进行对比,总结出经验,找出差距。改进首先是推广,通过检查总结出经验,将经验转变为长效机制或新的规定;其次是针对检查发现的问题进行纠正,制定纠正、预防措施。

### 3. 机舱资源管理

机舱资源的内容如图 1-1-1 所示,其中人力资源是指能够确保船舶及其机舱安全营运的具有智力劳动和体力劳动能力的人们的总和;物质资源是指船舶及其机舱营运生产和生活所需要的原材料、能源、设备等生产和生活资料的总称;信息资源是指船舶及其机舱生产及管理过程中所涉及的一切文件、资料、图表和数据等信息的总称,它涉及船舶及其机舱生产和经营活动过程中所产生、获取、处理、存储、传输和使用的一切信息资料,贯穿于船舶及其机舱管理的全过程;环境资源是指船舶及其机舱营运环境等。

机舱资源管理,属于管理科学范畴,它是管理科学的一个具体的分支和应用。机舱资源管理是指在船舶营运过程中,轮机人员通过对机舱事故人为因素的深入理解、控制,对可供利用

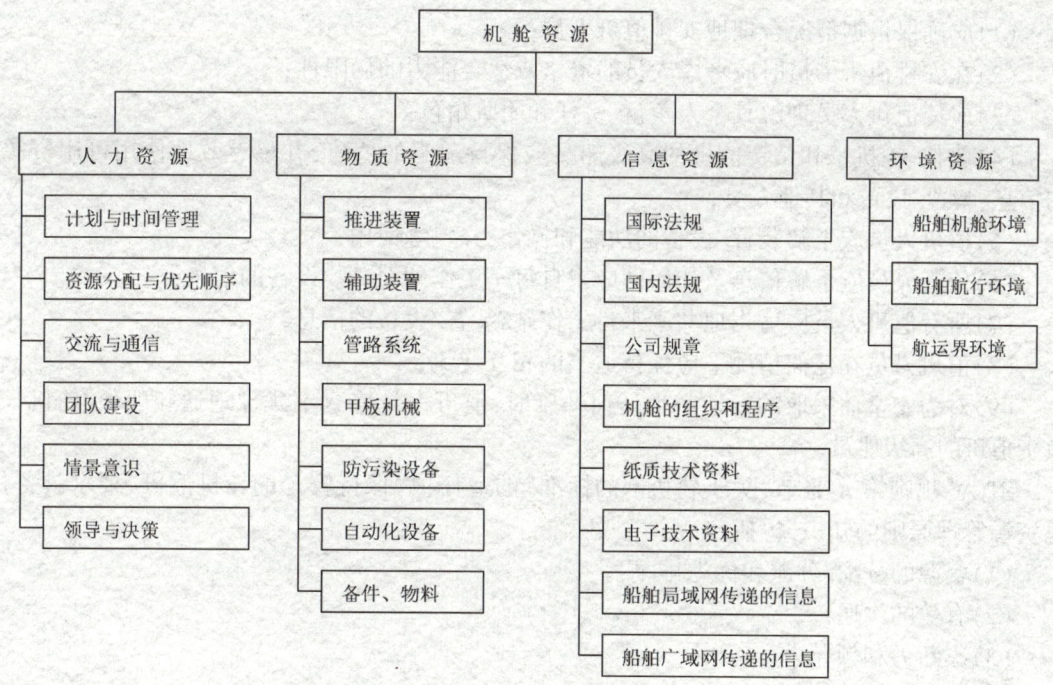

图 1-1-1　机舱资源的内容

的船舶和机舱资源的计划、组织、领导和控制,通过不断加强情景意识和机舱应急预案演练,实现船舶安全营运的目的。应从以下四个方面理解其含义:

第一,要进行组织的管理,就必须了解和把握环境(包括人的因素)对组织的影响。机舱资源管理活动是在特定的组织内、外部环境的约束下进行的。船舶和机舱存在于较为恶劣多变的自然环境之中,其生产和经营活动受到船公司、港口、物资供应商、客户等多种界面以及国际国内公约和法规的宏观社会环境的制约,其人员的生活和生产活动又形成一个相对狭小封闭的微观社会环境。

第二,管理活动是为实现组织目标服务的。机舱资源管理的目的是既要确保生命安全、避免财产损失,又要切实提高资源的利用效率,实现航运公司利益的最大化,同时还要主动承担社会责任,实现资源节约和避免海洋环境的污染。

第三,管理活动要通过有效利用组织的各种资源来实现组织目标。机舱资源管理除了要充分利用人、财、物、信息等内部的、有形的资源之外,更要强调资源利用的效率和效果。

第四,机舱资源管理最终要落实到计划、组织、领导和控制等管理的基本职能上,并通过情景意识的演练强化其基本职能。

## 四、机舱资源管理的内容

### 1.STCW 公约关于机舱资源管理的要求

STCW 公约马尼拉修正案关于机舱资源管理的内容在 STCW 规则第 A-Ⅷ/2 节"值班安排和应遵循的原则"第三部分"值班的一般原则"中,要求值班应基于下列驾驶台和机舱的资源管理原则:

（1）应确保根据情况合理地安排值班人员；

（2）在安排值班人员时应考虑人员的资格或适合能力的局限性；

（3）应使值班人员理解其个人角色、责任和团队角色；

（4）船长、轮机长和负责值班的高级船员应保持适当的值班，并最有效地使用可用资源，如信息、装置/设备和其他人员；

（5）值班人员应了解装置/设备的功能和操作，并熟练使用；

（6）值班人员应了解信息及如何回应来自每一工作站/装置/设备的信息；

（7）所有值班人员应适当地共享来自工作站/装置/设备的信息；

（8）值班人员在任何情况下应保持适当的相互交流；

（9）对为安全而采取的行动产生任何怀疑时，值班人员应毫不犹豫地通知船长/轮机长/负责值班的高级船员。

STCW规则第A-Ⅲ节"关于轮机部的标准"的适任项"保持安全的轮机值班"要求具备机舱资源管理原则的知识，包括：

（1）资源的分配、分派和优先排序；

（2）有效的沟通；

（3）决断力和领导力；

（4）具有和保持情景意识；

（5）考虑团队经验。

适任项"领导力和团队工作或管理技能的运用"要求：

（1）船上人员管理和培训的实用知识；

（2）国际海事公约和建议以及相关国内立法的知识；

（3）运用任务和工作量管理的能力，包括计划和协调、人员指派、时间和资源的限制、优先排序；

（4）运用有效资源管理的知识和能力，包括资源的分配、分派和优先排序、船上和岸上的有效沟通、决策反映出团队的经验、决断力和领导力（包括激励）、具有并保持情景意识；

（5）运用决策技能的知识和能力，包括局面和风险评估、识别并考虑选项、选择行动方案、评价结果的有效性。

另外，STCW规则第B-Ⅷ/1节"关于适于值班的指导"提及"防止疲劳"和"防止滥用药物和酗酒"也应在机舱资源管理的培训内容中得到体现。

### 2.机舱资源管理的内容

传统的轮机管理只局限于船舶机电设备的管、用、养、修。但现代船舶的轮机管理涉及管理科学、行为科学、人类工效学等多门学科的知识，它牵涉系统论、控制论和信息论的内容，将船舶机舱的所有资源统一为宏观整体，运用多学科交叉分析，达到机舱资源综合管理的目的。机舱资源管理的培训内容应包括如下方面：

（1）分析人为失误和船舶机舱事故发生与预防之间的关系

绝大多数船舶机舱事故是与船舶机舱人员的人为失误有关的。为了减少和预防船舶机舱事故的发生，必须明确人的因素在船舶机舱管理中的失误链与最终事故发生之间的关系，并根据这些特定的关系采取相应的措施，减少或破断失误链的产生和发展，从而达到减少和预防船舶机舱事故发生的目的。

（2）注意多元文化意识对船舶安全工作的影响

船舶机舱人员的实际工作涉及不同国家、不同地域、不同公司的船舶与人员。来自不同国家、不同地域的船员在他们各自的工作中经常体现出多元文化意识的特点，并对船舶机舱安全的实际操作产生一定的影响。因此，船舶机舱人员之间应理解与尊重彼此的文化意识，从而保证机舱安全。

（3）掌握正确处理船舶航行中的工作压力和消除疲劳的方法

船舶和机舱存在于较为恶劣多变的自然环境之中，再加上有时工作繁忙，船期周转快，人员编制有限，机舱人员极易产生很大的工作压力和出现过于疲劳的现象，而许多机舱事故是在这种情况下发生的。因此，船舶机舱人员在实际工作中有必要掌握正确处理船舶航行中的工作压力和消除疲劳的方法。

（4）阐述情景意识对机舱安全的作用

船舶机舱资源丰富，工作环境恶劣。船舶机舱人员必须随时保持高度的情景意识，全面了解和掌握当时的机舱运行状态与相关信息，才能积极地采取合理的措施和行动避免机舱事故的发生。为了保持高度的情景意识，船舶机舱人员首先必须具有正确的工作态度。

（5）加强制度建设，规范化执行规章制度和操作规程，合理分配、分派机舱资源

机舱人员必须严格执行国际公约与安全和防污规则、遵守各国政府和主管部门制定的涉及水域安全和防止污染的规章制度。同时，船舶机舱人员还必须根据航行和作业的需要，加强机舱制度建设，认真执行规定的各类规章制度和操作规程，合理分配、分派机舱资源。

（6）强调船舶通信和机舱人员的有效沟通在机舱安全中的重要性

船舶通信和机舱人员的有效沟通是机舱安全和船舶安全航行的基本保证之一。由于船舶通信设备的局限性、机舱的环境和人员之间在不同语言等方面的限制，船舶航行过程中机舱的这些局限性与限制会导致紧急情况的产生或事故的发生，所以船舶机舱人员应注重船舶通信和机舱人员的有效沟通，防止机舱紧急情况的产生或事故的发生。

（7）探讨船舶机舱的决策和领导工作的改进

鉴于船舶航行的工作特点，船舶机舱人员尤其是轮机长在船舶航行与靠、离泊等作业过程中必须根据船舶操纵和安全需要做出一些决策，并客观地在机舱团队工作中发挥领导作用。如何改进和提高决断力和领导力，更好地发挥机舱团队工作的领导作用，对船舶机舱安全具有非常重要的作用。

（8）明确团队与团队工作在船舶机舱工作中的重要性

船舶在海上航行和靠、离泊时，船舶机舱上工作的所有成员都是机舱团队成员之一，为了确保船舶安全，机舱人员必须充分认识到机舱团队工作的重要性，认识到与船舶其他团队积极配合和协调的重要性，在明确各自职责义务的基础上，协调好相互关系，共同协作做好船舶和机舱的安全工作。

（9）提高船舶机舱应急处理技能

船舶营运时，机舱经常面临一些由于环境、船舶或人的因素而突然发生的异常情况与紧急局面。因为机舱环境的复杂性，如果机舱人员稍有处理不当，即可引起严重的后果。因此，船舶机舱人员必须熟悉和掌握各自不同紧急情况与局面下的应急处理方法，并不断提高自己处理和应对这些不同紧急情况与局面的技能。

## 五、2024 版评估规范主要修改

2024 年 12 月 24 日,交通运输部海事局发布了《中华人民共和国海船船员适任评估规范(2024 版)》(以下简称新版评估规范),与《中华人民共和国海船船员适任评估规范(2012 版)》(以下简称旧版评估规范)相比,新版评估规范对机舱资源管理项目做了如下修改:

### 1.评估内容上的修改

根据不同职务,评估内容由"通信与沟通、计划的编制与实施以及轮机部团队的协调与配合"3 项内容分别变更为轮机长"11 项团队评估任务和 3 项个人评估任务"、大管轮"10 项团队评估任务和 4 项个人评估任务"、二/三管轮"12 项团队评估任务和 3 项个人评估任务"。

(1)旧版评估规范中的"通信与沟通"部分融入各团队评估任务中。新版评估规范中涉及事故报告、人员安排等评估要素的评估任务时,会把"通信与沟通"作为评估标准中的一个关键点,评估员根据考生综合表现评价该项评估任务合格与否。

(2)旧版评估规范中的"计划的编制与实施"部分融入各项评估任务中。旧版评估规范中的"轮机部备件申请、接收和保管以及轮机部日常维修保养计划的编制与实施"评估内容融入新版评估规范的"接船管理、修船管理"等个人评估任务中,"轮机部物料、润料和工具的申请、接收和保管"评估内容融入新版评估规范的"船舶加装燃、润油料"等团队评估任务。

(3)旧版评估规范中的"轮机部团队的协调与配合",包括"机舱检修、常规工况和应急工况下的轮机长与轮机员之间的配合"等评估要点,新版评估规范融入每一项团队评估任务的评估要素、评估标准中。

(4)个人任务上的创新

新版评估规范新设置 4 项个人评估任务,分别为:不同人文背景下的轮机部船员管理、热工作业、接船管理和修船管理。

### 2.评估方式上的修改

新版评估规范强调,在评估过程中每名考生须实际担任相应适任角色完成团队评估任务,其他角色由考生或评估员担任。

### 3.评估时间上的修改

新版评估规范将评估时长由 60 min 变为 40 min(一项团队评估任务、一项个人评估任务,共计两项评估任务)。

### 4.评估结果上的修改

新版评估规范将评估结果由百分制变为合格制。团队评估任务使用全任务轮机模拟器或者轮机综合机舱进行实操评估;个人评估任务采取评估员提问或提问和笔试相结合的方式进行,考生需完成选定任务的相关评估要素,评估要素分为关键要素(以 ● 符号标注)和一般要素(以 ◎ 符号标注),关键要素必须全部合格,所有评估要素的 80%(轮机长/大管轮)和 60%(二/三管轮)及以上通过者,则本项目被判定为合格,否则被判定为不合格。

评估员基于考生的表现,评价各项评估任务的评估要素是否合格,最后根据每一项评估要素的结果进行总评,判断整项评估任务合格与否。

## 六、开展机舱资源管理评估工作的要点及建议

### 1.评估要点及注意事项

在评估过程中,须按照机舱资源管理评估大纲准确掌握评估的评判标准。在涉及使用全任务轮机模拟器/轮机综合机舱的评估任务中,要保证硬件设施的安全性、可靠性和真实性,保证船舶应具备的人力资源、物力资源(设备资源、备件、物料等)、环境资源配备到位,使模拟场景更加接近实船。评估前,应尽量创设条件使考生提前接触考试场地与设施设备,并提醒考生注重船舶机舱运行基本原理及操作。评估过程还需保证科学性,评估员的评价要保证专业性和公平性。

### 2.开展评估工作的建议

评估过程分为评估准备、评估实施以及评估结果三部分。

(1)评估准备:考生组队;抽取题卡;依据抽到的评估项目设置评估场景,如全任务轮机模拟器的评估场景状态设置。

(2)评估实施:按照题卡中给出的评估要素实施评估过程;评估员应注意观察并翔实记录评估过程。

(3)评估结果:评估员进行结果的判定,同时对考生在评估过程中的行为正确与否及时给出反馈。

## 七、智能交互轮机模拟器在机舱资源管理评估中的发展前景

随着人工智能技术的迅猛发展,各行业正加速推进智能化转型以提升效率与精准度,船员培训与评估领域亦迎来革新机遇。通过将 AI 深度融入轮机模拟器与评估体系,可构建全天候、高精度的智能评估平台。基于数字孪生技术复现真实机舱环境,结合多模态传感器实时采集学员操作数据;利用自然语言处理解析对话逻辑,自动识别术语错误与决策漏洞;依托深度学习模型对比海量专家数据库,生成涵盖技术合规、团队协作度高及抗压能力强的多维评估报告。

相较传统人工评估,AI 智能评估系统可消除主观偏差,实现毫秒级实时反馈与个性化训练建议,同时通过区块链技术确保评估过程透明可溯,显著降低人力成本与操作风险。未来,这一智能体系将推动船员资质认证从"经验驱动"迈向"数据驱动",为全球航运业培养高适应性人才提供核心支撑,助力"智能航运"战略的全面落地。

将人工智能技术深度集成至轮机模拟器评估体系,相较于传统人工评估模式,在评估效能、精准度与可扩展性方面展现出显著优势,具体对比如下:

(1)评估客观性与标准一致性

在传统的人工评估方式中,评估员主观经验差异导致评分偏差,难以量化软性能力(如团队沟通效率、领导力层级)。AI 智能评估系统可以实现多维度数据建模,智能交互系统中的语音语义分析与操作时序记录可以构建多项量化指标,同时还可以实现动态标准对齐,基于STCW 公约与船级社规范训练评估模型,确保全国乃至全球范围内的评分标准统一。相较于

人工评估,AI智能评估系统还能够建立偏见消除机制,使评估结果更加公平公正。

（2）实时反馈与自适应训练

AI智能评估系统可以实现毫秒级响应,使评估结果更快地呈现给考生,同时基于深度学习模型关联历史数据,给出个性化诊断报告,定位考生能力短板。

（3）大规模数据处理与知识沉淀

人工评估依赖纸质记录或简单电子表格,数据挖掘深度有限,专家经验难以系统化传承,跨机构评估结果存在差异。AI智能评估系统可以实现十亿级数据吞吐,分布式存储架构支持每年百万小时训练数据归档,同时构建知识图谱,将IMO规定、设备手册与事故案例转化为结构化规则库。

（4）成本优化与合规增强

在传统评估中,人力成本较高,考核场地与设备空置率高。使用AI技术可以降本增效,7×24 h的无人值守评估可让单台模拟器年评估容量提升数倍。

AI智能评估体系并非完全取代人类专家,而是通过"人类设定价值框架+AI执行量化评估"的混合模式,推动航海培训进入精准化、个性化与可持续的新纪元。

# 第二节　机舱资源管理训练场地与设备

## 一、训练场地和设备

机舱资源管理的训练场地应选择在全任务轮机模拟器或轮机综合机舱,这两处训练场所能够高度还原真实船舶机舱的复杂环境和动态工况,满足教学评估中对实践能力、应急响应和团队协作的综合性考核需求。

全任务轮机模拟器或轮机综合机舱应通过复现船舶机舱的布局、设备和控制系统,使学员在接近实际船舶的物理环境中操作。例如,模拟器可动态生成机舱火灾、主机故障、电力中断等典型事故场景,要求学员在压力下完成故障诊断、资源分配和应急决策。这种沉浸式训练能有效评估学员在复杂工况下的心理素质与操作熟练度,同时避免真实船舶训练的高风险和高成本。

参与机舱资源管理训练的学员应配备相应的训练设备,设备包括:

（1）通信工具:对讲机等;

（2）相关文件:轮机日志、油类记录簿、车钟记录簿等文件;

（3）安全保护装备:安全帽、灭火器等。

## 二、全任务轮机模拟器

### 1.全任务轮机模拟器的规范要求

（1）符合经修正的《1978年海员培训、发证和值班标准国际公约》以及中华人民共和国海事局制定的模拟器功能和性能标准的要求。

（2）满足国际海事组织关于《海员培训、发证及值班标准国际公约》（STCW 78/10）规定的"强制模拟培训""适任评估项目""持续熟练展示"的要求。

（3）满足《中华人民共和国船员培训管理规则》（2019 年修订版）的有关规定和交通运输行业标准《海船船员培训模拟器训练要求——第 2 部分：轮机模拟器》（JT/T 1380.2—2021）的 A 级要求。

①能够模拟常规工况下轮机长、轮机员之间的协调与配合（包括瘫船启动、备车与完车、机动航行、正常航行、风浪天航行、浅水航行、锚泊、离靠港作业、雾中航行、加装燃润料等）；

②能够模拟应急情况下轮机长、轮机员之间的协调与配合[包括主机或设备故障（单缸停油、抽除活塞、停增压器运转、超速超负荷运行）、舵机失灵、全船失电、机舱火灾、机舱进水、恶劣海况、搁浅、碰撞、海盗袭击、溢油等]。

### 2.全任务轮机模拟器的评估功能

包括对轮机员进行基本的机舱操作的训练与评估、高级的应急操作和故障处理的训练与评估、船舶运行优化操作、燃油经济性和节能方面的训练与评估。为了完成上述要求，轮机模拟软件应该具有考评机制，能够完成下列工作，但不限于这些内容：

（1）能够对轮机人员进行基本及高级的培训和训练，从而使轮机人员达到适任资格要求并成为高素质的合格轮机人员，并能够对相关的专业能力进行量化的评估与考试。

（2）能够对轮机人员进行机舱资源管理的培训和训练，并能够对相关的专业技能进行量化的评估与考试。

（3）能够进行故障设置和解除，对学员进行故障判断、查找与解除的培训和训练，正确表现出对系统运行的影响，能够对相应能力进行量化的评估与考试。

（4）能够进行性能退化参数设置和解除，对学员进行性能退化判断、查找与解除的培训和训练，正确表现出对系统运行的影响，能够对相应能力进行量化的评估与考试。

（5）能够针对恶劣海况、搁浅、碰撞等情况进行机舱设备安全操作和应急反应培训和训练，能够对相关的专业技能进行量化的评估与考试。

（6）能够对有实践经验的轮机人员进行知识更新培训和训练，能够对相应知识掌握程度进行量化的评估与考试。

（7）能够对整个船舶的燃油经济性进行研究，能够对相关原理、规则与应用的掌握程度进行量化的评估与考试。

（8）能够对指定设备或系统在不同工况下的运行状态进行深入研究，能够对相关设备或系统的工作原理和运行特性的掌握程度进行量化的评估与考试。

### 3.全任务轮机模拟器的配套硬件要求

全任务轮机模拟器的配套硬件应能模拟集控室、应急发电机室和机舱的外观布局。（本地控制箱可通过软件进行界面显示和功能操作，强化软件功能，如场景模拟，动态响应及关联效果、故障现象呈现等更加贴合实船。）

（1）模拟集控室：设有集控台与主配电板，其中集控台设有主机遥控屏、重要参数显示屏、辅助设备监控屏（含轮机员安全系统）、机舱监测报警系统屏等。主配电板至少设有发电机控制屏、并车屏、组合启动屏、动力负载屏、照明负载屏，要求体现发电机组的手动/自动启停、并车与解列、调频调载与调压;负载分级脱扣、应急切断等功能。

（2）模拟应急发电机室:设有发电机控制屏、动力负载屏、照明负载屏,能够完成应急发电机室中主要设备的模拟操作。

（3）模拟机舱:配置机舱模拟操作设备,能够灵活地完成机舱的模拟实操,操作响应符合实船。

模拟机舱的配置包括:大型动态模拟屏、主机模型、模拟本地控制箱、声光报警模拟设备、大液晶触摸屏、主动立体投影系统、虚拟操作站、计算机操作站等。大液晶触摸屏如图 1-2-1 所示。

图 1-2-1　大液晶触摸屏

模拟集控室及其他相关舱室的配置包括:模拟集控台和主配电板、模拟充放电室、模拟应急发电机室、模拟驾控室、模拟轮机员室、教练员室等。模拟集控台如图 1-2-2 所示。

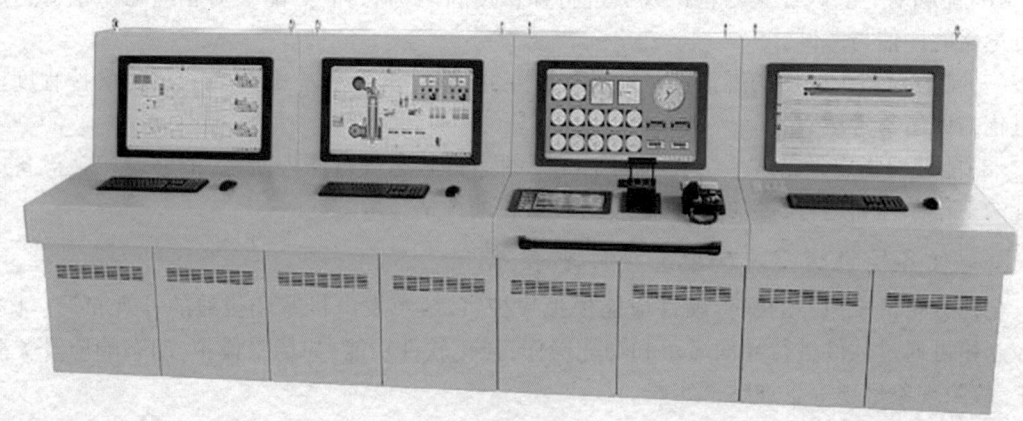

图 1-2-2　模拟集控台

其他模拟器相关硬件配置包括:视频监控、输入输出通用智能板卡、分油机等设备的特殊板卡、板卡管理软件系统、房间为适应机舱环境而设置的隔断及地板等。

4.全任务轮机模拟器的配套软件要求

(1)应能模拟实船的操作界面和操作流程。

(2)应能完成以下系统的模拟:燃料(输送、净化与供给)系统,滑油(输送、净化与供给)系统,尾管滑油系统,冷却水(海水、低温淡水、高温淡水)系统,压缩空气系统,主推进控制系统,锅炉油、水、汽和排污系统,舵机及其控制系统,发电柴油机及其辅助系统,电力系统(含主电源、大应急、小应急的电源及系统),监测报警系统,轮机员安全系统,延伸报警系统,火灾检测报警系统,机舱油污水处理系统,污油及焚烧系统,机舱供水系统,生活污水处理系统,机舱舱底压载消防系统,机舱通风系统,内部通信系统(应在驾控、集控与机旁控制位置设有可应急联络的电话),空调冷藏系统,机舱局部细水雾灭火系统,海水淡化系统,甲板机械。

(3)能完成模拟设备和系统的显示、操作、控制、调整、测试、故障、报警与管理;能展现不同工况、海况和情景的响应;能完成系统之间互联关系与响应的模拟及声光效果。

(4)能模拟常规情景下的团队协调与配合工作环境,常规情景应至少包括:冷船启动、备车与完车、机动航行、定速航行、锚泊、离靠港作业、雾中航行、加装燃润料等。

(5)应配备并安装教练站软件,应具备初始环境条件设置、过程控制及故障设置功能。

全任务轮机模拟器的软件应包含模型端、二维端和三维端界面。

模型端软件需依据母型船的照片、轮机与电气系统图以及完工资料制作,并至少完成下面明确列出且实船具备的系统或设备的模拟。仿真内容包括但不限于:主动力与推进系统,主机工况检测系统,主机遥控系统(含应急车钟部分),监测报警系统,延伸报警系统,值班召唤系统,轮机员安全系统,阀门遥控系统,海底门遥控系统,液位测量系统,大舱进水报警系统,主、辅机排烟系统,主、辅机滑油、燃油驳运、净化、供给和泄放系统,海水、低温淡水、高温淡水系统,海水淡化系统,压缩空气系统,日用与控制空气系统,速闭空气系统,机舱通风系统,锅炉油、水、汽和排污系统,发电柴油机及其辅助系统,焚烧炉、舱底水系统、日用淡水系统、日用海水系统,生活污水处理系统,舵机液压系统,尾轴润滑系统,主机气缸电子注油系统,主机共轨电喷系统,空调冷藏系统,防海生物污染系统,强制电流阴极保护系统,压载水系统,消防系统(含机舱局部细水雾,风油切断,$CO_2$,泡沫灭火,水喷淋与火灾检测报警),甲板机械,电力系统(含主电源,大应急、小应急的电源及系统),充放电系统,集控台,主配电板,应急配电板,充放电板,各控制箱,控制台,控制柜与轮机相关的驾控部分等。模型端软件参考图如图1-2-3所示。

为了达到既定的设计、训练和考评要求,轮机模拟软件仿真数学模型应该基于实时动态模式进行编程,要真实反映整个机舱的动态过程,以及机舱各个子系统之间的相互作用。轮机模拟软件中所有的系统仿真数学模型都应是高度逼真的,能够正确地反映系统的热工状态和动态响应过程。

主机及其他仿真模型应该能够对各种不同的船舶操作和外部条件的变化做出动态响应,而船舶运动数学模型也应该对主机模型、当时天气与海况的变化做出相应的响应和变化。

在交货的时候,所有的系统、控制回路及其他自动化控制设备均应调整至正常状态。

仿真模拟内容以母型船技术资料为依据,应配置但不局限于下列内容(如果母型船中无相应的系统则可不配置),其中未明确写出但在此规格书中其他位置又要求仿真的内容则须按其他已明确的最高仿真模拟技术要求来完成。

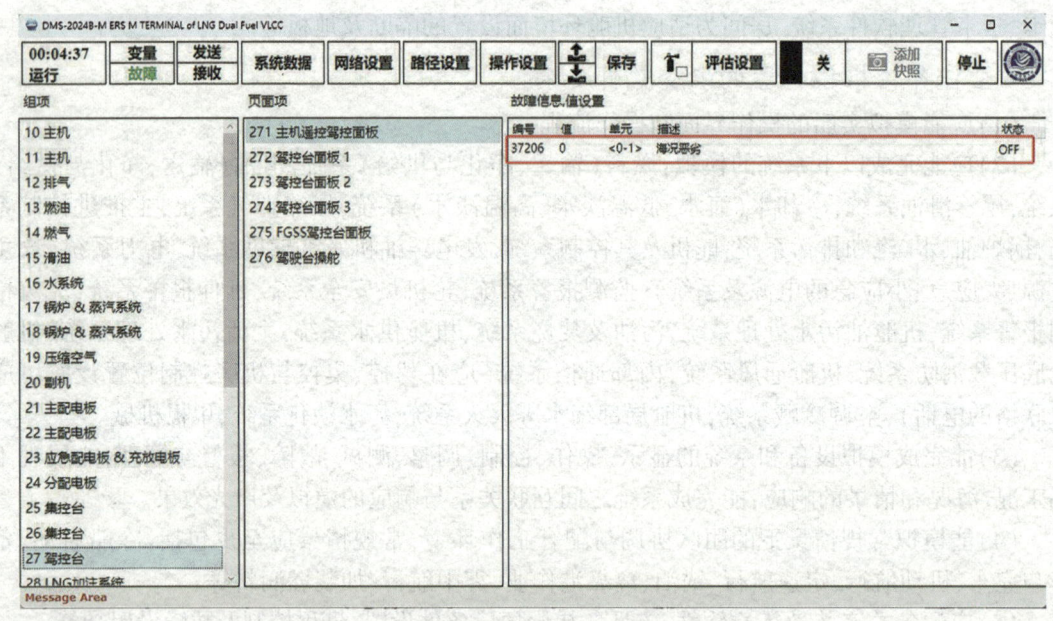

图 1-2-3　模型端软件参考图

二维端与三维端界面为全任务轮机模拟器的人机交互界面,通过训练,学员能够快速而有效地掌握船舶轮机系统的组成、功能、基本操作、故障处理、运行优化、燃油经济性和节约能源等知识和技能。二维端界面参考图如图 1-2-4 所示,三维端界面参考图如图 1-2-5 所示。

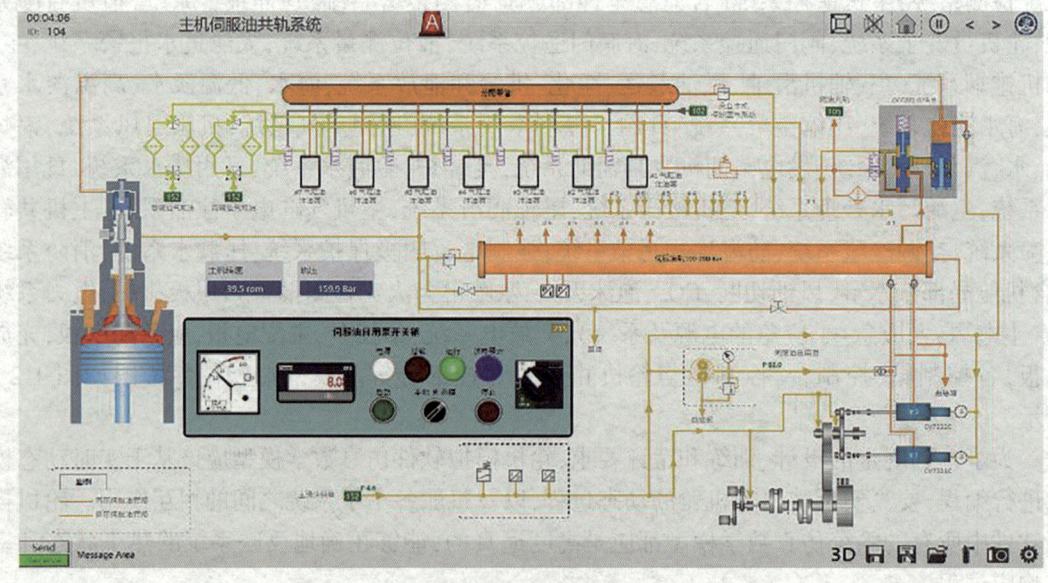

图 1-2-4　二维端界面参考图

图 1-2-5 三维端界面参考图

## 三、陆上机舱

陆上机舱应满足《〈中华人民共和国船员培训管理规则〉实施办法》(海船员〔2025〕3号)附录4"船员培训项目场地、设施设备配置标准"的要求,来支持机舱资源管理的训练与评估场地的需求。

# 第二章

# 常规工况下的团队评估任务

教材中的"☆"标记是指该部分内容适配 500 总吨及以上或 750 kW 及以上船舶的船员培训,而"★"标记是指该部分内容适配未满 500 总吨或未满 750 kW 船舶的船员培训。CE 指轮机长,2E 指大管轮,3E 指二管轮,4E 指三管轮。

## 第一节 ☆CE/3E/4E 船舶靠泊（实操+口述）

### 一、评估目的

适用于☆CE 的评估:

通过实践训练,旨在帮助考生熟悉船舶进港备车常规工况下的领导力与管理技能应用。重点培养考生对机舱资源管理原则的理解与实践能力,包括但不限于团队管理、激励机制、资源配置、集体协作意识、态势感知及跨文化认知等核心要素。要求考生能够胜任分组研讨、模拟演练、任务分工等评估项目,形成有效沟通、资源协调、团队协作、态势把控、决策指挥等综合能力。

适用于☆3E/4E 的评估:

通过实践训练,确保轮机值班人员在船舶进港备车常规工况下能够科学实施机舱资源优先级分配,建立与机舱值班团队及驾驶台人员的精准沟通机制。重点培养带领团队快速响应驾驶台/轮机长指令的核心能力,以及持续监控设备状态与环境变化的专业素养。在决策能力培养层面,重点培养船员的风险预判与态势评估、备选方案制定、决策与问题处理、应急管理、综合判断等能力的提升。

## 二、评估内容及要求

（1）模拟船舶进港备车作业时，轮机部需按标准化流程执行操作，确保作业程序符合规范要求。团队成员应准确掌握船舶进港各阶段情况，具备对设备状态、环境变化及操作风险的全方位态势的感知能力。

（2）建立规范化通信机制，要求机舱与驾驶台、轮机长与值班人员之间严格使用指定通信设备，交互过程严格遵循国际航海通信标准用语规范，对存在疑问的操作指令进行双向确认。

（3）团队指挥层应能够基于风险等级科学实施资源优先级配置，在关键操作节点展现指挥决策权威性，跨部门沟通时保证指令传递的完整性与时效性，具备突发状况下的快速应变处置能力。

## 三、评估组织与标准

### 1.评估方式

使用全任务轮机模拟器（或自动化机舱）进行评估实操加口述的方式。

### 2.任务（场景）描述

（1）人员情况：轮机长在办公室，轮机部其他人员在机舱。

（2）设备情况：船舶处于正常航行状态，驾驶台遥控主机，主机定速航行，无人机舱状态；一台发电机运行，另外两台发电机处于备用状态；锅炉使用废气锅炉；燃油分油机、滑油分油机正在运行；机舱其他设备处于正常状态；该主机机动操纵不需要换油（对于有明确要求的港口按规定换油）；接驾驶台通知，xxxx 时，计划靠泊；yyyy 时，备车靠码头。

### 3.评估程序

被评估人员（考生）到位，按照要求进行手动处理。

### 4.分组方式

（1）成员组成：2 名评估教师组成评估团队；4 名考生组成机舱团队（分别模拟轮机长、大管轮、二管轮、三管轮）。

（2）岗位分布：分别在驾驶台、集控室或机舱各安排 1 名实训教师。轮机长在集控室总体指挥，大管轮在机舱现场处理，二管轮管理船舶电站和辅机部分，三管轮管理锅炉及协助轮机长。

### 5.评估时间

不超过 20 min。

### 6.评估要求

考生能够正常处理评估员发出的各种指令，并口头回答评估员提出的各种关于船舶靠泊中出现的问题。船舶靠泊评估标准表☆CE/3E/4E 见表 2-1-1。关键要素以 ● 符号标注，一般要素以 ◎ 符号标注。

表 2-1-1　船舶靠泊评估标准表 (☆CE/3E/4E)

| 序号 | 评估要素 | 情景 | 评价标准 | 考核要点 |
|---|---|---|---|---|
| 第一阶段 | ●船舶抵港前的准备 | 定速航行 | 轮机长和当班轮机员已知晓 ETA 及船舶动向。<br>轮机长:<br>①轮机长确认抵港前检查表均已检查正常,如果有不能解决的问题,及时与船长沟通,岸基支持。<br>②安排备车操作并确认完成。<br>二/三管轮:<br>①二/三管轮按照抵港前检查表进行检查。检查锚机、绞缆机、舷梯、引航员软梯、各类需要使用的吊、开舱系统等甲板机械可供使用;<br>②值班时做好本班的抵港前主机备车工作,值班时知晓 ETA 及船舶动向;<br>③救生系统相关设备试验正常,记录正常;<br>④防污染相关设备:油污水处理系统正常,设备正常,各类残油废油、含油污水舱容测量准确,相关油污水处理记录规范;生活污水处理系统正常,记录正常;压载水处理系统正常,使用记录正常;<br>⑤其余主管设备处于正常可工作状态,设备清洁干净,无异常跑冒滴漏;<br>⑥熟悉各类设备的应急操作,熟知应急演练中的职责;<br>⑦抵港前,向轮机长报告本船存油情况;<br>⑧船舶在到港前,应对机舱所有场所做全面清洁、应急设备的测试、重要机械的重要警报测试、防污染设备的测试、主机正倒车试车;如果有不能解决的问题,及时与轮机长、大管轮沟通 | 1.具有情景意识,明白备车程序,充分利用机舱资源;<br>2.任务分配明确,命令下达清楚果断,执行干脆,效果良好,反馈及时准确;<br>3.具备团队合作意识 |
| 第二阶段 | ●船舶备车靠泊 | 1.主机备车<br>2.机动航行 | 轮机长:<br>①安排机舱人员到位,监督各主管加强对其主管设备的检查;<br>②驾驶台保持沟通,正确决策、及时处理各种突发事件。<br>二/三管轮:<br>①机舱人员到位,二/三管轮加强对各自主管设备的检查;<br>②增开发电机,保证电力供应,准备燃油锅炉,停造水机,将低位海底门转换为高位海底门,视情将重油切换为轻油;<br>③与驾驶台保持沟通,及时处理各种突发事件 | 1.熟悉靠泊时用车及安全用电事项;<br>2.具有情景意识,具有失误链判断技巧;<br>3.任务分配明确,执行效果良好,反馈及时准确;<br>4.具备团队合作意识 |
| 第三阶段 | ◎完车及完车后的安排 | 1.靠泊;<br>2.完车 | 轮机长:<br>①按照要求正常完车;<br>②合理分配好到港后的机舱工作。<br>二/三管轮:<br>①按照要求正常完车;<br>②完成后续的机舱工作 | 1.具有情景意识和判断能力;<br>2.具有沟通与协调能力;<br>3.具有团队合作意识与沟通技巧;<br>4.明确靠泊安全管理程序 |

## 四、评估基本知识要点

　　船舶靠泊是指船舶在港口或码头水域内,通过操纵和辅助设备(如拖船、缆绳等),安全停靠至指定泊位的过程。这一过程需要船方、港口方及引航员等多方协作,确保船舶平稳、准确地与码头接触并固定,以便进行货物装卸、人员上下船、补给或维修等作业。

　　船舶靠泊需确保安全,综合考虑气象水文条件,严格检查设备及规范操作流程,协同船方、港口与引航员多方协作,并做好防污染与应急准备。轮机部抵港前检查表如表 2-1-2 所示。

**表 2-1-2　轮机部抵港前检查表(仅供参考)**

| 船名<br>Ship | | 港口<br>Port | | 航次<br>Voy. No. | | 时间<br>Date | |
|---|---|---|---|---|---|---|---|
| 执行<br>Person in<br>Charge | 检查内容<br>Inspection Items | | | | | | 签名<br>Sign |
| 轮机长<br>CE | 规定的轮机部人员已到岗位□<br>Duty crew in position | | | 轮机部人员已全部在船□<br>All engine department crew onboard | | | |
| | 机舱内各处无偷渡人员□<br>No stowaway in engine room | | | 修理工作已完成,并已对进行过修理的涉及航行安全的设备完成功能测试□<br>Repair work completed, the equipment relating to the sail work to be test in normal | | | |
| | 新上船人员对设备操作规程已熟悉□<br>New joined crew was familiar with equipment operations | | | | | | |
| 大管轮<br>2E | 主机工况正常□<br>M/E in normal condition | | | 机舱内物品工具已固定□<br>Parts & tools in E/R lashed | | | |
| | 滑油存量　　　　满足本航次使用□<br>L.O enough for this voyage | | | 备件及物料贮存情况□<br>Spares & stores inventory condition | | | |
| | 滑油分油机工作正常□<br>L.O separator in good condition | | | 机舱天窗、水密门正常□<br>Skylight, watertight doors for engine room in normal condition | | | |
| | 机舱卫生状况正常□<br>The sanitary condition of the engine room is normal | | | 应急职责已熟悉。主管应急设备及其他机械设备的重要警报测试/记录正常□<br>Familiar with emergency responsibilities. Test & record of emergency equipment in charge & important alarm of other mechanical equipment in charge are normal | | | |

续表

| 船名<br>Ship | | 港口<br>Port | | 航次<br>Voy. No. | | 时间<br>Date | |
|---|---|---|---|---|---|---|---|
| 执行<br>Person in Charge | 检查内容<br>Inspection Items | | | | | | 签名<br>Sign |
| 二管轮<br>3E | 副机工况正常□<br>A/E in good condition | | | 轻、重油沉淀柜、日用柜已驳满□<br>Settling & service tanks in normal level | | | |
| | 空压机工作正常□<br>Air compressors in good condition | | | 应急发电机原动机试验正常□<br>Emergency G/E testing normal | | | |
| | 燃油存量_____满足本航次使用□<br>ROB enough for this voyage | | | 油舱透气管和测量孔水密□<br>Vent pipes and sounding holes for fuel tanks are watertight | | | |
| | 卫生责任区状况正常□<br>Condition of the sanitary responsibility area is normal | | | 燃油分油机工作正常□<br>F.O separator in normal condition | | | |
| | 电气设备水密性检查□<br>Inspection for elect. equipment watertight | | | 应急照明、应急电瓶检查正常□<br>Emergency light & batteries normal | | | |
| | 全船绝缘情况□<br>All insulation normal | | | 应急职责已熟悉。主管应急设备及其他机械设备的重要警报测试/记录正常□<br>Familiar with emergency responsibilities. Test & record of emergency equipment in charge & important alarm of other mechanical equipment in charge are normal | | | |
| 三管轮<br>4E | 救生艇机及离合器□<br>Life boat engine and clutch in normal | | | 消防泵和应急消防泵正常□<br>Fire pump & emergency fire pump normal | | | |
| | 舱底油污水系统及应急阀□<br>Bilge (sludge) system & emergency suction valve | | | 锚机、绞缆机、舷梯、引航员软梯、吊设备、开舱系统等甲板机械状况正常□<br>Deck machinery (windlass, mooring winch, gangway ladder, pilot ladder, lifting equipment and hatch cover system) are in good condition | | | |
| | 油污水存量,油污水处理记录正常□<br>Inventory and treatment record of bilge are normal | | | 辅锅炉工作正常□<br>Auxiliary boiler normal | | | |
| | 压载水处理系统及使用记录正常□<br>BWMS and treatment records are normal | | | 各管路系统无异常跑冒滴漏□<br>Pipeline system are free of abnormal leakage | | | |
| | 生活污水处理设备及系统,生活污水处理记录正常□<br>Sewage treatment plant and system, and treatment records are normal | | | 应急职责已熟悉。主管应急设备及其他机械设备的重要警报测试/记录正常□<br>Familiar with emergency responsibilities. Test & record of emergency equipment in charge & important alarm of other mechanical equipment in charge are normal | | | |
| | 卫生责任区状况正常□<br>Condition of the sanitary responsibility area is normal | | | | | | |

| 船名<br>Ship | | 港口<br>Port | | 航次<br>Voy. No. | | 时间<br>Date | |
|---|---|---|---|---|---|---|---|
| 执行<br>Person in<br>Charge | | 检查内容<br>Inspection Items | | | | | 签名<br>Sign |
| 当值轮机员<br>Duty engineer | 主机已暖机□<br>M/E warmed | | | 发电机组已并电运行□<br>A/E running in combined | | | |
| | 主机启动、换向遥控系统正常□<br>M/E starting, reversing & remote control in good condition | | | 机电设备警报正常□<br>Monitoring and alarm of electric system in normal | | | |
| | 应急设备检查加油□<br>Emergency equipment condition checking | | | 空气瓶充满、放残□<br>Air bottles topping-up and re-water drained | | | |
| | 提供锚链水□<br>Windlass chain water supplied | | | 根据海域情况确定海底门位置□<br>Adjust sea chests according to sea condition | | | |
| | 与驾驶台校对船钟与车钟□<br>Engine telegraph/Ship's clock check with bridge | | | 检查驾驶台与机舱通信联络□<br>Check communication between E/R and bridge | | | |
| | 已提供锚机、绞缆机用电源□<br>Power source for windlass and winches supplied | | | 操舵试验、舵角指示器检查□<br>Rudder operation test and rudder indicator check | | | |
| | 提供汽笛空气□<br>Air supplied for air whistle | | | | | | |

备妥情况已报告船长。
轮机长： 船长：
All preparation condition reported to Master.
CE: Master:

抵港靠泊前/抵港抛锚前船长、轮机长应提前组织大副、轮机员、电子电气员对相关设备进行检查、试验，并完成轮机部抵港前检查单和港口国相关规定，做好抵港前检查和准备工作，完善进港航行计划。如果抛锚时间超过 12 h，起锚前需再次对相关设备进行检查、试验，并完成轮机部抵港前检查表。

## 五、实训案例（以某模拟器实操为例）

**实训场景**：船舶处于正常航行中，主机操纵位置在集控室。机舱有一名值班轮机员（三管轮）值班。

**模拟器设置**：使用船舶靠泊状态进行评估，船舶定速航行，主机使用燃气，电站处于自动模式，1 号副机运行，应急发电机自动状态。在模拟器软件模型端加载船舶靠泊任务场景文件。模拟器内可操作部分流程包括：驾驶台通知备车进港、启动备用发电机并网、辅锅炉置于自动模式、机动航行、完车操作、完车后停炉水循环泵并开启高温水预热单元等。三维模拟器中集控室场景如图 2-1-1 所示。

图 2-1-1　全任务轮机模拟器三维场景：集控室

●船舶抵港前的准备（CE/3E/4E）

【驾驶台电话通知：我轮即将直接靠泊，预计 xxxx（例如 1200）备车，yyyy（例如1300）到达引航站上引航员，zzzz（例如 1600）靠泊。请立即做好到港检查工作。】

**三管轮**（电话回复）：明白。

**三管轮**（电话通知轮机长）：报告轮机长，驾驶台通知，我轮即将直接抵港靠泊，预计 xxxx（例如 1200）备车，yyyy（例如 1300）到达引航站上引航员，zzzz（例如 1600）靠泊。驾驶台要求立即做好到港检查工作。

**轮机长**（电话回复）：收到，通知其他轮机员一起到机舱。【接电话后轮机长到达集控室。】

**三管轮**（电话回复）：明白。

**三管轮**（电话通知其他轮机员）：（大管轮、二管轮）船舶即将抵港，轮机长通知下机舱。

**其他轮机员**（电话回复）：明白。【接电话后其他轮机员到达集控室。】

**轮机长**：我轮即将直接靠港，预计 xxxx（例如 1200）备车，yyyy（例如 1300）到达引航站上引航员，zzzz（例如 1600）靠泊。

大管轮，立即按照抵/离港检查表完成以下工作：

①检查主机、滑油分油机、机舱天窗、水密门状况。

②检查滑油存量。

③熟悉主管设备的应急操作，本人的应急职责。

④测试主管应急设备及其他主管机械设备的重要警报，检查测试记录情况。

⑤检查机舱卫生状况。

二/三管轮，立即按照抵/离港检查表完成以下工作：

①检查发电机、燃油分油机、空压机、应急发电机工况；检查燃油沉淀柜及日用柜液位、油舱透气管和测量孔水密情况；检查电气设备水密、电网绝缘状况。

②检查锚机、绞缆机、舷梯、引航员软梯、吊设备、开舱系统等甲板机械状况;检查辅锅炉及系统状况;检查各管路系统有无异常跑冒滴漏。

③检查本船存油情况。

④检查油污水处理设备及系统,油污水存量,油污水处理记录;检查生活污水处理设备及系统,生活污水处理记录;检查压载水处理系统及使用记录。

⑤检查消防泵,备妥锚链水;空气瓶放残;供应汽笛空气;换用高位海底门。

⑥熟悉主管设备的应急操作,本人的应急职责。

⑦测试主管应急设备(救生设备、应急消防泵、应急电源、应急照明等)及其他主管机械设备的重要警报,检查测试记录情况。

⑧检查卫生责任区状况。

**各轮机员**:明白。【接到指令后,各轮机员立即行动,并在完成各自的工作后向轮机长报告。】

大管轮:报告轮机长,按照抵/离港检查表完成以下检查工作:

①检查主机、滑油分油机、机舱天窗、水密门状况正常。

②滑油存量 10 000 L,正常。

③主管设备的应急操作,本人的应急职责已熟悉。

④主管应急设备及其他主管机械设备的重要警报测试及记录正常。

⑤机舱卫生状况正常。

**轮机长**:好的,收到。

**三管轮**:报告轮机长,按照抵/离港检查表完成以下检查工作:

①发电机、燃油分油机、空压机、应急发电机工况正常;燃油沉淀柜及日用柜液位、油舱透气管和测量孔水密情况正常;电气设备水密、电网绝缘状况正常。

②锚机、绞缆机、舷梯、引航员软梯、吊设备、开舱系统等甲板机械状况正常;辅锅炉及系统状况正常;各管路系统无异常跑冒滴漏。

③本船存油 300 t。

④油污水处理设备及系统,油污水存量,油污水处理记录正常;生活污水处理设备及系统,生活污水处理记录正常;压载水处理系统及使用记录正常。

⑤消防泵正常,锚链水已备妥;空气瓶已放残;汽笛空气已供应;已换用高位海底门。

⑥熟悉主管设备的应急操作,本人的应急职责。

⑦主管应急设备(救生设备、应急消防泵、应急电源、应急照明等)及其他主管机械设备的重要警报测试,检查及记录正常。

⑧卫生责任区状况正常。

**轮机长**:好的,收到。

**轮机长**(电话通知驾驶台):驾驶台,根据抵/离港检查表抵港前的准备工作已完成,各设备及系统正常。

● 船舶备车靠泊(CE/3E/4E)

【驾驶台回复轮机长后,通知机舱xxxx(例如1200)备车。】

**轮机长**(电话回复):明白。

**轮机长**：驾驶台通知 xxxx（例如 1200）备车。

二/三管轮，记录燃油流量计读数；主、副机燃油系统换用轻油；打开主空气瓶启动出口阀，主启动阀锁闭装置；检查主机启动空气系统、控制空气系统，并对各空气系统管路放残；检查燃油系统、滑油（尾轴油、液压油）系统、冷却水系统；燃油日用柜、沉淀柜放残；启动备用发电机并电；甲板设备供电；停造水机；辅锅炉燃烧器设置到"自动"工作位置。

大管轮，检查机舱报警监控系统参数是否正常，协助确认报警。

**各轮机员**：明白。【接到指令后，各轮机员立即行动。】

**三管轮**：报告轮机长，燃油流量计读数已记录；主、副机燃油系统已换用轻油；主空气瓶启动出口阀，主启动阀锁闭装置已打开；主机启动空气系统、控制空气系统正常，各空气系统管路已放残；燃油系统、滑油（尾轴油、液压油）系统、冷却水系统正常；燃油日用柜、沉淀柜已放残；备用发电机已并电，甲板机械电源已供电；造水机凝水泵已停止、相关阀门已关闭、加热水已旁通，海水泵继续运行，正在冷却造水机本体；辅锅炉燃烧器已设置到"自动"工作位置。

**轮机长**：好的，收到。

**轮机长**：三管轮，主机已备妥，联系驾驶台，通报备车情况，请求试车，并测试汽笛。

**三管轮**：明白。

**三管轮**（电话通知驾驶台）：驾驶台，轮机长指示，主机已备妥，可以减速，试车，汽笛空气阀已开启，请测试汽笛。【驾驶台回复汽笛正常，准备试车，并通过车钟指挥值班轮机员操作主机并进行正倒车测试。主机测试期间，轮机长应安排轮机员检查主机状况。】

**三管轮**（电话通知驾驶台）：明白。

**三管轮**：报告轮机长，驾驶台回复，汽笛正常，准备试车。

**轮机长**：好的，收到。

**轮机长**：三管轮（值班轮机员）操作主机。

**三管轮**（值班轮机员）：明白。【值班轮机员值守主机操纵台。】

**轮机长**：大管轮，驾驶台即将试车，检查主机状况。

**大管轮**：明白。【接到指令后，大管轮立即行动。】

**轮机长**：二管轮，在集控室协助检查主、副机运行参数。

**二管轮**：明白。

【大管轮完成主机测试的检查后向轮机长报告。】

**大管轮**：报告轮机长，主机试车正常。

**轮机长**：好的，收到。

**轮机长**（电话通知驾驶台）：驾驶台，主机试车正常。请将主机切换至"驾控"试车。【驾驶台回复同意，并与轮机长配合将主机操纵位置切换到驾驶台，然后试车。】

**轮机长**：大/三管轮，驾驶台试车，立即检查主机；二管轮，协助检查集控室监控报警参数。

**各轮机员**：明白。【接到指令后，各轮机员立即行动。】

**三管轮**：报告轮机长，主机试车正常。

**轮机长**：好的，收到。

**轮机长**（电话通知驾驶台）：驾驶台，主机试车正常。保持"驾控"，由驾驶台直接操纵主机。

【驾驶台回复后，通知机舱引航员已上船，并通过车钟操作主机。主机运行，轮机长应安

排轮机员检查主机状况及相关副机的工况。】

**轮机长**:接驾驶台通知,引航员已上船。

**大管轮**,检查主机、舵机及其系统状况。

**二/三管轮**,停造水机海水泵,关闭其进出口阀,检查发电机、锅炉、甲板机械的工况。

**各轮机员**:明白。【接到指令后,各轮机员立即行动,并在完成工作后向轮机长报告。】

**大管轮**:报告轮机长,主机、舵机及其系统正常。

**轮机长**:好的,收到。

**三管轮**:报告轮机长,造水机海水泵停止,相关阀门已关闭,发电机、锅炉、甲板机械正常。

**轮机长**:好的,收到。

**轮机长**(电话通知驾驶台):驾驶台,机舱已进入备车状态。经检查,主机、舵机、发电机、锅炉、甲板机械运行正常。相关设备使用时,如有异常请立即通知机舱处理。

【此时,驾驶台突然通知机舱,主机驾控失灵。】

**轮机长**(电话通知驾驶台):驾驶台,立即将主机控制位置切换至集控室。【驾驶台回复同意,并与轮机长配合将主机操纵位置切换到集控室。】

**轮机长**:三管轮,联系驾驶台正倒车测试。

二管轮,协助检查报警监控系统各运行参数,确认警报。

大管轮,随我检查主机。

**各轮机员**:明白。【接到指令后,各轮机员立即行动。】

**三管轮**(电话联系驾驶台):驾驶台,请求主机正倒车测试。【驾驶台同意后,配合三管轮进行主机测试。经测试主机运行正常。随后轮机长、大管轮返回集控室。】

**三管轮**:报告轮机长,集控室操纵主机正常。

**轮机长**:好的,收到。

**轮机长**(电话联系驾驶台):驾驶台,集控室操车正常。主机暂由集控室控制。到港后,安排故障排除。

【驾驶台回复同意,并通过车钟指挥集控室操纵主机。】

**轮机长**:大/三管轮,注意检查主机运转状况。二管轮,协助检查集控室报警监控系统各运行参数。

**各轮机员**:明白。【接到指令后,各轮机员立即行动。】

**三管轮**:报告轮机长,主机运行正常。

**轮机长**:好的,收到。


◎完车及完车后的安排（CE/3E/4E）

【驾驶台车令停止主机,并电话通知机舱 xxxx（例如1630）完车。】

**轮机长**(电话回复驾驶台):好的,收到。请及时关闭舵机电源。

**轮机长**:驾驶台通知,xxxx（例如1630）完车。

二/三管轮,记录燃油流量计读数;打开示功考克,合上盘车机盘车 20 min;盘车后,关闭主机滑油（液压油）泵、冷却水泵,对主机暖缸;关闭主机控制空气、安全空气;检查发电机工况,主机辅助管路系统停止后,备用发电机解列;巡查机舱及甲板有无异常,有无跑冒滴漏。大管轮,注意设备运行参数,协助确认报警。

**各轮机员**：明白。【接到指令后,各轮机员立即行动,并在完成各自的工作后向轮机长报告。】

**三管轮**：报告轮机长,燃油流量计读数已记录;示功考克已打开,盘车20 min;主机滑油(液压油)泵,冷却水泵已停止,主机已暖缸;主机控制空气、安全空气已关闭;发电机工况正常,备用发电机已解列;机舱及甲板巡查无异常。

**轮机长**：好的,收到。

**轮机长**(电话通知驾驶台)：驾驶台,机舱完车工作已完成。

【此时,驾驶台电话回复,并电话通知机舱本港停靠3天。】

**轮机长**(电话回复驾驶台)：好的,收到。

**轮机长**：驾驶台通知本港停靠3天。需要完成以下保养和检查工作:

①中央冷却器解体清洗。

②造水机解体清洗。

③No.2发电柴油机气阀间隙检查。

④No.1空压机空气滤器、滑油滤器更换。

⑤No.1燃油分油机解体清洁。

⑥3台发电柴油机燃油滤器和滑油滤器清洗。

⑦No.1锅炉给水泵解体保养。

⑧锅炉燃烧系统保养、水位计玻璃板垫片换新。

⑨机舱所有泵辅添加润滑脂。

⑩伙食吊液压操作阀活络保养。

⑪主机滑油滤器清洗。

⑫主机拐档差测量。

⑬主机备用排气阀解体保养。

⑭主机No.1缸喷油器更换。

⑮燃油供油单元滤器清洗。

⑯驾控操车失败故障排除。

其中,第⑯项由轮机长和大管轮立即执行;第①项和第②项两项由大管轮统一安排所有人一起完成;其余各项按照谁主管谁负责的原则由各主管轮机员自行完成,需要助手协助时,请与大管轮协调,安排白班机工协助。

**各轮机员**：明白。

**轮机长**：报告考官,船舶靠泊已完成。

【演习结束。】

# 第二节　☆CE/2E/3E/4E 船舶在港接受 PSC/FSC 检查（口述）

## 一、评估目的

适用于☆CE/2E 的评估：

通过实践训练，旨在帮助考生熟悉船舶在港接受 PSC/FSC 检查时的领导力和管理技能的运用。重点培养考生对机舱资源管理原则的理解与实践能力，包括但不限于团队管理、资源配置、集体协作意识、态势感知及跨文化认知等核心要素。要求考生能够胜任分组研讨、模拟演练、形成有效沟通、资源协调、团队协作等综合能力。

适用于☆3E/4E 的评估：

通过实践操作，确保轮机值班人员在船舶在港接受 PSC/FSC 检查时，具备有效协调与规划、合理进行人员配置、统筹时间与资源限制、考量人员资质水平、适配领导风格的能力。在资源管理知识体系方面，重点培养资源的优化配置与优先级管理、基于团队经验的决策制定、领导力与判断力培养等能力。

## 二、评估内容及要求

（1）验证船舶法定证书的有效性及完整性。要求所有证书（如 SOLAS、MARPOL、MLC 证书等）在有效期内且经合法签注；船员适任证书、健康证明、培训记录等需与配员要求一致；油类记录簿、垃圾管理计划、稳性资料等文件需完整且更新至最近操作记录。

（2）核查关键安全设备的功能性及维护情况。要求救生艇、消防设备、应急发电机等处于即时可用状态，且维护记录完整；火灾报警系统、通用警报系统需通过功能测试；应急演习记录（如弃船、消防演习）需符合公约规定的频率和标准。

（3）检查船舶防污染管理体系的执行情况。要求油水分离器、15ppm 报警装置需正常运转且排放记录无异常；垃圾分类、储存及处理流程符合 MARPOL 附则要求；压载水管理记录完整，压载水处理系统（如适用）需通过有效性验证。

## 三、评估组织与标准

### 1.评估方式
评估现场的评估员作为 PSCO/FSCO，被评估人员（考生）采取口述的方式。

### 2.任务（场景）描述
（1）人员情况：轮机长在办公室，轮机部其他人员在机舱。

（2）设备情况：船舶靠港，等待 PSC/FSC 检查。

### 3.评估程序

被评估人员(考生)到位，按照要求进行处理。

### 4.分组方式

（1）成员组成：2 名评估教师组成评估团队；4 名考生组成机舱团队(分别模拟轮机长、大管轮、二管轮、三管轮)。

（2）岗位分布：分别在驾驶台、集控室或机舱各安排 1 名实训教师作为检查官。轮机长在集控室总体指挥，其他轮机员等待检查。

### 5.评估时间

不超过 20 min。

### 6.评估要求

考生能够正常处理评估员发出的各种指令，能够正确、清晰地回答评估员关于 PSC/FSC 的相关问题。船舶在港接受 PSC/FSC 检查评估标准表见表 2-2-1。

表 2-2-1　船舶在港接受 PSC/FSC 检查评估标准表( ☆CE/2E/3E/4E)

| 序号 | 评估要素 | 情景 | 评价标准 | 考核要点 |
|---|---|---|---|---|
| 第一阶段 | ● 机舱迎检前的准备工作 | 1.接到 PSC 检查通知，轮机长做出应对 PSC 检查安排；<br>2.轮机员做好准备工作 | **轮机长及所有轮机员**：<br>①根据所到达的港口国 PSC/FSC 检查内容、依据国际公约的规定、公司相关职能部室的指导和要求进行全面的机舱自查和准备。<br>②船舶的日常维护过程中，安排好轮机部对船舶设备和系统的维修保养工作；并组织船员进行国际公约、法律法规、操作技能和公司安全管理体系的培训。<br>③按照要求及设备和系统的实际情况对船舶实施有效的检查和维修保养，使船舶符合国际公约要求。<br>④船舶机舱应保持整洁、干净。<br>**轮机长**：<br>提前将油类记录簿、防污染设备证书、安全应急设备备好待查。<br>**大管轮**：<br>①提前将安全应急设备等备好待查；<br>②船舶机舱应保持整洁、干净。<br>**二/三管轮**：<br>①抵港前，二管轮完成副机系统、燃油/滑油系统、应急速闭装置、应急电源等项目的自查；三管轮完成防污染设备、救生消防设备、锅炉、甲板设备等项目的自查。<br>②配合轮机长提前将油类记录簿、防污染设备说明书、安全应急设备说明书备好待查 | 1.具有情景意识；<br>2.充分利用机舱资源；<br>3.任务分配明确，命令下达清楚果断，执行干脆，效果良好，反馈及时准确；<br>4.具备团队合作意识 |

| 序号 | 评估要素 | 情景 | 评价标准 | 考核要点 |
|---|---|---|---|---|
| 第二阶段 | ●机舱受检过程 | 1.检查官检查文件、资料；<br>2.检查官检查机舱环境及设备 | **轮机长及所有轮机员：**<br>①在港口国检查官到船前，轮机长安排轮机部船员统一穿着公司配发的干净的工作服、工作鞋，戴安全帽。<br>②检查官登船后，轮机长、轮机部船员随时听候指令，当检查官检查时轮机长应尽力给予支持配合。<br>③检查官下机舱进行现场检查时，如无特殊情况，轮机长和轮机员应全程陪同检查官的检查。对于提问要听清后再回答。检查官提出操作要求时，主管人员应准确、无误地进行操作，满足检查官的要求。<br>④针对检查出的问题，能够立即纠正的应立即纠正，不能立即纠正的可以向检查官申明理由，提出解决方案。<br>⑤在受检过程中，如发现可能导致滞留的缺陷，轮机长要尽力说服检查官，立即将情况报船长或轮机长 | 1.意识到检查的重要性；<br>2.具有情景意识，具有失误链判断技巧；<br>3.任务分配明确，执行效果良好，反馈及时准确；<br>4.具备团队合作意识；<br>5.及时与检查官及公司部门沟通 |
| 第三阶段 | ●机舱受检后的工作 | 1.不符合项目纠正；<br>2.相关体系文件的学习 | **轮机长及所有轮机员：**<br>①检查出的问题船上能自己解决的，争取在检查官离船前解决。不能解决的应及时告知船长或轮机长，听候公司相关部门的指导与安排。<br>②将检查官的检查报告、不符合规定情况等及时处理（不合格项封闭程序）。<br>③做好轮机日志记录工作 | 1.具有情景意识和判断能力；<br>2.具有沟通与协调能力；<br>3.具有团队合作意识与沟通技巧；<br>4.熟悉维修保养体系，懂得 PSC/FSC 检查的程序、内容与要求 |

## 四、评估基本知识要点

船舶 PSC 检查（港口国监督）是指港口国政府依据国际公约（如 SOLAS、MARPOL、STCW等）对抵港的外国籍船舶实施的强制性安全检查，旨在确保船舶符合安全、防污染、船员权益等国际标准，避免低标准船舶航行。检查内容包括船舶证书、设备状况、船员操作能力、应急程序及生活工作条件等，若发现严重缺陷可能导致船舶被滞留或限制运营。下面将以某船接受PSC 检查为例说明检查的要点，重点介绍轮机部部分相关检查，仅供参考。

### 1.证书与文件

（1）船长和高级船员是否熟悉船舶法定证书保持最新的程序，船上所有证书和文件是否保持最新，并且船舶无影响船级的条件或重大备忘。

检查过程为：登船前查看船舶检验信息报告，并且识别所有的船级条件和/或重大备忘，并且将详细信息复制到观察项工具栏中。通过与船舶检验信息报告比对，核实 HVPQ 中声明的日期和数据的准确性。检查过程中查看如有必要审查,管理船舶法定证书和支持性文件的公司程序。核实签发船级条件、备忘或短期证书列明的任何结构、机械或设备的缺陷已输入缺陷报告系统,以便后续跟进和稍后结清。通过随机抽查和审查最多五个证书,核实船上用于跟踪法定证书和船级证书的系统保持更新。核实任何最近的船级检验结果已录入船级检验信息报告。

预期证据为:管理法定证书和支持性文件的公司程序;包含法定证书、船级证书以及支持性检验/测试报告的文件夹;列明所有法定证书、支持性检验和检查的到期日的证书索引;船级检验信息报告;缺陷报告系统中未封闭的缺陷清单;过去 12 个月内船级社验船师登船的详细信息。

(2)船上是否存有最近的 ISM 内审报告,是否已采取了整改措施来封闭任何不符合,以及该整改措施已由岸基管理层进行了核实。

检查内容为:查看且如有必要审查,公司 ISM 内部审核规划和执行程序,包括标准审核格式和/或检查单;审查当前船舶经营者的最近两次 ISM 内审报告;审查用于记录和跟踪任何不符合项直至封闭的系统;与船长或高级船员交谈,以确认他们熟悉用于记录和跟踪任何不符合项直至封闭的系统;对于船舶最近才由船舶经营者接管并且还未进行内审的情况,与船长或高级船员交谈,以确认他们熟悉初次内审的准备工作;检查官不得使用船舶经营者的审核报告作为识别负面观察项的手段。

预期证据为:公司 ISM 内部审核规划和执行程序;当前船舶经营者的最近两次 ISM 内审报告;记录和跟踪任何不符合项直至封闭的系统。

(3)轮机长是否熟悉按照船级社规定保持的加强检验报告的程序,并且船舶无任何可见的或有文件表明其船体或货舱和压载舱涂层有结构状况。

检查过程为:查看加强检验文件并核实所有部分都已按照船级社的要求保持更新。查看先前的维修历史,识别过去 12 个月内完成的结构修理与船舶缺陷报告系统并做比对。查看状态评估报告,并且注意是否有货舱或压载舱涂层状况为一般或差的情况。查看状态评估报告,并且注意是否有大面积腐蚀的舱室/区域,或测厚报告中记录的有深度麻点区域。查看涂装技术文件,并且注意是否有涂层修理的区域。现场检查过程中注意是否有影响船体结构完整性的问题,比如裂纹、凹陷、变形、严重锈蚀或构件变细。(本段中"严重"指明显减少了结构构件轮廓的损耗。)

预期证据为:加强检验报告(应自第一次特检之前至少一年开始保留);涂装技术文件,如要求配备;根据加强检验规则要求需要在船保留的支持性文件;船员对货舱、压载舱和干隔舱的检查报告;加强船壳检验范围内,与结构损坏和修理相关的事故调查报告。

(4)轮机长是否熟悉保持船级检验报告的程序,并且船舶无任何可见或文件表明其船体或货舱和压载舱涂层有结构状况。

检查过程为:查看检验文件并核实所有部分保持完整且最新。查看先前的维修历史,识别过去12 个月的结构性修理与船舶缺陷报告系统做比对。查看涂装技术文件,如要配备,并且留意任何进行了涂层修理的区域。现场检查过程中注意是否有影响船体结构完整性的问题,比如裂纹、凹陷、变形、严重锈蚀或构件变细。(本段中"严重"指明显减少了结构构件轮廓的损耗。)

预期证据为:检验文件;涂装技术文件,如要求配备;船员对货舱、压载舱、管弄和干隔舱的检查报告;与结构损坏和修理相关的事故调查报告。

（5）高级船员是否熟悉关于货舱、压载舱及隔离舱室检查和报告的程序，记录显示所有的检查均在规定时间内完成并按照公司的要求完成报告。

检查过程为：查看且如有必要审查，货舱、压载舱和干隔舱检查和报告的公司程序。通过现场检查报告，核实船舶经营人在预检问卷（PIQ）申报的货舱、压载舱和干隔舱检查时间范围的正确性。查看最近几个货舱、压载舱或干隔舱的检查报告，并核实公司检查程序中要求的细节已记录在指定的报告格式之中。如报告中有涉及货舱、压载舱或隔离空舱的结构、涂层或构件的缺陷，核实缺陷报告以跟踪各种要求的整改措施。如船级条件、备忘或涂层状况要求对货舱、压载舱和/或干隔舱进行更加频繁的检查，确定这些检查已按要求完成并保留相关文件。

预期证据为：货舱、压载舱以及干隔舱检查的程序以及任何可供参考的行业出版物；上个检查周期的所有货舱、压载舱和干隔舱的检查报告；未封闭的舱室结构、涂层或构件的任何缺陷报告；自上个换证或期间检验以来，与船级社关于舱室结构缺陷的沟通；最近的货舱、压载舱和干隔舱检查的封闭舱室进入记录和许可证。

（6）高级船员是否熟悉通过缺陷报告系统向岸基报告船舶结构、机械和设备的缺陷，并且有证据表明所有缺陷已按要求报告。

检查过程为：查看且如有必要审查，管理和操作缺陷报告系统的程序。审核缺陷报告系统中的记录并核实已按要求记录，在规定的时限内与岸基管理部门沟通并确认。检查中发现结构、机械或设备的明显缺陷，但不属于缺陷报告，在该问题下开具观察项。随即查看一份缺陷报告，确定已明确整改措施的时限，以及减缓性措施已在岸基管理部门的指导下进行。

预期证据为：通过缺陷报告系统管理船舶结构、机械和设备缺陷的程序；缺陷报告系统或纳入计划保养系统的缺陷报告系统；缺陷报告系统中记录的每个缺陷的岸基确认；录入缺陷报告系统的所有未封闭缺陷的打印清单。

（7）轮机员是否熟悉船舶的压载水管理计划，并且有记录证明压载水已按照该计划进行了处理。

检查过程为：查看且如有必要审查，压载水管理计划。查看压载水管理证书并识别出压载水管理方法。审查压载水记录簿（可能是电子记录系统或被纳入其他记录簿或系统），核实近期的压载水操作是否按照压载水管理计划和压载水管理证书进行和记录。当有压载水置换操作时，或作为压载水管理的主要方法，或额外使用压载水处理装置，核实压载水置换以总纵强度、扭转应力以及 IMO 压载水置换指南中确定的其他安全考虑降到最低的方式予以计划和实施。因压载水处理系统的缺陷或损坏，导致压载水的处理或置换未按照压载水管理计划完成时，审核与船旗国和港口国主管机关的沟通，并且核实所有附加给船上有关压载水管理的条件已被遵守并予以记录。

预期证据为：压载水管理计划以及压载水管理证书复印件；压载水记录簿或等效记录；近期的货物操作和压载水操作计划以及相关支持性操作记录，用以验证压载水操作的时间和时长；如有压载水置换，置换计划体现了置换顺序以及每一操作阶段的总纵强度、吃水和吃水差；当压载水处理系统不能按照压载水管理计划的要求进行压载水置换时，通知船旗国和港口国主管机关该项不符合。

（8）轮机员是否熟悉挥发性有机化合物（VOC）管理计划，并且执行了计划中规定减少VOC 排放量的程序并且按要求进行了记录。

检查过程为：查看且如有必要审查 VOC 管理计划。查看 VOC 管理计划中在航次不同阶段要求保持货舱压力和货物操作记录。查看 VOC 管理计划要求的记录,并且核实航次所有阶段和货物操作均保持了记录。查看货物操作计划,并且核实已考虑了 VOC 管理计划中关于该操作的所有要求。查看 VOC 管理计划的培训记录。与 VOC 管理计划中指定的负责人进行交谈,以验证其熟悉该计划中的内容及要求的记录。

预期证据为:VOC 管理计划;VOC 管理计划的培训记录;满足该计划所要求的记录;正在进行货物操作的货物操作计划;航海日志。

(9)高级船员是否熟悉船舶能效管理计划的内容和要求,并且已全面实施。

检查过程为:查看并审查船舶能效管理计划。查看并审查有关 SEEMP 第一部分中列出的提高船舶能效的一系列措施已经实施和/或监测的书面证据。查看并审查(适用时)有关年度燃料油消耗量的船舶数据收集、汇总和报告记录。与船长和/或轮机长交谈,验证他们对船舶能效管理计划内容和要求的熟悉程度。

预期证据为:船舶能效管理计划(SEEMP);船舶能效管理计划第一部分列明的一系列提高船舶能效的措施已实施和/或监控的书面证据,可能包含在航海日志和轮机日志等之中;5000 总吨及以上的船舶,国际防污染公约附则六之 22A 规定的年度燃料油消耗量、航行里程、在航时间及其他数据的收集、汇总和报告给船旗国主管机关的记录;5000 总吨及以上的船舶,符合声明——燃油消耗报告。

(10)船上安全管理体系手册的相关内容是否所有船上人员都能轻松获取,使用船上人员懂得的工作语言编写。

检查过程为:查看且如有必要审查安全管理体系手册,无论是电子版还是纸质版。查看且如有必要审查,对安全管理体系的更改已引起船上相应人员的注意并被理解(可以是纸质版或电子版)的证据。核实是否可以方便地查阅驾驶台上的航行程序和指南,无论是电子版还是纸质版。在检查过程中,注意所使用的程序和检查表等版本的一致性。随机与一名普通船员交谈,以验证其能够轻松获取以其懂得的工作语言编制的安全管理手册的相关内容,并熟悉访问安全管理手册的途径。

预期证据为:安全管理手册;安全管理体系的更改已引起船上相应人员的注意并被理解(可以是纸质版或电子版)的证据。

(11)安全管理体系是否明确船长、高级船员、普通船员与公司间的权限级别和沟通渠道,并且船员熟悉与其相关的安排。

检查过程为:查看且如有必要审查,安全管理体系手册中的船长、高级船员、普通船员和公司之间的权限级别和沟通渠道。与一名高级船员进行交谈,以核实其熟悉船舶管理公司的岸基主要成员的沟通渠道,包括指定人员。与其他驾驶员、轮机员或普通船员进行交谈,以核实其知晓指定人员的身份、联系方式和作用。

预期证据为:安全管理手册中包含的船长、高级船员、普通船员和公司之间的权限级别和沟通渠道;将 DPA 的身份和联系方式告知所有高级船员和普通船员的方法。

2.机械处所

(1)轮机长是否制定了常规命令,并辅以每日命令,以强调并强化对机舱管理的期望,如果是,是否所有轮机员都签署了以确认其理解一致。

检查过程为:查看并在必要时审查规定程序,该程序需要概述轮机长制定常规命令和每日命令及其预期内容的要求。审查轮机长的常规命令和每日命令,并验证每项命令的内容是否符合管理预期,是否反映了安装在船舶上的设备,如果是每日命令,是否反映了船舶的运行情况。查看机舱日志和最近操作的其他记录,并验证是否遵守了每日命令中给出的指示。

预期证据为:轮机长常规命令和编写每日命令的程序;由轮机长和所有轮机员签署的现任轮机长常规命令;每日命令簿,由轮机长签署发布并有签名时的日期和时间,随后每一值班轮机员在接班前或值班时签署确认;轮机日志或其他记录支持显示机舱操作模式变化或机械状态改变。

(2)轮机长和轮机员是否熟悉主推进装置、舵机、推进器和发电设备在使用前以及航行或运行期间的关键点测试的程序,以及是否按要求完成了检查表和日志记录。

检查过程为:查看并在必要时审查管理程序,包括在抵港前、开航前以及航行或运行期间的规定阶段需要进行的机器试验。审核近来完成的抵/离港或穿越运河海峡前的机器检查表或记录,证实已完成的要求测试符合规范。从抵/离港或穿越运河海峡的机器检查表中抽检一个项目来验证陪同的轮机员是否了解如何完成它的测试或检查。必要时,查看轮机日志和其他项目,如打印机和数据记录器,以验证所需的机器测试是否已在最近的航行或作业中的适当地点完成。如果在机器试验过程中出现缺陷或异常情况,而船上工作人员无法立即纠正,则应验证该缺陷是否已传达给驾驶台,并已输入缺陷报告系统,以便日后进行纠正。在安全的情况下,要求陪同的轮机员演示舵机的本地操作。

预期证据为:抵/离港前或穿越海峡时机器试验的要求;完整的抵/离港前和运行前机器检查表或所需的擦拭清洁式检查表以及支持日志条目;有证据表明,测试计划期间发现的机器和设备缺陷已被注意到,并由船上工作人员立即修复,或者缺陷已告知驾驶台,并输入缺陷报告系统待日后修复。

(3)轮机长及轮机员是否熟悉公司关于机舱定期巡查监控的程序,轮机日志的记录及检查表是否可用,以确认巡查已按要求完成。

检查过程为:查看并在必要时审查管理程序,包括对机械和机舱进行日常监控的要求。审核检查表及船舶日志并证实要求的机舱巡查已经按公司程序完成。核实在使用中的机舱巡检检查表涵盖机舱所有区域及适用于船舶的所有主要机械及进行的各种操作。从提供的检查表中选择一个项目并验证陪同轮机员是否熟悉检查要求,如何实行检查及记录哪些数据。

预期证据为:规定了机舱常规监控要求的程序;机舱巡查检查表;最近航次的机舱操作记录。

(4)轮机长和轮机员是否熟悉在有人机舱和无人机舱(UMS)期间定期巡查和监控机舱的程序,是否记入日志和可用的检查表,以确认检查已按要求完成。

检查过程为:查看并在必要时审查管理程序,包括有人机舱及转无人机舱之前和无人机舱期间对机器进行常规监控的要求。审查检查表和船舶日志,并验证在有人机舱或无人机舱期间机舱巡查已按公司程序完成。核实使用中的机舱巡回检查表涵盖机舱所有区域及适用于该船所有的主要设备及操作。核实转无人机舱前的检查表包括 SOLAS Ⅱ-1 第 E 部分要求安装的所有系统正常功能的检查。从提供的检查表中选择一个项目并核实陪同的轮机员是否熟悉检查的目的及如何执行该检查。

预期证据为:管理程序对有人机舱及转无人机舱之前及无人机舱期间的机械设备的日常监控的规定要求;有人机舱及转无人机舱前的机舱巡回检查表;最近航次的机舱操作记录;最近航次的机舱报警记录。

（5）轮机长和轮机员是否熟悉遥控系统发生故障时的控制主推进动力装置及相关的辅助系统的本地操作检查及测试方法。

检查过程为：查看并在必要时审查管理程序，包括本地控制推进机械和相关辅助系统装置的操作、检查和测试方法。检查本地控制站的手动控制或人机界面及操作说明是否张贴在附近。审查本地控制站或集控室的检查和测试记录。如必要，审查计划保养系统中包含的已进行的检查和测试记录。提问陪同的轮机员来核实他们是否熟悉：当地控制系统的操作检查及测试、从控制站到驾驶台通信的方法。

预期证据为：公司提供的用于本地控制推进机械和相关辅助系统装置的操作；检查和测试程序；本地控制系统的检查测试记录。

（6）高级船员是否熟悉应急发电机的启动程序及记录是否能证明应急发电机已按照公司的程序要求测试。

检查过程为：查看并在必要时审查应急发电机的操作程序。查看并审核张贴在设备附近的启动说明，检查应急发电机、应急配电板、应急发电机间的总体状况，核实应急配电板前后的绝缘垫是否在位，核实应急发电机是否设定在启动位并能在电源中断情况下自动启动并供电给应急配电板。操作安全的情况下，见证主、次方法启动应急发电机。当应急发电机已经正常运行，核实显示在应急配电板上的电压、频率，查看应急发电机燃油柜中的油位。当船舶运营在温度为零下的地方，核实油柜里的燃油设计可用于零下温度。允许情况下，见证应急发电机的速闭阀测试，见证应急发电机间的防火挡板的操作试验。若必要，检查应急发电机的维护保养记录来核实：应急发电机定期带负荷运行足够的时间，以确保达到正常运行温度和压力。应急用电设备带上负荷运行来核验与应急配电板的连接性并且持续运行性能令人满意，速闭阀已按公司程序的要求试验，备用启动马达已按公司程序要求测试（对单一方式启动马达）。如果甲板驾驶员在场，提问核实其是否熟悉应急发电机的启动操作程序。

预期证据为：操作及测试应急发电机的公司程序；船舶启动应急发电机并连接应急配电板的特定程序；应急发电机、燃油速闭阀和备用启动马达（如提供）的在船测试记录。

不符合规定情况报告如表2-2-2所示，PSC自查表（仅供参考）如表2-2-3所示。

表 2-2-2　不符合规定情况报告

Non-Conformity Report

不符合来源 Source of Non-Conformity：　PSC 检查

| 部门/船名<br>Dept./Vessel | xxxx 轮 | 报告日期<br>Date of Report | ××××年××月××日 |
|---|---|---|---|
| 不符合条款<br>ISM Clause | | ×××××× | |
| 不符合类型<br>Type of Non-Conformity | 一般不符合　General Non-Conformity　□<br>重大不符合　Major Non-Conformity　□ | | |
| 不符合描述<br>Non-Conformity | | | |
| 原因分析<br>Result of Root Cause Analysis | | | |

| 纠正预防措施<br>Corrective action including measures intended to prevent recurrence | | | |
|---|---|---|---|
| 职能部门负责人/船长<br>Director of Functional<br>Dept./Master | 主管人员意见<br>Follow-up Verification by<br>Superintendent/DPA | 指定人员确认<br>Confirmed by DPA | 总经理意见(仅对重大不符合签署意见)<br>GM Review ( Only for<br>Major Non-Conformity) |
| 签名/日期：<br>Signature/Date： | 签名/日期：<br>Signature/Date： | 签名/日期：<br>Signature/Date： | 签名/日期：<br>Signature/Date： |

表 2-2-3　PSC 自查表(仅供参考)

The Checklist of PSC Inspection

轮机(电气)部分(For Engine Dept.)

| 类别<br>Part | 检查项目<br>Item | 检查要求<br>Requirement | 结果<br>Result |
|---|---|---|---|
| 主推进系统<br>Main<br>Propulsion<br>System | 主机<br>Main engine | 外表及高压油泵底座保持清洁。<br>Keep the appearance and high pressure oil pump base clean.<br>各油水气系统无泄漏,仪表显示良好,排气隔热层状态良好,无泄漏。<br>The oil, water and gas systems have no leakage, the instrument display is good, and the exhaust insulation layer is in good condition without leakage.<br>主机应急操作及安保系统试验正常,比如超速保护、燃油泄漏、燃油速闭阀等。<br>Emergency operation and safety system of main engine to be tested in good condition, for example: over speed action, oil leakage from high pressure pipe, quick-close valve for F.O line and so on.<br>尾轴承及尾管密封装置工作正常,前后密封有效,无异常漏油水情况<br>Stern tube sealing device in good condition, no leakage | |
| | 舵机、应急舵<br>Steering gear/<br>Emergency<br>steering gear | 外观清洁,积油槽无积油,管路无泄漏。液压方框图及操作说明张贴良好。<br>Outer surface of S/G to be kept cleaning, no oil leakage and no oil in pan. Operation manual and diagram on site in good condition.<br>舵机故障后自动切换良好,失电后自动切换到应急电源并工作良好。高级船员熟悉应急舵操作,熟悉舵机面板报警测试。<br>Function for auto-change in good condition after one system failed. The emergency system can be operated normal after black-out and getting power from emergency generator. All officers familiar with emergency S/G operation.<br>罗经复示器、舵角指示器工作正常<br>Compass repeater, the rudder angle indicator in normal | |

续表

| 类别<br>Part | 检查项目<br>Item | 检查要求<br>Requirement | 结果<br>Result |
|---|---|---|---|
| 逃生通道及机舱通风筒<br>Escape way and air conduit in engine room | 逃生通道及防火门<br>Escape way and fire proof door | 每层逃生通道门保持自闭,内部照明充足(含应急灯)且无阻碍物,逃生绳及安全带配置齐全。通往主甲板的门里外两面都能开关,机舱逃生路线标识张贴醒目。逃生通道隔热层状态良好<br>All doors for emergency escape exit keep selfclosing, illumination (include emergency light) in good condition and no obstruction in escape exit. A grasp of rope for escape and safety belt in position. Out doors on deck should be opened or closed two sides (inside or outside), the label for escape course put on well. Thermal-protective coating around the escape exit in good condition | |
| | 天窗及挡板<br>Skylight and baffle | 机舱天窗水密良好,内部防盗窗安装到位,满足安保要求。<br>The watertight for skylight in well, security window in position for security requirement.<br>烟囱百叶窗开关自如,无透光现象,行程开关指示良好。<br>The shutters for funnel to be acted normal and without light leakage from outside, the indicator of travel switch in normal condition.<br>机舱通风筒无洞穿,挡板开关标识清晰且开关活络<br>No hole and leakage in the air conduit for engine room, mark for open and close clear of baffles and the baffles to be acted smoothly | |
| 副机系统<br>A/E system | 副机<br>A/E | 外表及高压油泵底座保持清洁。尤其是飞轮底部,注意副机输出轴处油封状况。<br>All out surface and high pressure oil pump bedplate keep cleaning. Especially at the bottom of the flywheel, pay attention to the oil seal at the output shaft of the auxiliary engine.<br>各油水气系统无泄漏,仪表显示良好,排气隔热层状态良好。<br>No leakage from all systems of oil/water/air have, all instrument meter in good condition, exhaust pipe thermal-protective coating in good condition.<br>副机机旁应急操作及安保系统试验正常,比如超速保护、燃油泄漏、燃油速闭阀等<br>Emergency operation and safety system of A/E to be tested in good condition, for example: over speed action, oil leakage from high pressure pipe, quick-close valve for F.O line and so on | |
| 空压机系统<br>Air compressor system | 空压机和应急空压机<br>Main air compressor and E/A | 外表清洁及积油槽无泄漏,仪表显示正常。应急气瓶压力充足,轮机员能迅速用应急气瓶启动副机<br>The out surface of air compressor to be kept cleaning, no oil in pan. Instrument meter in normal condition. The pressure of emergency air reservoir is sufficient and the engineer can used to start the A/E by emergency reservoir in time | |

| 类别<br>Part | 检查项目<br>Item | 检查要求<br>Requirement | 结果<br>Result |
|---|---|---|---|
| 供油单元<br>F.O supply unit | 供油单元<br>F.O supply unit | 所有设备的外部和底部应保持清洁、无锈蚀；所有设备应保持良好状态。各种仪表和监控报警系统应保持良好状态。隔热层应保持良好状态<br>Outside & bottom of all these devices to be kept clean/free of rust; all these devices to be kept in good condition. Various gauges and monitoring alarm system to be kept in good condition. Thermal-protective coating in good condition | |
| 油舱柜系统<br>Oil tank system | 轻重燃油、滑油舱柜系统<br>F.O and D.O, L.O tank system | 机舱油柜速闭阀保持随时可用状态，其操作处有明显标志。<br>All quick close valve in E/R to be marked on site and kept in good condition.<br>机舱内的重力自闭式油舱测量管自闭功能正常，无绳子绑扎，测量管空气考克功能正常。<br>The function of self-closing sounding pipe in E/R is good and free form rope. The function of air cock is good.<br>甲板上油舱透气管的透气帽浮球活动自如，围油槽内清洁无腐蚀或破损，泄放塞无缺失且抵港保持关闭<br>Floating valve of air pipe for F.O tanks on upper deck working normal, spill plate to be kept clean and no broken; the related plug to be kept on site and kept close before getting alongside | |
| 应急发电机<br>Emergency generator | 应急发电机<br>Emergency generator | 满足自动和手动启动要求，且主配电板断电后45 s内能向应急配电板合闸供电功能正常。油柜内要有充足的燃油，满足18 h的使用要求，燃油消耗率张贴在油柜上，油柜速闭阀动作正常，安保功效测试正常。刻画出18 h燃油量最低标刻线<br>The E/G to be started by auto or manual mode smoothly and switched on emergency switchboard after the main switchboard power off in 45 seconds. Oil tank to be filled with oil for 18 hours running. The consumption rate of F.O to be indicated on the oil tank. Quick-close valve for the oil tank outlet in good condition. The protection sys. for E/G to be tested and kept in good condition. Delineate the minimum marking line for fuel consumption in 18 hours | |

| 类别<br>Part | 检查项目<br>Item | 检查要求<br>Requirement | 结果<br>Result |
|---|---|---|---|
| 防污染设备<br>Pollution prevention equipment | 机舱舱底水系统<br>Engine room bilge system | 所有机舱舱底及污水井无油污,应急吸口阀开关自如;舱底水高位报警正常有效<br>Bottom of engine room and bilge well to be free from any oil, suction valve of bilge water to be opened or closed smoothly, bilge highlevel alarm working well | |
| | 油水分离器/滤油设备<br>Oily water separator/Oil filtering equipment | 操作规程永久性张贴,所有轮机员能熟练操作;无非法排放管路。所有部件表面清洁工作正常。现场应张贴滤芯清洗时间及照片。15ppm 监控装置试验正常;排油电磁阀动作、三通阀动作试验正常。船舶靠港/进入限制区域前,机舱污水排舷外阀必须关严,密封条铅封并挂警告标志牌。油类记录簿按要求记录。主管人员熟悉调取最近一次处理时间,与油水记录簿一致。出海阀密封条编号和油水记录簿一致<br>Operating procedures to be posted on site. All engineer need to be familiar with the operation. No illegal discharge pipe. All parts to be kept cleaning and operable. The cleaning time and photos of filter cleaning to be put on site. 15ppm monitor to be test in normal, oil discharge solenoid valve action/three way valve action to be tested well. Before reaching port/entering the restricted areas, the overboard valve from engine room bilge water to be locked by lead seal and hang warning signs. Oil water record book to be logged according the relevant rules. The supervisor is familiar with the latest disposal time, consistent with the oil and water record book. The seal number of the sea valve is consistent with the oil and water record | |
| | 焚烧炉<br>Incinerator | 操作规程永久性张贴在焚烧炉附近的位置。外观清洁,无油污,工作正常。安全保护装置及报警装置处于正常工作状态(备用排烟传感器功能良好)。保持适量灰烬备查, 油类记录簿按要求记录<br>Operating procedure to be permanent posted near the incinerator. Appearance to be cleaned. Safety protection and alarm device in good condition (the spare sensor for exhaust temperature function well). Keep right amount ash for inspection, the log for oil record book by the requirement | |
| | 生活污水处理装置<br>Sewage treatment device | 操作说明永久性张贴。船舶靠港/进入限制区域前出海阀关闭并锁紧并张贴"禁排公告"。回流管或观察镜保持清洁或能观察到回流,消毒处理药剂数量充足。相关报警测试正常,取样水保持清洁。排放速率表现场张贴。专用记录簿规范记录<br>Operating procedure to be permanent posted near the equipment. Before reaching port/entering the restricted areas, the overboard valve of the device to be closed/locked. "Discharge is prohibited" to be posted on site. Return line or viewer to be kept cleaning and be able to observe the reflux and disinfection treatment agent to be abundant. Alarm test in normal condition and the sample water to be kept cleaning. Emission rate display field posted. Special record book specification record | |

| 类别<br>Part | 检查项目<br>Item | 检查要求<br>Requirement | 结果<br>Result |
|---|---|---|---|
| 救生消防设备<br>Lifesaving and firefighting-equipment | 艇机<br>Life boat engine | 救生艇/救助艇艇机试验启动正常,试验电动启动方式(如有两组蓄电池,任一组均能单独启动,保证蓄电池电力充足)和手动启动方式均正常(如果有)。检查螺旋桨旋转正常(正反转),试验转舵和应急操舵正常,试验手摇排水泵正常。艇内油箱燃油充足不少于90%。排烟管无锈蚀及任何泄漏,表面包扎完整。救生艇水密状况良好,照明及内部食物、饮用水等救生附属设备满足规范要求。模拟释放每个月测试一次,操作台释放和应急释放均正常。所有人熟悉以上操作<br>The start-up of lifeboat/rescue boat engine is normal, the electric start-up mode (if there are two sets of batteries, any group can be started separately to ensure sufficient battery power) and manual start-up mode are normal (if any). Check that the propeller rotates normally (positive and negative), the pilot rudder and emergency steering are normal, and the experimental hand draining pump is normal. The fuel in the tank of the boat is sufficient and not less than 90%. There is no rust and leakage on the exhaust pipe, and the surface is wrapped completely. The water tightness of the lifeboat is good, and the lighting, internal food, drinking water and other life-saving auxiliary equipment meet the specification requirements. The simulated release to be tested once a month, and the console release and emergency release is normal. Everyone is familiar with the above operation | |
| | 降落回收装置<br>Davit system | 设备功能试验正常,限位开关动作良好,蓄能装置压力满足说明书要求,保证随时可用<br>The function test of the equipment is normal, the limit switch acts well, and the pressure of the energy storage device meets the requirements of the manual, so it can be used at any time | |
| | 应急消防泵<br>Emergency fire pump | 泵能在所有遥控位置启动正常,满足 5 min 出水的要求。压力表正常,船舶空载状态下仍能同时供应两股水柱。进出口阀保持常开。泵及底座外观良好,无腐蚀无泄漏。船舶空载或卸货期间注意船舶吃水调整或者提前给管路注引水,防止应急消防泵吸水困难<br>The pump can be started normally in all remote control positions, meeting the requirement of 5 minutes water discharge. The pressure gauge is normal and can supply two water columns at the same time when the ship is unloaded. The inlet valve is kept normally open. The appearance of pump and base is good without corrosion and leakage. During the period of no-load or unloading, pay attention to adjusting the draft of the ship or injecting water into the pipeline in advance to prevent difficulties in absorbing water of the emergency fire pump | |

续表

| 类别<br>Part | 检查项目<br>Item | 检查要求<br>Requirement | 结果<br>Result |
|---|---|---|---|
| | 消防隔离阀<br>Fire isolating valve | 阀的相关操作人员熟悉操作,标识清楚,开关活络。关闭阀后无压力<br>The relevant operators of the valve are familiar with the operation, with clear identification and flexible switch. There is no pressure behind the valve when it is closed | |
| | 水雾喷淋灭火系统<br>Water spray extinguishing system | 系统所有功能测试正常。各个喷头测试通畅。应急转换阀可以操作。淡水柜存水量足够系统使用。控制箱处水泵出口各支管电磁阀定期手动开关测试,旁边放置电磁阀的开关用具<br>All function tests of the system are normal. Each nozzle is unobstructed. The emergency change-over valve can be operated. The storage capacity of fresh water tank is enough for the system. The solenoid valve of each branch pipe at the water pump outlet of the control box shall be manually switched on and off regularly, and the switching appliance of the solenoid valve shall be placed next to it | |
| 锅炉 Boiler | 锅炉 Boiler | 锅炉的各种报警装置(如熄火、极低水位等)、安全保护设备(如安全阀手拉释放测试等)工作正常。锅炉本体、蒸汽和排烟管等外部绝热包覆状况良好。燃烧器、燃油加热器无跑冒滴漏<br>The boiler's various alarm devices (such as flameout, extremely low water level, etc.) and safety protection equipment (such as manual release test of safety valve) work normally. The external insulation and coating of boiler body, steam and exhaust pipe are in good condition. No leakage of burner and fuel heater | |
| 首排水系统<br>Fore peak bilge system | 首排水系统<br>Fore peak bilge system | 系统所有阀件动作测试正常,测试排水功能正常。高位报警测试正常<br>All valves of the system are normal in action test and drainage function is normal. The high alarm test is normal | |
| 油类记录簿的填写<br>Keeping of the oil record book | 油类记录簿<br>Oil record book | 油类记录簿的记录是准确的<br>The record of oil record book to be accurately recorded | |

续表

| 类别<br>Part | 检查项目<br>Item | 检查要求<br>Requirement | 结果<br>Result |
|---|---|---|---|
| 电力系统<br>Power system | 主/应电源装置<br>Main/Emergency power source | 全船电气绝缘良好,绝缘低报警正常;电力设备包括配电板周围绝缘橡胶垫状况良好<br>The electrical insulation of the whole ship is good, and the low insulation alarm is normal; the insulation rubber pad around the power equipment, including the distribution board, is in good condition | |
| | 照明、蓄电池和开关、电缆<br>Lighting/Batteries and switches/cables | 全船的主、应急照明系统工作正常,应急照明灯具标志清晰;照明灯灯罩完整,灯座或支架无明显腐蚀或损坏,密封良好。蓄电池室的通风、防爆电器、电池固定、防酸措施良好,备有绝缘和防腐手套;绝缘及记录正常,各设备接地完整<br>The main and emergency lighting systems of the whole ship are working normally, and the signs of emergency lighting lamps are clear; the lamp-shade of the lamps is complete, the lamp holder or bracket is free from obvious corrosion or damage, and the sealing is good. The ventilation, explosion-proof electrical appliances, battery fixation and acid prevention measures of the battery room are good, and the insulation and anti-corrosion gloves are provided; the insulation and recording are normal, and the equipment grounding is complete | |
| | 接地线<br>Ground wire | 所有设备的接地线连接正常,绝缘外皮无破损<br>The grounding wires of all equipment are connected normally, and the insulation sheath is not damaged | |
| 报警系统<br>Alarm system | 通用/应急报警<br>General/Emergency alarm | 每周通用报警试验正常并记入航海日志,各种延伸报警及其他应急报警试验正常<br>The weekly general alarm test is normal and recorded in the logbook. All kinds of extended alarm and other emergency alarm tests are normal | |
| | 监测报警系统、主机遥控系统<br>Alarm monitoring and control system, main engine remote control system | 涉及消防、救生、防污染的监测报警(如风油切断、机舱污水报警)和重要设备的安保报警点(如主、副机的安保动作)功能检查正常,并在电气日志上做好记录备查。货舱、压载舱、干隔舱等进水报警系统试验正常。机舱报警灯柱功能测试正常。主机遥控功能测试正常,满足主机的启停、正倒车、位置转换等要求<br>The functions of monitoring and alarm (such as wind oil cut-off, engine room sewage alarm) and security alarm points of important equipment (such as the security action of main and auxiliary engines) involving fire fighting, life-saving and pollution prevention shall be checked and recorded in the electrical logbook for future reference. The flooding alarm system of cargo hold, ballast tank and dry compartment is normal. E/R audio/visual alarm column to be tested in normal. The remote control function test of the main engine is normal, which can meet the requirements of start stop, forward and reverse, position conversion and so on | |

续表

| 类别<br>Part | 检查项目<br>Item | 检查要求<br>Requirement | 结果<br>Result |
|---|---|---|---|
|  | 冰库呼救报警<br>Ref. chamber<br>alarm system | 冰库呼救报警测试正常<br>Ref. chamber alarm system to be tested in normal |  |
|  | 病房呼叫系统<br>Hospital<br>calling system | 病房呼叫系统功能测试正常<br>Hospital calling system to be tested in normal |  |
|  | 应急切断系统<br>Emergency<br>stop system | 应急切断功能测试正常,主配电板上开关能正常复位,各个区域的应急切断开关旁有中英文准确描述对应的设备名称<br>The emergency stop function to be tested normal, the switch on the main switchboard can be reset normally, and the corresponding equipment name is accurately described in English and Chinese beside the emergency stop switch in each area |  |
|  | 货舱烟雾报警系统<br>Cargo hold<br>smoke detecting<br>alarm system | 货舱烟雾报警系统功能测试正常<br>Cargo hold smoke detecting alarm system to be tested in normal |  |
| 内部通信<br>Inner communication | 公共广播系统/<br>内部通信系统/<br>驾驶台机舱值班报警系统等<br>The public broadcasting/<br>Internal communication system/BWAS | 室内外广播系统所有广播电测试正常,机舱(包括机旁位置)、舵机舱与驾驶台间的声力电话或直通电话通信正常。轮机员呼叫系统工作正常,驾驶台机舱值班报警系统正常<br>All broadcasting electrical tests of indoor and outdoor broadcast systems are normal, and sound power telephone or direct telephone communication between engine room (including the position beside the aircraft), rudder cabin and bridge is normal. The engineer call system works normally, and the BWAS is normal |  |
| 无人机舱<br>Unmanned engine room | 自动控制<br>Auto control | 相关人员熟悉无人机舱状态(如何进行状态确认),测试设备自动切换<br>The relevant personnel are familiar with the status of unmanned engine room (how to confirm the status), and the test equipment switches automatically |  |
| 备注<br>Remark |  |  |  |

## 五、实训脚本（示例）

实训场景：船舶停靠在码头上，机舱有一名值班轮机员（三管轮）值班。

● 机舱迎检前的准备工作（CE/2E/3E/4E）

【驾驶台电话通知：根据代理通知，本港我轮将接受 PSC 检查，请通知轮机长做好 PSC 迎检准备工作。】

**三管轮**（电话回复驾驶台）：明白。

**三管轮**（电话通知轮机长）：报告轮机长，驾驶台通知，本港我轮将接受 PSC 检查，要求做好 PSC 迎检准备工作。

**轮机长**（电话回复）：收到，通知其他轮机员一起到机舱。

【接电话后轮机长到达集控室。】

**三管轮**（电话回复）：明白。

**三管轮**（电话通知其他轮机员）：（大管轮、二管轮），本港我轮将接受 PSC 检查，轮机长通知下机舱。

其他轮机员（电话回复）：明白。【接电话后其他轮机员到达集控室。】

**轮机长**：驾驶台电话通知，本港我轮将接受 PSC 检查。现将有关迎检准备工作布置一下。有关 PCS 检查的国际公约、法律法规、安全操作和公司安全管理体系的文件内容已存放在集控室办公电脑中，请各轮机员自行学习并探讨，大管轮负责监督和指导，如有问题可咨询轮机长，同时，请各轮机员按照《PSC 项目自查表》，并结合国际公约及公司的相关要求，完成自查和维护保养工作。

大管轮，负责检查、维护以下设备：主机及尾轴装置、舵机、逃生通道及防火门、天窗及挡板的状况；安排好机舱卫生工作。

二/三管轮，负责检查、维护以下设备：副机、空压机和应急空压机、供油单元、油舱柜系统及管路设备、应急发电机、机舱舱底水系统、油水分离系统、焚烧炉、生活污水处理装置、艇机、救生降落回收装置、应急消防泵、消防隔离阀、水雾喷淋灭火系统、锅炉、首排水系统、甲板机械的状况；配合大管轮做好机舱卫生工作；将油类记录簿、防污染设备说明书、安全应急设备说明书备好送至船长办公室。

**各轮机员**：明白。【接到指令后，各轮机员立即行动，并在完成各自的工作后向轮机长报告。】

**大管轮**：报告轮机长，已按照《PSC 项目自查表》检查主机及尾轴装置、舵机及应急舵、逃生通道及防火门、天窗及挡板，状况正常；相关维修保养工作已完成；机舱已清洁干净；相关培训内容已学习完毕。

**轮机长**：好的，收到。

**三管轮**：报告轮机长，已按照《PSC 项目自查表》检查副机、空压机和应急空压机、供油单元、油舱柜系统及管路设备、应急发电机、机舱舱底水系统、油水分离系统、焚烧炉、生活污水处理装置、艇机、救生降落回收装置、应急消防泵、消防隔离阀、水雾喷淋灭火系统、锅炉、首排水系统、甲板机械，状况正常；相关维修保养工作已完成；机舱卫生已按大管轮的要求完成；相关培训内容已学习完毕；油类记录簿、防污染设备说明书、安全应急设备说明书已备好并送至船长办公室。

**轮机长**:好的,收到。

● 机舱受检过程(CE/2E/3E/4E)

**轮机长**:所有机舱人员,检查一下个人装备,统一穿着公司配发的干净的工作服、工作鞋、戴安全帽。

**各轮机员**:明白。【接到指令后,各轮机员立即行动,并在完成各自的工作后向轮机长报告。】

**各轮机员**:报告轮机长,着装已准备完成。

**轮机长**:好的,收到。

**轮机长**(电话通知驾驶台):驾驶台,PSC 迎检准备工作已完成。【驾驶台回复。同时,通知机舱 PSC 检查官已上船,所有人员在集控室待命,迎接检查。】

**轮机长**(电话回复驾驶台):好的,收到。

**轮机长**:驾驶台通知,PSC 检查官已上船,全体机舱人员在集控室待命,迎接检查。

**各轮机员**:明白。

【此时,评估员(或管理员)以 PSC 检查官的身份,通知轮机长,要求轮机长和轮机员陪同检查轮机设备,并测试应急发电机自动启动合闸供电功能。】

**轮机长**:好的,明白。

**轮机长**:大管轮,电话通知驾驶台,测试应急发电机,将驾驶台通导设备电源关闭。

**大管轮**:明白。【接到指令后,大管轮立即行动。】

**大管轮**(电话联系驾驶台):驾驶台,测试应急发电机,请将驾驶台通导设备电源关闭。

【驾驶台回复,通导设备已关闭。】

**大管轮**(电话回复驾驶台):明白。

**大管轮**:报告轮机长,驾驶台通导设备电源已关闭。

**轮机长**:好的,收到。

**轮机长**:三管轮,测试应急发电机自动启动合闸供电功能。

**三管轮**:明白。【接到指令后,三管轮立即行动,将位于主配电板上的主电网通往应急电网的联络开关切断。】

**轮机长**:二管轮,协助三管轮检查应急发电机状况。

**二管轮**:明白。【接到指令后,二管轮立即前往应急发电间,待应急发电机启动合闸后返回集控室通报三管轮应急发电机启动合闸成功。】

**二管轮**:三管轮,应急发电机自动启动合闸成功。

**三管轮**:明白。

**三管轮**:报告轮机长,应急发电机测试成功。

**轮机长**:好的,收到。

**轮机长**(报告评估员):报告检查官,应急发电机测试成功。【评估员回复后,要求恢复主电网向应急配电板供电。】

**轮机长**:好的,明白。

**轮机长**:大管轮,恢复主电网向应急配电板供电。

**大管轮**:明白。【接到指令后,大管轮立即行动,将位于主配电板上的主电网通往应急电

网的联络开关接通。】

**轮机长**:二/三管轮,检查应急发电机状况。

**三管轮**:明白。【接到指令后,二/三管轮立即前往应急发电间,待应急发电机停止后返回集控室。三管轮向大管轮通报应急发电机状况。】

**三管轮**:报告大管轮,应急发电机已自动停止。

**大管轮**:好的,收到。

**大管轮**:报告轮机长,已恢复主电网向应急电网供电,应急发电机处于自动停止状态。

**轮机长**:好的,收到。

**轮机长**(报告评估员):报告检查官,已恢复主电网向应急电网供电,应急发电机处于自动停止状态。

请检查官前往机舱检查其他轮机设备。

【随后,轮机长、轮机员一起陪同评估员到机舱巡查。】

巡查过程中适当介绍机舱设备,例如:检查官,这是××设备,等等。同时,可回答评估员提问并按评估员的要求操作有关设备。应注意,听清楚问题再回答或做合理解释;操作设备时,动作果断正确。检查结束后评估员提出四个问题:

(1)污水存量记录不正确——在船长办公室检查油类记录簿时,发现在污水每周存量记录方面,从上周存量到下周存量污水量有明显增长,但两次存量记录之间没有污水拨入污水柜的记录,请问污水增长量是怎么来的?

(2)焚烧炉不符合 MARPOL 公约的规定——焚烧炉使用垃圾模式,点火测试 5 min,炉膛未达到公约规定的 600 ℃,是什么原因?

(3)主机的机旁操作记录显示,主机每月都有多次机旁操作,是不是主机有异常状况?

(4)主海水泵排出压力表损坏,无压力指示。

**轮机长**(报告评估员):关于"污水存量记录"。在未拨入污水的情况下,污水柜的增长量来自航行时,主机空冷器自动流入的冷凝水。根据油类记录簿记录指导文件的规定,自动流入污水柜和污油柜的量无须记录。

关于"焚烧炉点火燃烧 5 min 未达到 600 ℃"。根据 MARPOL 公约的规定,对于分批装料型的焚烧炉,该装置须设计成其燃烧室气体出口温度在启动后 5 min 内达 600 ℃ 且随后稳定在不低于 850 ℃ 的温度上。再根据国际海事组织环境会第 76 届大会发布的 MARPOL 公约附则Ⅵ的统一解释(MEPC.1-Circ.795-Rev.5)关于"分批装料焚烧炉"的料指的是固体废弃物。说明分批装料型的焚烧炉应在冷炉状态下,放入固体废弃物,启动后 5 min 内才能达 600 ℃。刚才点火测试时,焚烧炉内并未放入固体废弃物,所以启动后 5 min 内未能达 600 ℃。另外,根据港口国家法规的规定,船舶在港期间,不允许用焚烧炉焚烧垃圾。因此,点火测试焚烧炉时,不应将垃圾放入焚烧炉。

**大管轮**(报告评估员):关于"主机每月都有机旁操作记录"是因为公司 ISM 体系文件规定,我公司船舶每次开航前都必须进行主机机旁操作检查,所以才出现每月都有操作记录。

**三管轮**(报告评估员):关于"海水泵压力表损坏",可能是因为设备运行振动导致压力表损坏或检测管积盐堵塞,我们立即更换新压力表,检查清通检测管。

**轮机长**:大管轮,立即带领二/三管轮,清通主海水泵排出压力表检测管,换新压力表,并拍照提供证据。

**大管轮**:明白。【接到指令后,大管轮带领二/三管轮立即行动。】

**三管轮**:报告大管轮,主海水泵排出压力表已换新,检测管已清通,压力显示正常,已拍照留存证据。

**大管轮**:好的,明白。

**大管轮**:报告轮机长,主海水泵排出压力表已换新,检测管已清通,压力显示正常,已拍照留存证据。

**轮机长**:好的,收到。

**轮机长**(报告评估员):主海水泵排出压力表已换新,压力显示正常,检测管已清通,已拍照留存证据,恳请给予无缺陷通过检查。

【评估员同意无缺陷通过检查,并宣布检查结束。】

**轮机长**:好的,明白。感谢检查官亲临我轮指导工作。

● 机舱受检后的工作(CE/2E/3E/4E)

**轮机长**(电话通知驾驶台):驾驶台,PSC 机舱检查结束,机舱一个小缺陷已现场解决,无缺陷通过检查。【驾驶台回复,并要求完成相关分析记录。】

**轮机长**(电话回复驾驶台):好的,明白。

**轮机长**:就本次 PSC 检查发现主海水泵排出压力表损坏的不符合一般情况,我们开会分析一下损坏原因,给出纠正预防措施,会后及时填写轮机日志和不符合规定情况报告,按规定上报公司。

**三管轮**:报告轮机长,主海水泵排出压力表损坏的原因是,压力表固定螺丝松脱,安装不牢固,现场振动较大导致压力表损坏,压力表换新后,已无新的备件,需要申请备件。

**大管轮**:报告轮机长,针对压力表振动损坏,我们的纠正预防措施是:换新压力表配齐并上紧压力表紧固螺丝;对机舱其他位置的仪表全部检查紧固,并定期检查校正;适当申请一些机舱常用仪表做备用。

**轮机长**:好的,大家分析得比较到位。

大管轮,在轮机日志记事栏记录,PSC 检查发现主海水泵排出压力表损坏,现场换新,无缺陷通过检查。

三管轮,根据该事件的原因分析和纠正预防措施,填入不符合规定情况报告。

**大管轮**:明白。在轮机日志记事栏记录,PSC 检查发现主海水泵排出压力表损坏,现场换新,无缺陷通过检查。

**三管轮**:明白。根据该事件的原因分析和纠正预防措施,填入不符合规定情况报告。

**大管轮**:报告轮机长,轮机日志填写完成。

**轮机长**:好的,收到。

**三管轮**:报告轮机长,不符合规定情况报告填写完成。

**轮机长**:好的,收到。

**轮机长**(电话联系驾驶台):驾驶台,不符合规定情况报告已签署扫描,发到船长邮箱,请船长择机上报公司。

【驾驶台回复后,宣布 PSC 检查结束。】

**轮机长**:好的,收到。

**轮机长**:报告考官,船舶在港接受 PSC/FSC 检查工作已完成。

【演习结束。】

# 第三节　☆CE/2E/3E/4E 船舶加装燃、润油料（口述+笔试）

## 一、评估目的

适用于☆CE/2E 的评估:

通过实践训练,旨在帮助考生熟悉船舶加装燃、润油料时的领导力和管理技能的运用。重点培养考生对机舱资源管理原则的理解与实践能力,包括但不限于团队管理、资源配置、集体协作意识等核心要素。要求考生能够胜任分组研讨、模拟演练、任务分工等评估项目,形成有效沟通、资源协调、团队协作、决策指挥等综合能力。

适用于☆3E/4E 的评估:

通过实践操作,确保轮机值班人员在船舶加装燃、润油料时能够科学实施机舱资源优先级分配,建立与机舱值班团队及驾驶台人员的精准沟通机制。重点培养带领团队快速响应驾驶台/轮机长指令的核心能力,以及持续监控设备状态与环境变化的专业素养。重点培养有效协调与规划、合理进行人员配置、考量人员资质水平、建立优先级体系、优化工作负荷分配、应对挑战与反馈机制等能力。

## 二、评估内容及要求

(1)完整还原船舶燃油加装标准化作业流程,重点强化作业期间的船舶安保风险评估与应对机制。

(2)建立跨部门通信保障体系,要求轮机部与供油服务方、岸基管理部门、第三方检验机构之间以及机舱与驾驶台、轮机长与操作人员之间均使用国际航海标准术语,确保信息传递精准、建立指令双向复核确认机制并配置主/备用通信通道。

(3)指挥层级应能基于优先级实施资源的配置,在关键操作节点展现指挥决策权威性,跨部门沟通时保证指令传递的完整性与时效性,具备突发状况下的快速应变处置能力。

## 三、评估组织与标准

### 1.评估方式
评估现场的评估员作为供油代理,被评估人员(考生)采用口述的方式。

### 2.任务（场景）描述
(1)人员情况:轮机长在办公室,大管轮在集控室,轮机部其他人员不在机舱。

（2）设备情况：根据计划，船舶将在其停靠港进行加装燃油作业，轮机部团队成员按照加油前的准备、加油过程中、加油结束的具体操作步骤进行操作。

### 3.评估程序

被评估人员（考生）到位，按照要求进行处理。

### 4.分组方式

（1）成员组成：2 名评估教师组成评估团队；4 名考生组成机舱团队（分别模拟轮机长、大管轮、二管轮、三管轮）。

（2）岗位分布：分别在驾驶台、受油船加油站各安排 1 名实训教师，教师兼任加油公证。轮机长总体指挥，大管轮在加油现场监控，二管轮在加油船测量并控制阀门，三管轮在油舱监控。

### 5.评估时间

不超过 20 min。

### 6.评估要求

考生能够正确、清晰地回答评估员关于船舶受油过程中的相关问题，按要求正确填写油类记录簿。船舶加装燃、润油料评估标准表见表 2-3-1。

表 2-3-1　船舶加装燃、润油料评估标准表（☆CE/2E/3E/4E）

| 序号 | 评估要素 | 情景 | 评价标准 | 考核要点 |
|---|---|---|---|---|
| 第一阶段 | ●加油前的准备工作 | 1.接到加油通知；<br>2.轮机长做出加油准备工作安排；<br>3.轮机员做好准备工作 | **轮机长/大管轮**：<br>召开加油会议：<br>①加油人员职责是否明确；<br>②是否按照加油检查表的要求完成相应的准备工作；<br>③加油计划是否做好，相关受油舱室计划加装量及加装顺序是否告知大副；<br>④相关加油舱室，相关加油所需阀门是否开关正常；<br>⑤参加加油人员是否进行了培训；<br>⑥相关警告牌是否放置在加油现场；<br>⑦移驳油程序，相关受油管系图是否放置妥当；<br>⑧加油站滴油盘泄放孔是否堵住；<br>⑨甲板落水孔是否全部塞紧；<br>⑩防污染器材、消防器材是否准备妥当等。<br>**轮机长**：<br>加油前应检查核对供油商提供的经其签署的书面声明，以证明其所提供的油品符合要求，对于供船的滑油和燃油必须向供应商索取材料安全数据单（MSDS）。与加油代理就相关事项商定是否安排妥当：<br>①加油速度是否安排妥当；<br>②供方单据是否了解并正确签署；<br>③油品质量与数量是否按照要求检查妥当；<br>④油品取样是否商量妥当； | 1.具有情景意识；<br>2.充分利用机舱资源；<br>3.任务分配明确，命令下达清楚果断，执行干脆，效果良好，反馈及时准确；<br>4.具备团队合作意识 |

| 序号 | 评估要素 | 情景 | 评价标准 | 考核要点 |
|---|---|---|---|---|
| | | | ⑤加油温度是否合适；<br>⑥是否安排主管轮机员对供油船进行相关检查和测量；<br>⑦双方联络信号是否知晓等。<br>**二/三管轮：**<br>主管轮机员在轮机长的领导下完成以下工作：<br>①主管轮机员根据加油报告，拟订加装计划，报给轮机长审批。<br>②加油计划是否做好，相关受油舱室计划加装量及加装顺序是否告知大副。<br>③参加轮机长组织的加油会议，明确加油人员的职责。<br>④参加加油人员的培训，按照加油检查表开展检查，并完成相应的工作。<br>⑤确定相关加油舱室，相关加油所需阀门是否开关正常。<br>⑥确定相关警告牌是否放置在加油现场。<br>⑦确定移驳油程序，相关受油管系图是否放置妥当。<br>⑧确定加油站滴油盘泄放孔是否堵住。<br>⑨确定甲板落水孔是否全部塞紧。<br>⑩确定防污染器材、消防器材是否准备妥当。<br>⑪根据受油计划进行并舱，在轮机长的领导下，与加油代理就相关事项进行妥当安排；确定装油的先后顺序，商量加油速度、最大泵油量(添装过程中泵油速度)及其控制方法、加油泵应急停止方法；按照要求检查油品质量与数量；油品取样必须在受油船，注意取样装置的安装及调整；确定合适加油温度；对供油船进行相关检查和测量；确定双方联络信号等等 | |
| 第二阶段 | ●加油过程的注意事项 | 1.加油前与加油船沟通；<br>2.加油过程中沟通 | **轮机长/大管轮：**<br>①再次检查受油管系及相关阀门；<br>②按照商定的加油速度受油；<br>③确认加油舱室已进油，其他不加油舱室检查正常；<br>④测量人员必须勤测量监测各舱油位；<br>⑤注意换舱要领；<br>⑥专人巡回检查。<br>**二/三管轮：**<br>①再次检查受油管系及相关阀门及盲板密封情况；<br>②登上加油船，进行量油并确认油温、油密度、含水量；<br>③按照商定的加油速度受油，与加油船工作人员保持密切联系、沟通；<br>④确认加油舱室已进油，相关不加油舱室检查正常； | 1.意识到安全和防污染的重要性；<br>2.具有情景意识，具有失误链判断技巧；<br>3.任务分配明确，执行效果良好，反馈及时准确；<br>4.具备团队合作意识；<br>5.及时与加油部门沟通 |

续表

| 序号 | 评估要素 | 情景 | 评价标准 | 考核要点 |
|------|---------|------|---------|---------|
| | | | ⑤全部加油过程中,测量人员必须勤测量各舱室油位,记录测量数据,同时计算加油速度,监督装油速度是否符合约定速度,必要时与供油方联系调整;<br>⑥注意换舱要领:先开后关,即,换油舱时,先全开下一个受油舱进口阀,确认进油后,再关闭正在装油的受油舱的进口阀;<br>⑦专人巡回检查;<br>⑧注意取样方式正确,在加油全过程中点滴取样;<br>⑨加油舱透气孔是否有气体流出;<br>⑩另一船舷加油站应注意巡视 | |
| 第三阶段 | ●加油结束的工作要领 | 1.加油后安全与卫生工作;<br>2.准备开航 | **轮机长及所有轮机员:**<br>①加油结束,注意防污染工作。<br>②如果双方确认数量、质量相符,轮机长在供应方提供的燃油交付单(BDN)上签字。<br>③受油发生争议时,要有应对程序,如计算后发现装油数量不足的处理程序。<br>④在签署油样前轮机长应仔细核对油样瓶上标签的内容与"加油记录单"的参数是否相符,然后现场铅封签署;按要求执行送检程序。<br>⑤加油结束,轮机长应通知值班驾驶员,并将详细情况记入轮机日志和油类记录簿。<br>**二/三管轮:**<br>油样封存及送检:监测现场加油温度;在交由轮机长签署油样前,应仔细核对油样瓶上标签的内容与"加油记录单"的参数是否相符,然后现场铅封签署;按要求执行送检程序 | 1.具有情景意识和判断能力;<br>2.具有沟通与协调能力;<br>3.具有团队合作意识与沟通技巧;<br>4.熟悉加油程序,懂得加油过程控制与安全防污染控制 |

## 四、评估基本知识要点

### 1.加油前的准备工作

船舶加装燃润料要保证油品数量和质量;油舱内尽量避免混油,如果无法避免应按照国内加装的 180 cSt 燃料油混舱比例不超过 5%,国外加装的燃料油混舱比例最高不超过 30% 的要求执行。燃油加装计划管线图张贴在机舱集控室、货控室及现场。

加油前制订加油计划,召开加油会议,确保各相关人员已熟知加油计划内容并签署。确认本轮允许的最大加油速度,在加油计划中明示,并张贴在货控室及现场。负责的轮机员通知值班驾驶员有关加油事宜。加油管线包括已由负责加油轮机员设置好的阀并经轮机长确认,确保所有的甲板排水孔已塞紧,积油盘已清空,其塞子已塞紧,防污染防火设备器材在加油区域已备妥。

确保与加油船/岸方/驳船已建立有效通信手段,检查岸方/驳船流量表,或者计量驳船所有油舱油位。测试贮油舱柜高位报警系统,加油软管需要正确固定,不使用的管汇接头法兰用盲板封住。如系泊加油需要确认加油驳船/本船的系泊状态良好,同时保证加油的信号(旗/灯)显示正确,并与加油驳船确认加油品种和数量。

### 2.加油期间的注意事项

加油期间确保按加油计划加油速度执行。仔细检查甲板和机舱,确定无漏油现象且油舱透气正常后,方可逐渐增加至预定的流速。定时检查管系压力、燃油流速、空当差和油品温度。确认未加油舱柜的液位(油深/空当)保持不变。当更换油舱时,确保将要加油的舱柜阀门先打开,同时须注意加油总管的压力变化是否正常。油舱的装油量限制:一般应使先受油的油舱空当控制在该舱总舱容的10%,最后受油的油舱空当控制在20%左右为宜,将要平舱时降低加油流速,同一时间内只加满一个舱柜并增加检查油位的频率。保持连续的防污染和有效的防火巡回检查,在操作期间调整系泊缆绳,检查船舶的纵倾和横倾,保持船舶处于平吃水状态,采取"连续滴取"法取油样并保持连续监控。

在下列情况下应停止加油作业:

(1)船上或附近有火灾。

(2)该地区打雷和有雷雨。

(3)海况不适合移油作业。

(4)有移动的船舶可能碰撞到供油船。

(5)船舶周围存在大量的危险气体积聚。

(6)管线、软管或输油臂连接爆裂或泄漏。

(7)有溢流。

(8)设施或供油船失控。

(9)有任何对船舶或船上人员的威胁情况存在。

### 3.加油后的处理工作

加油后,装油量已达舱容85%或更多的舱柜禁止用空气扫线。在拆卸软管之前关闭所有阀和油舱舱盖。使用盲板封住管汇接口。记录加油完成时间并通知驾驶台。清理所有防火/防污染设备并放回原位。检查本船和加油驳船/岸罐最后的油舱油位/空当或流量计读数。清洗现场。加油结束按规定做好油类记录簿的记录。做好本轮加油后各油舱柜测量报告(Bunker Condition Report)。取样。确保在加油管汇处有正确的取样设备,提取油样的容器绝对干净。要求供油商代表见证取样程序,如果见证的要求被拒绝,也应记录下来。采用连续滴取设备取样。调节针阀以使取样在整个加油期间缓慢进行。在提交油样到实验室前填写必要的文件并附加油收据。燃油油样在船保存至该燃油被基本消耗,但是无论如何,保存期自加油当天起不得少于12个月。

在寒冷气候条件下加油应给予特别关注。需检查油舱温度。从供油方确认所加燃油的温度在其凝点10 ℃以上,因为在加油过程中油温会在管线内下降。密切监控油的流动,定期检查管汇压力。一旦发现压力突然升高应停止加油并调查原因。同时注意受油舱予以加温,防止已入舱的燃油因流动性差而影响测量结果,发生冒油事故。

参加加油作业人员及其职责如表2-3-2所示。

表 2-3-2　参加加油作业人员及其职责(仅供参考)

| 职务 | 职责 |
|---|---|
| 轮机长<br>CE | 1.全面负责加油操作,保证加油作业计划和程序能够安全有效执行<br>Oversee bunkering operations comprehensively, ensuring safe and effective execution of the fueling plan and procedures |
| | 2.审核加油计划,并确认本轮允许的最大加油速度及最大压力<br>Review the bunkering plan, confirming the vessel's maximum permissible fueling rate and pressure limits |
| | 3.对加油操作风险评估审核<br>Conduct risk assessment audits for fueling operations |
| | 4.检查准备工作和安全预防措施<br>Inspect preparatory work and safety precautions |
| | 5.分配相关人员职责<br>Assign duties to relevant personnel |
| | 6.与供油商联系,签署相关票据<br>Liaise with fuel suppliers and sign related documentation |
| 加油负责轮机员<br>Bunkering Engineer | 1.制订加油计划及加油风险评估表报轮机长审核<br>Prepare the Bunkering Plan and Risk Assessment Form for Chief Engineer's review |
| | 2.安排加油区域内防污染和防火设备的准备工作<br>Arrange anti-pollution and firefighting equipment preparedness in the fueling area |
| | 3.按照加油检查单的要求进行检查及复查<br>Perform inspections and re-checks as per the Bunkering Checklist |
| | 4.正确开启装油管系上的阀门<br>Properly operate valves on the fuel transfer piping system |
| | 5.与供油方(驳船或码头)及当班驾驶员保持密切联系,保持值班防止溢油<br>Maintain close communication with the fuel supplier (barge/shore) and duty officer to monitor operations and prevent overflow |
| | 6.在加油过程中测量、记录本船及加油驳船/岸罐的油位/流量表<br>Measure and record oil levels/flow meters of both vessel and supplier's barge/shore tank during fueling |
| | 7.在加装燃料油时从燃油取样点采用"连续滴取"法采集油样,并保持监控<br>Collect fuel samples via the "continuous drip method" at sampling points and monitor throughout |
| | 8.验证和报告加油操作的开始及结束<br>Verify and report commencement/completion of bunkering operations |
| 辅助人员<br>(机工长、机工等)<br>Auxiliary Personnel<br>(Bunkering Support Crew) | 1.工具及物料的准备<br>Prepare tools and materials |
| | 2.协助连接和拆卸油管<br>Assist in connecting/disconnecting fuel hoses |
| | 3.值守以防溢油<br>Stand by to prevent overflow incidents |
| | 4.与负责加油工作的轮机员保持密切联系<br>Maintain direct communication with the engineer in charge of bunkering |
| | 5.加油后的恢复性工作<br>Perform post-bunkering restoration work |

| 职务 | 职责 |
|---|---|
| 值班驾驶员<br>Duty Officer | 1.与油驳船/岸方人员联系,安排供油船的系泊/离泊作业<br>Coordinate with bunker barge/shore staff for mooring/unmooring operations |
| | 2.安排信号悬挂,堵塞排水孔,挡板安装,引航员软梯释放等操作<br>Arrange signaling flags, plug scuppers, fit drip trays, and deploy pilot ladders |
| | 3.验证船舶的吃水、纵倾和横倾<br>Verify vessel's draft, trim, and list |
| | 4.安排检查系泊是否安全<br>Arrange to check the safety of the mooring |
| | 5.值守以防溢油<br>Monitor operations to prevent oil spills |

加油计划由主管轮机员于加装船舶燃润料之前填写,每个岗位责任人必须填写姓名,轮机长负责加油计划的审核签字,该计划由轮机长在船保存三年。

加油计划如表2-3-3所示。

表2-3-3 加油计划(仅供参考)

| 船名<br>(M/V) | | 航次<br>(VOY.) | | 港口<br>(PORT) | |
|---|---|---|---|---|---|
| 加油前船舶吃水<br>Draft Before Bunker: | 前F | 后A | 加油后船舶吃水<br>Draft After Bunker: | 前F | 后A |
| 1.种类 Category | □F.O □L.O □D.O □CYL L.O □OTHERS: | | | | |
| 2.加注方法 Bunkering Method | □码头管线 Terminal pipeline<br>□靠泊/锚泊期间的加油船 Bunker barge alongside/at anchor<br>□油罐车 Road tankers □海上船靠船 STS offshore bunkering | | | | |

3.油料信息及速率要求 Bunker Information & Bunkering Rate Requirements

| 油料牌号<br>Brand | 加装数量<br>Quantity | 初始加油速率 $T$(L)/$H$<br>Initial Rate | 最大允许加油速率 $T$(L)/$H$<br>Max. Rate | 计划加油速率 $T$(L)/$H$<br>Planned Rate | 平舱速率<br>Topping Off Rate | 最大允许压力<br>Max. Pressure |
|---|---|---|---|---|---|---|
| (1) | | | | | | |
| (2) | | | | | | |
| (3) | | | | | | |

4.相关事项 Relevant Items

| 预装油舱<br>Tanks to be loaded | |
|---|---|
| 加油顺序<br>Bunker Sequence | |
| 应急信号<br>Emergency Signal | |

| 联系方式<br>Communication | |
|---|---|
| 将开启的阀门<br>Valves to be opened | |
| 应检查的阀门并确定已关闭<br>Valves to be checked and make sure closed | |
| 加油开始/停止指令发出方<br>Part which sends signal of start/stop | □ 船方 Ship　　□ 加油方 Bunker Barge(Terminal) |

5.加油人员名单:Duty Personnel List

| 总负责人<br>General Superintendent | | 现场负责人<br>Local PIC | |
|---|---|---|---|
| 油位测量人<br>Sounding Person | | 值班人员<br>Duty Crew | |

6.细节指导 Detailed Guidance

| 油舱 Tank<br>项目 Item | F.O/L.O | | | | | | | D.O/ CYL.L.O | | | |
|---|---|---|---|---|---|---|---|---|---|---|---|
| 舱(柜)容(m³)<br>Capacity（100%） | | | | | | | | | | | |
| 安全舱容(m³)<br>Safety Cap.<br>85%-90% | | | | | | | | | | | |
| 加油前存油数(m³)<br>Quantity Before Bunkering | | | | | | | | | | | |
| 最大加入数量(m³)<br>Max. Bunkering Quantity | | | | | | | | | | | |
| 计划加入数量(m³)<br>Planned Bunkering Quantity | | | | | | | | | | | |
| 舱(柜)最大油深(m)<br>Tank Max. Sounding | | | | | | | | | | | |

续表

| 加油前油深(m)<br>Sounding Before Bunkering | | | | | | | |
| --- | --- | --- | --- | --- | --- | --- | --- |
| 计划加装油深(m)<br>Planned Bunkering Sounding | | | | | | | |

注意事项 Note：

计划制订人签字 Planner Sign：

轮机长签字 C/E Sign：

日期 Date： 年 Y 月 M 日 D

## 五、实训脚本（示例）

实训场景：船舶停靠在码头上，机舱有一名值班轮机员（三管轮）值班。

模拟器设置：使用船舶靠泊完毕状态进行评估，在模拟器中进行燃油驳运相关操作，二维模拟器中燃油驳运系统场景如图 2-3-1 所示。

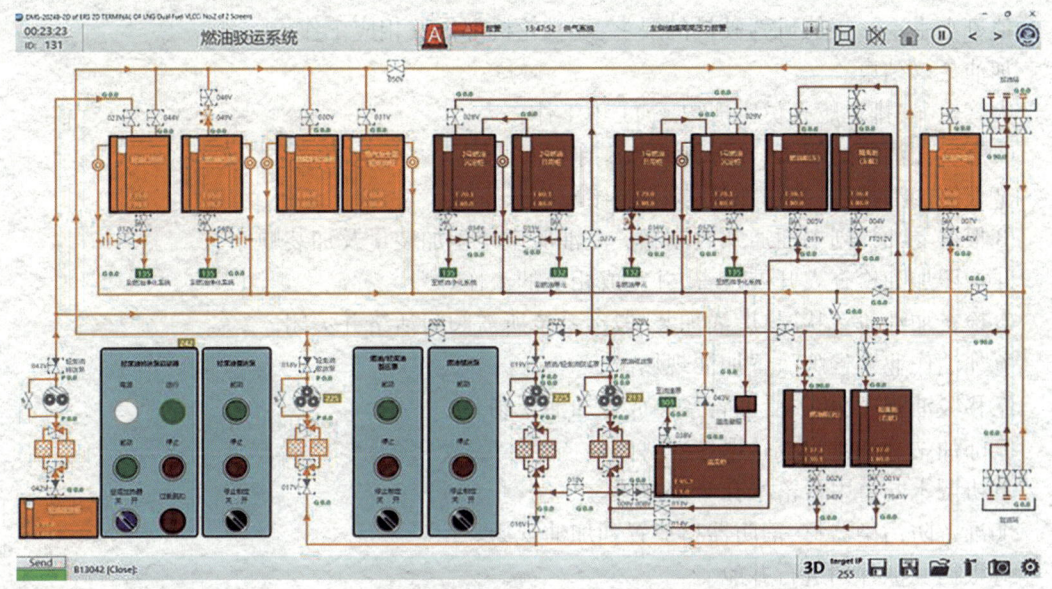

图 2-3-1 全任务轮机模拟器二维场景：燃油驳运系统

● 加油前的准备工作（CE/2E/3E/4E）

【驾驶台电话通知：燃油加装船即将到达，请通知轮机长准备加油。】

**三管轮**（电话回复驾驶台）：明白。

**三管轮**（电话通知轮机长）：报告轮机长，驾驶台通知，燃油加装船即将到达，准备加油。

**轮机长**（电话回复）：收到，通知其他轮机员一起到机舱，召开加油会议。【接电话后轮机长到达集控室。】

**三管轮**(电话回复):明白。

**三管轮**(电话通知其他轮机员):(大管轮、二管轮)燃油加装船即将到达,轮机长通知下机舱。

**其他轮机员**(电话回复):明白。【接电话后其他轮机员到达集控室。】

**轮机长**:驾驶台通知,加油船即将到达。根据公司的加油指令,我轮在本港加装 MFO380 船用燃油 1000 t。现将有关培训和准备工作布置一下。加油作业须知、船上油污应急计划和船舶防污染应急处置措施、加油检查表等文件相关内容已存放在集控室办公电脑中,请各轮机员自行学习并探讨,大管轮负责监督和指导。

本次加油作业的相关人员的职责明确一下:

船长——总指挥,负责作业风险的现场评估。

轮机长——现场指挥,负责现场评估记录,燃油计算。

大管轮——协助轮机长,负责作业协调管理工作。

二管轮——会同三管轮制订加油计划;负责加油安全操作。

三管轮——制订加油计划;负责加油的安全操作。

机工长——按轮机长和主管轮机员的要求,做好相应工作。

机工——按主管轮机员的要求,配合机工长做好相应工作。

值班驾驶员——按船长、轮机长的要求,配合主管轮机员做好相应工作。

值班水手——按值班驾驶员的要求,配合轮机部做好相应工作。

加油会议结束。

大管轮,安排机舱人员完成以下 11 项工作:

①落实加油作业职责,确保其熟悉工作任务。

②根据加油报告,拟订加装计划,报给轮机长审批。

③根据受油计划书面通知大副相关受油舱室计划加装量及加装顺序。

④按照加油检查表开展检查,并完成相应的工作。

⑤检查加油舱室状况,燃油加装、驳运系统所需阀门活络并关闭。

⑥加油作业警告牌放置加油现场。

⑦移驳油程序,相关受油管系图放置加油现场。

⑧加油站滴油盘泄放孔堵住。

⑨协调木匠将甲板落水孔全部塞紧。

⑩准备防污染器材、消防器材放置到加油现场。

⑪根据受油计划进行并舱。

**大管轮**:明白。【接到指令后,大管轮立即行动。】

**大管轮**(指示二/三管轮):二/三管轮,本次加油机舱人员具体分工如下:

轮机长——现场指挥。负责现场评估记录,燃油计算。

大管轮——协助轮机长,负责作业协调管理工作,及加油现场巡视工作。

二管轮——会同三管轮制订加油计划,负责加油安全操作,加油时值守加油站。

三管轮——制订加油计划,负责加油安全操作,加油时管路、阀门操作及油位测量。

机工长——按轮机长和主管轮机员的要求,做好相应工作,主要协助三管轮。

机工——按主管轮机员的要求,配合机工长做好相应工作,主要协助二管轮。

**三管轮**:明白。本次加油,轮机长现场指挥,负责现场评估,燃油计算;大管轮现场协调巡视;二管轮协助制订加油计划、值守加油站,本人负责制订加油计划、燃油测量、管路和阀门操作;机工长和机工协助二/三管轮工作。

**大管轮**:正确。

**大管轮**:以下11项工作由二/三管轮共同完成:

①所有机舱人员学习培训资料。

②测量本船燃油量,拟订加装计划,报给轮机长审批。

③根据受油计划书面通知大副相关受油舱室计划加装量及加装顺序。

④按照加油检查表开展检查,并完成相应的工作。

⑤检查加油舱室状况,燃油加装、驳运系统所有阀门活络并关闭。

⑥加油作业警告牌放置加油现场。

⑦移驳油程序,相关受油管系图放置加油现场。

⑧加油站滴油盘泄放孔堵住。

⑨协调木匠将甲板落水孔全部塞紧。

⑩准备放防污染器材、消防器材置到加油现场。

⑪根据受油计划进行并舱。

**三管轮**:明白。【接到指令后,三管轮立即行动。】

**大管轮**:报告轮机长,加油培训工作已落实。其他工作正在进行中。

**轮机长**:好的,收到。

**三管轮**:报告轮机长,本船燃油量已测量,加油计划已制订,请您审批签字。

**轮机长**:好的,收到。

**三管轮**(电话通知驾驶台):驾驶台,加油计划、加油顺序的书面通知已放置大副办公室。

【驾驶台回复后,告知三管轮将通知大副。】

**三管轮**:报告大管轮,以下工作已完成:

①本船燃油存量已测量,加装计划已制订,报轮机长审批完成。

②根据受油计划,书面通知大副:本次 MFO380 船用燃油 1000 t,其中 No.1 舱左右各 400 t,占85%舱容;No.2 舱左 200 t,占 40%舱容;先同时加装 No.1 舱左右,再加装 No.2 舱左。

③加油舱室,燃油加装、驳运系统阀门检查正常,并已关闭。

④加油作业警告牌、移驳油程序,受油管系图、溢油器材已放置加油现场。

⑤加油站滴油盘泄放孔堵住。

⑥已协调木匠将甲板落水孔全部塞紧。

⑦根据受油计划进行并舱。

**大管轮**:好的,明白。

**大管轮**:报告轮机长,加油准备工作已落实。

**轮机长**:好的,收到。

**轮机长**(电话通报驾驶台):驾驶台,加油准备工作已落实。

【驾驶台回复后,通知轮机长加油船已到达。】

**轮机长**(电话回复驾驶台):好的,收到。请通知加油船左舷靠泊加油。

【驾驶台回复后,要求机舱协助加油船靠泊,接加油管。】

**轮机长**(电话回复驾驶台):好的,收到。

**轮机长**:加油船已到达,全体人员协助加油船左舷靠泊,接加油管。

**各轮机员**:明白。【接到指令后,各轮机员立即行动。】

**三管轮**:报告大管轮,加油船靠泊完成,加油管已接好,已会同供油代表完成加油检查表,确认了加油品种、数量、泵速、泵压。

**大管轮**:好的,收到。

**大管轮**:报告轮机长,加油船靠泊完成,加油管已接好,已会同供油代表完成加油检查表,确认了加油品种、数量、泵速、泵压。

**轮机长**:二管轮,值守加油站。

**二管轮**:明白。【接到指令后,二管轮立即行动。】

**轮机长**:大管轮,会同三管轮,向供油代表索取燃油质量检验报告、MSDS;测量供油船油量,检查加油船流量计是否清零并拍照留存,会同供油代表完成供方所要求的检查,将有关文件带回,交给轮机长签署。

**大管轮**:明白。

**大管轮**:三管轮,向供油代表索取燃油质量检验报告、MSDS;测量供油船油量,检查加油船流量计是否清零并拍照留存,会同供油代表完成供方所要求的检查,将有关文件带回,交给轮机长签署。

**三管轮**:明白。【接到指令后,大/三管轮立即行动。】

**三管轮**:报告轮机长,燃油质量检验报告、MSDS 已获取,燃油质量符合要求;加油船流量计清零照片已留存;供油船燃油测量记录和其他文件已核实请您签字。

**轮机长**:好的,收到。

**轮机长**:大管轮,会同三管轮与供油代表确认以下工作:

①本次加装 MFO 船用燃油 1000 t,其中 No.1 舱左右各 400 t,占 85%舱容;No.2 舱左 200 t,占 40%舱容;先同时加装 No.1 舱左右,再加装 No.2 舱左;初始泵速 80 t/h;最大泵速 200 t/h;加油站最大油压 2.0 kg/cm³;加油温度不超过 35 ℃。

②正确安装燃油取样装置,在我轮加油站提取油样。

③加油泵应急停止方法。

④确定双方联络信号。

**大管轮**:明白。

**大管轮**:三管轮,与供油代表再次确认以下工作:

①本次加装 MFO 船用燃油 1000 t,其中 No.1 舱左右各 400 t,占 85%舱容;No.2 舱左 200 t,占 40%舱容;先同时加装 No.1 舱左右,再加装 No.2 舱左;初始泵速 80 t/h;最大泵速 200 t/h;加油站最大油压 2.0 kg/cm³;加油温度不超过 35 ℃。

②燃油取样装置已正确安装,在我轮加油站以连续点滴方式提取油样 4 瓶。

③加油泵应急停止方法。

④确定双方联络信号。

**三管轮**:明白。【接到指令后,大/三管轮立即行动。】

**三管轮**:报告轮机长,与供油代表再次确认:

①本次加装 MFO 船用燃油 1000 t,其中 No.1 舱左右各 400 t,占 85%舱容;No.2 舱左

200 t,占 40%舱容;先同时加装 No.1 舱左右,再加装 No.2 舱左;初始泵速 80 t/h;最大泵速 200 t/h;加油站最大油压 2.0 kg/cm³;加油温度不超过 35 ℃,相关数据已在加油站公示。

②燃油取样装置已正确安装,在我轮加油站以连续点滴方式提取油样 4 瓶。

③加油泵应急停止方法是:应急情况下,通过对方提供的警报器释放报警,通知供油方按应急停泵按钮停泵。

④双方联络方式:通过双方商定的高频专用频道联络。

**轮机长**:好的,收到。

**轮机长**(电话联系驾驶台):驾驶台,加油检查工作已完成,可以加油,请挂 B 旗,如进入夜晚,加油还未结束,请亮一盏红灯。

【驾驶台回复后,同意加油。】

**轮机长**(电话回复驾驶台):好的。明白。


● 加油过程中的注意事项(CE/2E/3E/4E)

**轮机长**:大管轮,会同三管轮,开启 No.1 舱左右加油阀、加油站加油总阀。

**大管轮**:明白。

**大管轮**:三管轮,开启 No.1 舱左右加油阀、加油站加油总阀。

**三管轮**:明白。【接到指令后,大/三管轮立即行动。】

**三管轮**:报告轮机长,加油阀已开启,可以加油。

**轮机长**:好的,收到。

**轮机长**:大管轮,通知供油船开始加油。

**大管轮**:明白。【接到指令后,大管轮立即行动。】

**大管轮**:加油船,开泵加油。

**大管轮**:报告轮机长,加油船已开泵加油。

**轮机长**:好的,收到。

大管轮,注意巡查机舱加油管路、阀门、盲板和甲板加油区域周边状况;通知二管轮,注意检查加油站状况。加油站最大油压 2.0 kg/cm³;加油温度不超过 35 ℃,全程点滴连续取样;会同三管轮,立即确认,燃油是否预定舱室,其他非加油舱室液位是否变化。

**大管轮**:明白。【接到指令后,大管轮立即行动。】

**大管轮**:二管轮,已开泵加油,注意检查加油站状况。加油站最大油压 2.0 kg/cm³;加油温度不超过 35 ℃,全程点滴连续取样。

**二管轮**:明白。

**大管轮**:三管轮,已开泵加油,立即确认,燃油是否预定舱室,其他非加油舱室液位是否变化。

**三管轮**:明白。【接到指令后,三管轮立即行动。】

**三管轮**:报告轮机长,经测量检查,No.1 舱左右液位增长,油舱透气帽活络,有空气冒出,燃油已进入;其他非加油舱室液位无变化。

**轮机长**:好的,收到。

**大管轮**:报告轮机长,机舱加油管路、阀门、盲板和甲板加油区域周边状况正常。

**轮机长**:好的,收到。大管轮,通知加油船提高泵速正常加油。

**大管轮**:明白。【接到指令后,大管轮立即行动。】

**大管轮**:加油船,提高泵速正常加油。

**大管轮**:报告轮机长,加油船已提高泵速正常加油。

**轮机长**:好的,收到。大管轮,立即会同三管轮测量加油舱液位,10 min 后再测量一次,报告测量结果。

**大管轮**:明白。

**大管轮**:三管轮,测量加油舱液位,10 min 后再测量一次,报告测量结果。

**三管轮**:明白。【接到指令后,大/三管轮立即行动。】

**三管轮**:报告轮机长,No.1 舱左右两次测量:100 cm/90 cm; 130 cm/120 cm。

**轮机长**:好的,收到。

**轮机长**:大管轮,通知三管轮,经计算油舱进油速度正常,保持 10 min 测量一次液位,及时上报测量结果。

**大管轮**:明白。

**大管轮**:三管轮,油舱进油速度正常,保持 10 min 测量一次液位,及时上报测量结果。

**三管轮**:明白。

**三管轮**:报告轮机长,No.1 舱左已接近 85% 油量的液位。

**轮机长**:好的,收到。

**轮机长**:大管轮,会同三管轮按照先开后关的原则,开启 No.2 舱左加油阀,保持 1/2 开度;将 No.1 舱左加油阀关小一半。然后,立即测量检查油舱进油情况,报告结果。

**大管轮**:明白。

**大管轮**:三管轮按照先开后关的原则,开启 No.2 舱左加油阀,保持 1/2 开度;将 No.1 舱左加油阀关小一半。然后,立即测量检查油舱进油情况,报告结果。

**三管轮**:明白。【接到指令后,大/三管轮立即行动。】

**三管轮**:报告轮机长,按照先开后关的原则,No.2 舱左加油阀,保持 1/2 开度;将 No.1 舱左加油阀关小一半。经测量检查,No.2 舱左液位增长,透气帽有空隙,No.1 舱左已达到预定油位,No.1 舱右离预定液位还差 10 cm。

**轮机长**:好的,收到。大管轮,会同三管轮,将 No.2 舱左加油阀全开;No.1 舱左加油阀关。密切测量 No.1 舱右液位。

**大管轮**:明白。

**大管轮**:三管轮,将 No.2 舱左加油阀全开;No.1 舱左加油阀关。密切测量 No.1 舱右液位。

**三管轮**:明白。【接到指令后,大/三管轮立即行动。】

**三管轮**:报告轮机长,No.2 舱左加油阀全开;No.1 舱左加油阀关。经测量 No.1 舱右液位已到达预定的 85% 容量的液位。

**轮机长**:好的,收到。大管轮,会同三管轮,将 No.1 舱右加油阀关闭。密切测量 No.2 舱左液位。5 min 后再次测量 No.1 舱左右液位,确认有无变化。

**大管轮**:明白。

**大管轮**:三管轮,将 No.1 舱右加油阀关闭。密切测量 No.2 舱左液位。5 min 后再次测量 No.1 舱左右液位,确认有无变化。

**三管轮**:明白。【接到指令后,大/三管轮立即行动。】

**三管轮**:报告轮机长,No.1 舱右加油阀关闭。经测量 No.2 舱左液位已接近预定液位。No.1舱左右液位无变化。

**轮机长**:好的,收到。大管轮,会同三管轮,No.2 舱左只加到40%的量,舱容足够安全。与加油船核实燃油剩余量。

**大管轮**:明白。

**大管轮**:三管轮,No.2 舱左只加到40%的量,舱容足够安全。与加油船核实燃油剩余量。

**三管轮**:明白。【接到指令后,大/三管轮立即行动。】

**三管轮**:报告轮机长,加油船报告,加油结束,已停泵。

**轮机长**:好的,收到。

● 加油结束的工作要领(CE/2E/3E/4E)

**轮机长**:大管轮,通知加油船,等通知吹气。会同三管轮,测量 No.1 舱左右液位,No.2 舱左液位。

**大管轮**:明白。

**大管轮**:三管轮,通知加油船,等通知吹气。测量 No.1 舱左右液位,No.2 舱左液位。

**三管轮**:明白。【接到指令后,大/三管轮立即行动。】

**三管轮**:报告轮机长,已通知加油船,等通知吹气。经测量,No.1 舱左 180 cm、No.1 舱右 180 cm、No.2 舱左 130 cm。

**轮机长**:好的,收到。

**轮机长**:大管轮,经计算加油量足够 1000 t,会同三管轮,将 No.2 舱左测量管封住,燃油取样阀关闭,让加油船吹气。

**大管轮**:明白。【接到指令后,大/三管轮立即行动。】

**大管轮**:三管轮,加油量足够 1000 t,将 No.2 舱左测量管封住,燃油取样阀关闭,让加油船吹气。

**三管轮**:明白。【接到指令后,大/三管轮立即行动。】

**三管轮**:报告轮机长,加油船吹气完成。

**轮机长**:好的,收到。

**轮机长**:大管轮,会同三管轮,关闭加油总阀、No.2 舱左加油阀。再次测量,No.1 舱左右液位、No.2 舱左液位,务必确保测量准确,如果加油数量不足,需要与供方交涉,签发海事声明并如实报告公司。

**大管轮**:三管轮,关闭加油总阀、No.2 舱左加油阀。再次测量,No.1 舱左右液位、No.2 舱左液位。轮机长强调,务必确保测量准确,如果加油数量不足,需要与供方交涉,签发海事声明并如实报告公司。

**三管轮**:明白。务必保证测量准确,避免不必要的交涉和海事声明。【接到指令后,大/三管轮立即行动。】

**三管轮**:报告轮机长,所有加油阀已关闭。经测量,No.1 舱左 180 cm、No.1 舱右 180 cm、No.2 舱左 130 cm 未发生变化。

**轮机长**:大管轮,会同三管轮与供油代表核实加油量。

**大管轮**:明白。

**大管轮**:三管轮,与供油代表核实加油量。

**三管轮**:明白。【接到指令后,大/三管轮立即行动。】

**三管轮**:报告轮机长,与供油代表核实,加油船的供油量与我轮测量结果基本相同,加油量足够。

**轮机长**:好的,收到。

**轮机长**:大管轮,配合三管轮,将油样分装 4 瓶,装好密封条,核对并贴好标签,请供油代表签字,完成后交给轮机长签字。

**大管轮**:明白。

**大管轮**:三管轮,将油样分装 4 瓶,装好密封条,核对并贴好标签,请供油代表签字,完成后交给轮机长签字。

**三管轮**:明白。【接到指令后,大/三管轮立即行动。】

**三管轮**:报告轮机长,油样已分装为 4 瓶,密封条已封好,标签已核对、贴好并请供油代表签字。请您审查签字。

**轮机长**:好的,收到。

**轮机长**:大管轮,会同三管轮,将留船油样、MARPOL 油样入库;供方油样交给供油代表;实验室油样附邮寄地址交船长请我轮代理寄往实验室。

**大管轮**:明白。

**大管轮**:三管轮,将留船油样、MARPOL 油样入库;供方油样交给供油代表;实验室油样附邮寄地址交船长请我轮代理寄往实验室。

**三管轮**:明白。【接到指令后,大/三管轮立即行动。】

**三管轮**:报告轮机长,留船油样、MARPOL 油样入库;供方油样交给供油代表;实验室油样附邮寄地址交船长请我轮代理寄往实验室。

**轮机长**:好的,收到。

【此时,加油结束,油样处理完毕。】

**轮机长**:大管轮,安排二/三管轮拆除加油软管,注意管口用盲板封死,避免管内残油入海,其他人员协助。

**大管轮**:明白。

**大管轮**:二/三管轮拆除加油软管,注意管口用盲板封死,避免管内残油入海,其他人员协助。

**三管轮**:明白。

**三管轮**:报告轮机长,加油软管已拆除。

**轮机长**:好的,收到。

**轮机长**(电话联系驾驶台):驾驶台,燃油加装已结束,可安排加油船离泊。降下 B 旗。

【驾驶台回复加油船离开。】

**轮机长**:三管轮,按照油类记录簿的记录要求,将加油日期、代码、项目号及其对应的操作内容(包括加油地点、加油时间、燃油的类型和数量以及舱号、各舱加油的数量和舱内总量、签名及日期等)记入油类记录簿。注意燃油数量以 t 为单位。

**三管轮**:明白。【接到指令后,三管轮立即行动。】

**三管轮**:报告轮机长,油类记录簿已填写完成,填写内容如下:

| 日期 | 代码 | 项目号 | 内容 |
|---|---|---|---|
| dd-mon-yyyy | H | 26.1 | NAN JING IN CHINA |
| | | 26.2 | Start：dd-mon-yyyy hh：mm　　Stop dd-mon-yyyy　hh：mm |
| | | 26.3 | 1000 MT OF　MFO380 0.48%S, bunkered in tanks |
| | | | 400 MT added to No.1 FOT（P）（Frames 71～96）now containing 405 MT |
| | | | 400 MT added to No.1 FOT（S）（Frames 71～96）now containing 405 MT |
| | | | 200 MT added to No.2 FOT（P）（Frames35～65）now containing 204 MT |
| | | | 4E：×××　　　　　　　CE：×××　　　dd-mon-yyyy |

**轮机长**:好的,收到。

大管轮,按照油类记录簿内容格式,将本次加油工作记入轮机日志。

**大管轮**:明白。【接到指令后,大管轮立即行动。】

**大管轮**:报告轮机长,按照油类记录簿内容格式,除代码和项目号,其他内容均已记入轮机日志。

| dd-mon-yyyy | NAN JING IN CHINA |
|---|---|
| | Start：dd-mon-yyyy hh：mm　　　Stop dd-mon-yyyy　hh：mm |
| | 1000 MT OF　MFO380 0.48%S, bunkered in tanks |
| | 400 MT added to No.1 FOT（P）（Frames71～96）now containing 405 MT |
| | 400 MT added to No.1 FOT（S）（Frames71～96）now containing 405 MT |
| | 200 MT added to No.2 FOT（P）（Frames35～65）now containing 204 MT |
| | 2E：×××　　　　CE：×××　　　dd-mon-yyyy |

**轮机长**:全体加油工作人员,本次加油工作已完成,清理加油现场,将所有器具存放入库。

**各轮机员**:明白。

**轮机长**:报告考官,船舶加装燃、润油料工作已完成。

【演习结束。】

# 第四节　☆CE/3E/4E 船舶离泊（实操+口述）

## 一、评估目的

适用于☆CE 的评估:

通过实践训练,旨在帮助考生熟悉在常规工况下船舶离港备车时的领导力和管理技能的运用。重点培养考生对机舱资源管理原则的理解与实践能力,包括但不限于团队管理、资源配置、集体协作意识等核心要素。要求考生能够胜任分组研讨、模拟演练、任务分工等评估项目,形成有效沟通、资源协调、团队协作、决策指挥等综合能力。

适用于☆3E/4E 的评估:

通过实践操作,确保轮机值班人员在常规工况下船舶离港备车时能够科学实施机舱资源优先级分配,建立与机舱值班团队及驾驶台人员的精准沟通机制。重点培养带领团队快速响应驾驶台/轮机长指令的核心能力,以及持续监控设备状态与环境变化的专业素养。在任务与负荷管理维度,重点培养以下核心要素的应用能力:有效协调与规划、合理进行人员配置、统筹时间与资源限制、考量人员资质水平、建立优先级体系、优化工作负荷分配、关注作息与疲劳管理、应对挑战与反馈机制。

## 二、评估内容及要求

(1)离港备车流程模拟需完整还原船舶离港备车标准化操作程序,重点强化全流程动态监控与操作节点风险预判能力,具备突发工况下的应急响应预案执行能力。

(2)机舱与驾驶台、指挥层与执行层之间建立可靠的通信体系,交互全程使用 IMO 标准航海术语并实现主/备用通信通道协同运作。

(3)离港协同管理指挥须具备基于船舶动态的资源优化调度能力,能够使风险分级管控与应急预案匹配,在跨部门操作时正确高效地进行信息共享。

## 三、评估组织与标准

### 1.评估方式
使用全任务轮机模拟器(或自动化机舱)进行评估实操加口述的方式。

### 2.任务（场景）描述
(1)人员情况:三管轮在集控室,轮机部其他人员不在机舱。

(2)设备情况:船舶停泊于某港口,主机停车状态,保持暖缸;1台发电机运行,另外2台发电机备用状态;锅炉使用燃油锅炉;燃油分油机、滑油分油机保持运转;该主机机动操纵不需要换油(对于有明确要求的港口按规定换油);接驾驶台通知,xxxx 时,计划离泊;yyyy 时备车离码头;在机动航行中突发主机故障。

### 3.评估程序
被评估人员(考生)到位,按照要求进行手动处理。

### 4.分组方式
(1)成员组成:2 名评估教师组成评估团队;4 名考生组成机舱团队(分别模拟轮机长、大管轮、二管轮、三管轮)。

(2)岗位分布:分别在驾驶台、集控室或机舱各安排 1 名实训教师。轮机长在集控室总体指挥,大管轮在机舱现场处理,二管轮管理船舶电站和辅机部分,三管轮管理锅炉及协助轮机长。

### 5.评估时间
不超过 20 min。

### 6.评估要求
考生能够正常处理评估员发出的各种指令,并口头回答评估员提出的各种关于船舶离泊的问题。船舶离泊评估标准表见表 2-4-1。

表 2-4-1  船舶离泊评估标准表( ☆CE/3E/4E)

| 序号 | 评估要素 | 情景 | 评价标准 | 考核要点 |
|---|---|---|---|---|
| 第一阶段 | ● 船舶离港前的准备 | 备车前检查 | **轮机长**：<br>轮机长确认离港前检查表均已检查正常；如果有不能解决的问题，及时与船长沟通，取得岸基支持。<br>**二/三管轮**：<br>①当班轮机员已知晓 ETD 及船舶动向；<br>②值班轮机员及时与驾驶台沟通，确保船尾附近无围油栏、小船等障碍物才能进行试车；<br>③确认绞缆机已检查测试正常；<br>④确认开航前舵机装置检查正常等 | 1.意识到备车对于开航及机器状况的重要性；<br>2.具有情景意识，具有失误链判断技巧；<br>3.任务分配明确，执行效果良好，反馈及时准确；<br>4.具备团队合作意识；<br>5.及时与驾驶台沟通 |
| 第二阶段 | ● 船舶离港 | 1.备车操作；<br>2.机动航行； | **轮机长**：<br>①确认备车完成；<br>②机舱人员到位；<br>③主机故障的处理：主机失速、尾轴漏油等；<br>④能够处理离港过程中出现的各种突发问题 | 1.具有情景意识和判断能力；<br>2.具有沟通与协调能力；<br>3.具有团队合作意识与沟通技巧；<br>4.熟悉轮机设备的安全操作程序，能够把握设备情况并及时做出调整 |
| | | | **二/三管轮**：<br>①值班轮机员进行备车；<br>②机舱人员到位，增开发电机，检查锅炉、主机暖缸、盘车、备车各系统；<br>③协助轮机长、大管轮处理主机故障：主机失速、尾轴漏油等；<br>④及时与驾驶台、轮机长、大管轮联系，能够处理离港过程中出现的各种突发问题 | |
| 第三阶段 | ◎ 定速后的安排 | 定速航行 | **轮机长**：<br>①主机定速后，严格按照与船长商定的转速执行；<br>②值班的安排。<br>**二/三管轮**：<br>①主机定速后，严格执行轮机长与船长商定的转速。<br>②二管轮与驾驶台联系是否停甲板机械、停消防泵等，视情停 1 台发电机，各泵放置于自动状态；三管轮启动造水机，将高位海底门转换为低位海底门，视情停辅锅炉，将主机轻油换为重油（如需要）。<br>③进行值班，值班轮机员按照巡回检查路线进行巡回检查 | 1.具有情景意识和判断能力；<br>2.具有沟通与协调能力；<br>3.具有团队合作意识与沟通技巧；<br>4.明白定速航行安全管理程序 |

## 四、评估基本知识要点

### 1.离港前的准备

为了保证船舶海上航行的安全,离泊前,需要根据航程备足燃、润油料以保证船舶的续航能力;至少备足该航次设备修理所需的备件和物料,并留有一定的余地,以应对突发事件;针对下一港口对机舱的特殊要求,应制定出满足下一港口要求的相应措施并做好准备。

### 2.接到离港通知后的工作

轮机长在接到船长预离泊的通知后,应至少提前 2 h 组织轮机员、电子电气员按照轮机部开航前检查单的内容对主机及其附属设备、发电柴油机及其附属设备、各通信设备、控制空气系统、主空压机及启动空气系统、舵机、锅炉及其附属设备以及应急消防救生与防污染设备进行检查、试验,确认其均处于随时可用状态。轮机部离港前检查表如表2-4-2 所示。

表 2-4-2 轮机部离港前检查表(仅供参考)

| 船舶/Vessel | | 航次/Voyage | | 航线/Route | |
|---|---|---|---|---|---|
| 港口/Port | | 日期/Date | | 时间/Time | |
| □泊位或锚地直接开航<br>Departure directly at berth or in anchorage | | | □泊位移至锚地后再开航<br>Departure in anchorage after shifting from berth | | |
| 序号<br>No. | 检查项目<br>Inspection Items | | | | 是/否/<br>不适用<br>Y/N/NA |
| 1 | 各种检修工作是否已经完成?<br>Have all repair been completed? | | | | |
| 2 | 轻、重油是否已经加足?<br>Are LFO and HFO bunkered sufficiently? | | | | |
| 3 | 各种滑油是否已经补足?<br>Are all kinds of lube oil bunkered sufficiently? | | | | |
| 4 | 物料、关键设备的备件是否按规定备足?<br>Are sufficient spare parts and stores of key equipment got ready onboard according to the requirements? | | | | |
| 5 | 主机是否进行了冲、活车试验?结果是否正常?<br>Has M/E been running tested with compressed air? Is the result OK? | | | | |
| 6 | 各副机工作情况是否正常?<br>Do the generator engines work normally? | | | | |
| 7 | 主空压机工作是否正常?<br>Do the main air compressors work normally? | | | | |
| 8 | 舵机工作是否正常?<br>Do the steering gears work normally? | | | | |
| 9 | 辅锅炉和废气炉工作是否正常?<br>Do the auxiliary & exhaust boilers work normally? | | | | |
| 10 | 所有电气设备运行是否正常?<br>Do all electrical equipment work normally? | | | | |

| | | |
|---|---|---|
| 11 | 锚机、绞缆机工作是否正常？<br>Do the windlass and mooring winches work normally? | |
| 12 | 应急救生艇柴油机、应急消防泵、应急舵、应急发电机等应急设备是否保证处于随时可用状态？<br>Are the emergency equipment ready for immediate use? Such as the engines of lifeboats, emergency fire pump, emergency steering gear, emergency generator, and so on. | |
| 13 | 机/驾/舵机房通信系统是否正常？<br>Are the communication systems among engine control room, steering gear room and bridge normal? | |
| 14 | 有关水密门是否关好？并确保水密？<br>Are watertight doors for E/R closed? Is watertight condition confirmed? | |
| 15 | 机舱易移动的备件、物料等是否正确地绑扎固定？<br>Have the moveable spare parts and stores been correctly secured? | |
| 16 | 轮机部所有人员是否全部在船？<br>Are all crew of engine department on board? | |

| | | | |
|---|---|---|---|
| 大管轮 2E | 二管轮 3E | 三管轮 4E | 电子电气员 ETO |
| 轮机长 CE | | | 日期/Date |

出港前各部门长分别组织人员分头检查船上可能藏匿人员的一切处所。发现嫌疑人，立即对嫌疑人进行控制并报告船长，船长立即通知当地代理和港口当局。相关负责人按照轮机部开航前检查单的要求对船舶设备进行检查，确认设备状况良好，并做好记录，将检查结果报告船长；如抛锚超过 12 h，起锚开航前需再次对相关设备进行检查、试验，并完成轮机部开航前检查单。

离港前应做好备件、物料、移动部件、属具等绑扎加固工作；固定好货物操作索具；离港后收妥并加固锚、舷梯、引航员专用软梯等。

开航前 1 h，值班驾驶员通知值班轮机员核对驾驶台和机舱的时钟、车钟，试验汽笛和主机。测试主机前要确保所有系泊缆绳处于均匀受力状态，防止可能的前冲后缩，通知值班水手查看船尾无诸如围油栏等可能缠绕螺旋桨的障碍物，确认输油臂已拆除，岸梯或舷梯已收起。把核对时钟、车钟，测试汽笛和主机的情况分别记入航海日志、轮机日志和车钟记录簿。开航前检查单如表 2-4-3 所示。

表 2-4-3　开航前检查单（仅供参考）

| 检查和测试 Check & Test | 责任人 Responsible Person |
|---|---|
| 驾驶台和舵机室之间的通信<br>Communications between bridge and steering gear compartment checked | 驾驶员和轮机员<br>Officers and engineers |
| 主操舵装置 Main steering gear | 轮机员 Engineer |
| 辅助操舵装置 Auxiliary steering gear | 轮机员 Engineer |
| 遥控操舵控制系统 Remote steering gear control system | 驾驶员 Officer |
| 驾驶台操舵位置 Steering position on the bridge | 驾驶员 Officer |

续表

| 检查和测试 Check & Test | 责任人 Responsible Person |
|---|---|
| 应急电供应 Emergency power supply | 轮机员 Engineer |
| 所有舵角指示器与实际舵角的位置<br>All rudder angle indicator repeaters show the correct rudder position | 驾驶员和轮机员<br>Officer and engineer |
| 遥控操舵控制系统电源故障报警<br>Remote steering control system power failure alarms | 轮机员 Engineer |
| 舵机动力单元故障报警<br>Steering gear power unit failure alarms | 轮机员 Engineer |
| 自动隔离装置及其他自动设备<br>Automatic isolating arrangements and other automatic equipment | 轮机员 Engineer |

航前会至少在开航前 1 h 召开,由船长主持,政委、轮机长、驾驶员、电子电气员等参加。船长传达本航次的航次命令,根据气象、潮流和船舶周围环境条件,布置离泊方案。各主管人员向船长汇报航前准备和检查情况,船长根据本航次任务结合航区特点,重点布置航次安全注意事项和提出完成任务的措施要求,参会者将会议要求分别传达给相关人员。

## 五、实训案例（以某模拟器实操为例）

**实训场景**:船舶停靠在码头上,机舱有一名值班轮机员(三管轮)值班。

**模拟器设置**:使用船舶离泊状态进行评估,无人机舱状态,电站处于自动模式,1 号副机运行,应急发电机自动状态,机舱辅助系统备妥。在模型端加载船舶离泊任务场景文件。

● 船舶离港前的准备(CE/3E/4E)

【驾驶台电话通知:我轮即将完货,预计 xxxx(例如 1200)备车,yyyy(例如 1300)引航员上船离港。请立即做好离港检查工作。】

**三管轮**(电话回复):明白。

**三管轮**(电话通知轮机长):报告轮机长,驾驶台通知,我轮即将完货,预计 xxxx(例如1200)备车,yyyy(例如 1300)引航员上船离港。要求做好离港检查工作。

**轮机长**(电话回复):收到,通知其他轮机员一起到机舱。【接电话后轮机长到达集控室。】

**三管轮**(电话回复):明白。

**三管轮**(电话通知其他轮机员):(大/二/三管轮)船舶即将完货离港,轮机长通知下机舱。

**其他轮机员**(电话回复):明白。【接电话后其他轮机员到达集控室。】

**轮机长**:我轮即将完货,预计 xxxx(例如 1200)备车,yyyy(例如 1300)引航员上船离港。

大管轮,立即按照抵/离港检查表完成以下工作:

①检查滑油存量、滑油分油机、机舱天窗、水密门状况。

②检查机舱物品工具固定情况。

③熟悉主管设备的应急操作,本人的应急职责。

④测试主管应急设备及其他主管机械设备的重要警报,检查测试记录情况。

⑤检查责任区卫生状况。

二/三管轮,立即按照抵/离港检查表完成以下工作:

①检查发电机、燃油分油机、空压机、应急发电机工况;检查燃油沉淀柜及日用柜液位、油舱透气管和测量孔水密情况;检查电气设备水密、电网绝缘状况。

②测试锚机、绞缆机;舷梯、引航员软梯;检查吊设备、开舱系统等甲板机械状况;检查辅锅炉及系统状况;检查各管路系统有无异常跑冒滴漏。

③检查本船存油情况。

④检查油污水处理设备及系统,油污水存量,油污水处理记录;检查生活污水处理设备及系统,生活污水处理记录;检查压载水处理系统及使用记录。

⑤检查消防泵,备妥锚链水;空气瓶放残;确认汽笛空气已供应;主机暖缸。

⑥熟悉主管设备的应急操作,本人的应急职责。

⑦测试主管应急设备(救生设备、应急消防泵、应急电源、应急照明等)及其他主管机械设备的重要警报,检查测试记录情况。

⑧检查责任区卫生状况。

**各轮机员**:明白。【接到指令后,各轮机员立即行动,并在完成各自的工作后向轮机长报告。】

**大管轮**:报告轮机长,按照抵/离港检查表完成以下检查工作:

①滑油存量 10000 L;主机、滑油分油机、机舱天窗、水密门状况正常。

②机舱物品工具已固定。

③主管设备的应急操作,本人的应急职责已熟悉。

④主管应急设备及其他主管机械设备的重要警报测试及记录正常。

⑤责任区卫生状况正常。

**轮机长**:好的,收到。

**三管轮**:报告轮机长,按照抵/离港检查表完成以下检查工作:

①发电机、燃油分油机、空压机、应急发电机工况正常;燃油沉淀柜及日用柜液位、油舱透气管和测量孔水密情况正常;电气设备水密、电网绝缘状况正常。

②锚机、绞缆机、舷梯、引航员软梯测试正常;吊设备、开舱系统等甲板机械状况正常;辅锅炉及系统状况正常;各管路系统无异常跑冒滴漏。

③本船存油 1500 t,满足航次要求。

④油污水处理设备及系统,油污水存量,油污水处理记录正常;生活污水处理设备及系统,生活污水处理记录正常;压载水处理系统及使用记录正常。

⑤消防泵正常,锚链水已备妥;空气瓶已放残;汽笛空气已供应;主机已暖缸。

⑥熟悉主管设备的应急操作,本人的应急职责。

⑦主管应急设备(救生设备、应急消防泵、应急电源、应急照明等)及其他主管机械设备的重要警报测试,检查及记录正常。

⑧责任区卫生状况正常。

**轮机长**:好的,收到。

轮机长(电话通知驾驶台):驾驶台,根据抵/离港检查表,离港前的准备工作已完成,各设备及系统正常。

● 船舶离港(CE/3E/4E)

【驾驶台回复轮机长后,通知机舱 xxxx(例如1200)备车。】

**轮机长**:驾驶台通知 xxxx(例如1200)备车。

三管轮,记录燃油流量计读数;燃油日用柜、沉淀柜放残;启动备用发电机并电,确认甲板设备已供电;打开主空气瓶启动出口阀,主启动阀锁闭装置;开启并检查主机启动空气系统、控制空气系统,并对各空气系统管路放残;启动并检查燃油系统、滑油(尾轴油、液压油)系统;打开主机示功考克,合上主机盘车机,盘车 5 min,检查盘车状况;检查辅锅炉工作状况。

二管轮,检查机舱报警监控系统参数是否正常,协助确认报警。

大管轮,联系驾驶台,对船钟、对车钟、试舵。

**各轮机员**:明白。【接到指令后,各轮机员立即行动,并在完成各自的工作后向轮机长报告。】

**大管轮**(电话联系驾驶台):驾驶台,请求对船钟、对车钟、试舵。

【驾驶台回复后,与大管轮对船钟、对车钟,将驾驶台车钟依次推至每个挡位,大管轮通过集控室车钟应答,随后去机舱测试舵机。】

**大管轮**:报告轮机长,船钟、车钟已核对无误,舵机已测试,状况正常。

**轮机长**:好的,收到。

**三管轮**:报告轮机长,燃油流量计读数已记录;燃油日用柜、沉淀柜已放残;备用发电机已并电,甲板机械电源已供电;主空气瓶启动出口阀,主启动阀锁闭装置已打开;主机启动空气系统、控制空气系统已开启,压力正常,管路已放残;燃油系统、滑油(尾轴油、液压油)系统已启动,压力正常;主机盘车正常,示功考克保持开启;辅锅炉工作正常。

**轮机长**:好的,收到。

**轮机长**:三管轮,主机已备妥,联系驾驶台,通报备车情况,请求冲、试车,并测试汽笛。

**三管轮**:明白。

**三管轮**(电话通知驾驶台):驾驶台,轮机长指示,主机已备妥,请求冲、试车,请协助确认舷梯、缆绳状况,船尾附近有无围油栏、小船等障碍物。汽笛空气阀已开启,请测试汽笛。【驾驶台回复汽笛正常,船舶状况正常,可以冲、试车。然后将驾驶台车钟上的"备车"按钮按下。】

**三管轮**(电话回复驾驶台):明白。【同时,按下集控室车钟上的"备车"按钮。】

**三管轮**:报告轮机长,驾驶台回复,汽笛正常,可以冲、试车。

**轮机长**:好的,收到。

**轮机长**:三管轮(值班轮机员)操作主机。

**三管轮**(值班轮机员):明白。

**轮机长**:大管轮,主机冲、试车,立即检查主机状况。

**大管轮**:明白。【接到指令后,大管轮立即行动。】

**轮机长**:二管轮,协助三管轮与大管轮保持联络。

**二管轮**:明白。【二管轮观察大管轮到达主机机旁后,示意三管轮可以冲车。】

**二管轮**:三管轮,大管轮已到位,可以冲车。

**三管轮**:明白。【三管轮将车钟推至"微速前进"或"微速倒退",点击 MOP 主界面上的"PREPARE RUN"和"AIR",将主机操纵手柄推至"正车"或"倒车"运行位置,待主机转动后,将操纵手柄推回"停车"位置。如冲车无异常,大管轮直接将示功考克关闭。示功考克关闭后,二管轮示意三管轮试车。】

**二管轮**:示功考克已关闭,可以试车。

**三管轮**:明白。【三管轮点击 MOP 主界面上"AUTO",通过车钟和操车手柄对主机正、倒车各启动一次。驾驶台负责应答车钟,观察船舶状况。】

【大管轮完成主机测试的检查后向轮机长报告。】

**大管轮**:报告轮机长,主机试车正常。

**轮机长**:好的,收到。

**轮机长**(电话通知驾驶台):驾驶台,主机冲、试车正常,转驾控试车。【驾驶台回复后,配合轮机长将主机操纵方式切换至驾驶台。】

**轮机长**:大/三管轮,驾控试车,一起检查主机状况。

**大管轮**:明白。【接到指令后,大管轮立即行动。】

**三管轮**:明白。【接到指令后,三管轮立即行动。】

**轮机长**:二管轮,在集控室协助检查主、副机运行参数。

**二管轮**:明白。【大/三管轮完成主机测试的检查后向轮机长报告。】

**三管轮**:报告轮机长,主机试车正常。

**轮机长**:好的,收到。

**轮机长**(电话通知驾驶台):驾驶台,主机试车正常,可以用车。

【驾驶台回复后,通知机舱 yyyy(例如 1300)引航员上船;送锚链水,并通过车钟操作主机。主机运行,轮机长应安排轮机员检查主机状况及相关副机的工况。】

**轮机长**:接驾驶台通知,yyyy(例如 1300)引航员已上船。

大管轮,检查主机、舵机及其系统状况。

**大管轮**:明白。【接到指令后,大管轮立即行动。】

**轮机长**:二管轮,在集控室协助检查主、副机运行参数。

**二管轮**:明白。

**轮机长**:三管轮,记录燃油流量计读数;送锚链水;停止暖缸;启动主机冷却水系统;检查发电机、锅炉、甲板机械的工况。

**三管轮**:明白。【接到指令后,三管轮立即行动。】

【大管轮完成主机的检查后向轮机长报告。】

**大管轮**:报告轮机长,主机、舵机及其系统正常。

**轮机长**:好的,收到。

**三管轮**:报告轮机长,燃油流量计读数已记录;暖缸已停止;锚链水、主机冷却水系统已启动;发电机、锅炉、甲板机械的工况正常。

**轮机长**:好的,收到。

**轮机长**(电话通知驾驶台):驾驶台,机舱已进入备车状态,锚链水已送达。经检查,主机、舵机、发电机、锅炉、甲板机械运行正常。相关设备使用时,如有异常请立即通知机舱处理。

【此时,评估员设置主机 3 缸高压燃油泵故障,导致主机自动降速。轮机长应答报警,并查看警报后,安排轮机员检查主机。】

**轮机长**:大/三管轮,主机故障自动降速,立即检查主机。

二管轮,在集控室协助检查主、副机运行参数。

**各轮机员**:明白。【接到指令后,轮机员立即行动。】

**轮机长**(电话通知驾驶台):主机故障降速,正在处理。可以低速用车。

【驾驶台回复后,继续使用主机机动航行。】

【大/三管轮完成主机的检查后向轮机长报告。】

**大管轮**:报告轮机长,经检查,初步判断,主机 3 缸高压燃油泵吸入阀卡在开启位置,导致 3 缸无法供油,主机自动降速。

**轮机长**:好的,收到。

**轮机长**(电话通知驾驶台):驾驶台,经检查,初步判断,主机 3 缸高压燃油泵吸入阀卡在开启位置,导致 3 缸无法供油,主机自动降速。请求停车 3 min,更换吸入阀。

【驾驶台回复,同意停车 3 min。】

**轮机长**(电话回复驾驶台):好的,收到。

**轮机长**:大/二/三管轮立即更换 3 缸高压油泵吸入阀。

**各轮机员**:明白。

【大/二/三管轮完成主机的修理向轮机长报告。】

**大管轮**:报告轮机长,主机 3 缸高压燃油泵吸入阀更换完成,主机可以启动。

**轮机长**:好的,收到。

**轮机长**(电话通知驾驶台):驾驶台,经检查,初步判断,主机 3 缸高压燃油泵吸入阀已更换,主机可以启动。

【驾驶台回复后,启动主机。】

**轮机长**:大/三管轮检查主机状况;

二管轮,在集控室协助检查主、副机运行参数。

**各轮机员**:明白。【接到指令后,轮机员立即行动。】

【大/二/三管轮完成主机检查后,向轮机长报告。】

**大管轮**:报告轮机长,主机运行正常。

**轮机长**:好的,收到。

**轮机长**(电话通知驾驶台):驾驶台,主机运行正常,可以正常用车。

【驾驶台回复后,继续使用主机。】

**轮机长**:大管轮检查主机状况;

三管轮,巡视机舱;

二管轮,在集控室协助检查主、副机运行参数。

**各轮机员**:明白。【接到指令后,轮机员立即行动。】

**大管轮**:报告轮机长,主机运行正常。

**轮机长**:好的,收到。

**三管轮**:报告轮机长,检查发现尾轴高置油箱油位偏低,尾轴密封装置放残管有油漏出。初步判断尾轴油封漏油。

**轮机长**:好的,收到。

**轮机长**:大/三管轮检查主机状况;关闭尾轴,再启用油封与备用油封间的进油阀,开启放油阀,将两个油封间的滑油放出,保持放油阀开启。

二管轮,在集控室协助检查主、副机运行参数。

**各轮机员**:明白。【接到指令后,轮机员立即行动。】

【大/三管轮完成尾轴密封装置修理后,向轮机长报告。】

**三管轮**:报告轮机长,已启用尾轴密封装置的备用油封,漏油已停止,高置油箱已补油。

**轮机长**:好的,收到。

**二管轮**:报告轮机长,主、副机运行参数正常。

【此时,驾驶台电话通知机舱:停止锚链水;xxxx(例如1430)下引航员,即将定速。】

**轮机长**(电话回复驾驶台):好的,收到。

**轮机长**:驾驶台通知,xxxx(例如1430)下引航员,即将定速。

**轮机长**:大管轮检查主机状况。

三管轮,记录燃油流量计读数;停锚链水,巡视机舱。

二管轮,在集控室协助检查主、副机运行参数。

**各轮机员**:明白。【接到指令后,轮机员立即行动。】

**大管轮**:报告轮机长,主机运行正常。

**轮机长**:好的,收到。

**三管轮**:报告轮机长,燃油流量计读数已记录;锚链水已停止,机舱状况正常。

**轮机长**:好的,收到。


◎ 定速后的安排(CE/2E/3E)

【驾驶台电话通知机舱:xxxx(例如1600)定速,本航次航速12 kn,主机82 r/min。】

**轮机长**:好的,可以。

**轮机长**:驾驶台通知,xxxx(例如1600)定速,即将定速,本航次航速12 kn,主机82 r/min。

大管轮,按照巡视路线巡视机舱。

二/三管轮,记录燃油流量计读数,主、副机燃油系统换用重油。

**各轮机员**:明白。【接到指令后,各轮机员立即行动。】

**三管轮**:报告轮机长,燃油流量计读数已记录,主、副机燃油系统已换用重油。

**轮机长**:好的,收到。

**轮机长**:二/三管轮,联系驾驶台,确认甲板机械是否停用,是否可以启动造水机?

**各轮机员**:明白。【接到指令后,各轮机员立即行动。】

**三管轮**(电话联系驾驶台):驾驶台,甲板机械是否停用,是否可以启动造水机?

【驾驶台回复甲板机械停用,可以启动造水机。】

**三管轮**:明白。

**三管轮**:报告轮机长,驾驶台回复甲板机械停用,可以启动造水机。

**轮机长**:二/三管轮切断甲板机械电源,检查用电负荷,视情况停用一台发电机;启动造水机;辅锅炉燃烧器转"手动"控制、停止运行;换用低位海底门。

**三管轮**:明白。【接到指令后,二/三管轮立即行动。】

**大管轮**:报告轮机长,机舱状况正常。

**轮机长**:好的,收到。

**三管轮**:报告轮机长,甲板机械电源已切断,停用一台发电机;造水机已启动,状况正常;辅锅炉燃烧器已转"手动"控制、停止运行;已换用低位海底门。

**轮机长**:好的,收到。

**轮机长**:大管轮值班,其他轮机员按保养工作计划做好各自的保养工作。

**各轮机员**:明白。

**轮机长**:报告考官,船舶离港操作已完成。

【演习结束。】

# 第五节　☆CE/2E/3E/4E 常规工况团队评估题卡

## 一、适用于☆CE 轮机长的常规工况团队评估题卡

注:考生从常规工况和应急工况(见第三章)团队评估任务中抽取一项,评估过程按照团队方式(不超过四人)进行,每名考生需担任轮机长角色完成团队任务,其余角色由考生或评估员担任。

| 考生姓名 | | 准考证号 | | 考生序号(组号) | | |
|---|---|---|---|---|---|---|
| 评估任务 | 评估要素 | | 表现记录 | 评价结果 | | 评估员签名 |
| **任务一**<br>船舶靠泊 | ●船舶抵港前的准备 | | | □合格 | □不合格 | |
| | ●船舶备车靠泊 | | | □合格 | □不合格 | |
| | ◎完车及完车后的安排 | | | □合格 | □不合格 | |
| **任务二**<br>船舶在港接受<br>PSC/FSC 检查 | ●机舱迎接检查前的准备工作 | | | □合格 | □不合格 | |
| | ●机舱受检过程 | | | □合格 | □不合格 | |
| | ●机舱受检后的工作 | | | □合格 | □不合格 | |
| **任务三**<br>船舶加装燃、<br>润油料 | ●加油前的准备工作 | | | □合格 | □不合格 | |
| | ●加油过程中的注意事项 | | | □合格 | □不合格 | |
| | ●加油结束的工作要领 | | | □合格 | □不合格 | |
| **任务四**<br>船舶离泊 | ●船舶离港前的准备 | | | □合格 | □不合格 | |
| | ●船舶离港操作 | | | □合格 | □不合格 | |
| | ◎主机定速后的安排 | | | □合格 | □不合格 | |

## 二、适用于☆2E 大管轮的常规工况团队评估题卡

注:考生从常规工况和应急工况(见第三章)团队评估任务中抽取一项,评估过程按照团队方式(不超过四人)进行,每名考生需担任大管轮角色完成团队任务,其余角色由考生或评估员担任。

| 考生姓名 | | 准考证号 | | 考生序号(组号) | | |
|---|---|---|---|---|---|---|
| 评估任务 | 评估要素 | 表现记录 | | 评价结果 | | 评估员签名 |
| **任务一**<br>船舶在港接受<br>PSC/FSC 检查 | ●机舱迎接检查前的准备工作 | | □合格 | □不合格 | | |
| | ●机舱受检过程 | | □合格 | □不合格 | | |
| | ●机舱受检后的工作 | | □合格 | □不合格 | | |
| **任务二**<br>船舶加装燃、<br>润油料 | ●加油前的准备工作 | | □合格 | □不合格 | | |
| | ●加油过程中的注意事项 | | □合格 | □不合格 | | |
| | ●加油结束的工作要领 | | □合格 | □不合格 | | |

## 三、适用于☆3E/4E 二/三管轮的常规工况团队评估题卡

注:考生从常规工况和应急工况(见第三章)团队评估任务中抽取一项,评估过程按照团队方式(不超过四人)进行,每名考生需担任二/三管轮角色完成团队任务,其余角色由考生或评估员担任。

| 考生姓名 | | 准考证号 | | 考生序号(组号) | | |
|---|---|---|---|---|---|---|
| 评估任务 | 评估要素 | 表现记录 | 评价结果 | | 评估员签名 | |
| **任务一**<br>船舶靠泊 | ●船舶抵港前的准备 | | □合格 | □不合格 | | |
| | ●船舶备车靠泊 | | □合格 | □不合格 | | |
| | ◎完车及完车后的安排 | | □合格 | □不合格 | | |
| **任务二**<br>船舶在港接受<br>PSC/FSC 检查 | ●机舱迎接检查前的准备工作 | | □合格 | □不合格 | | |
| | ●机舱受检过程 | | □合格 | □不合格 | | |
| | ●机舱受检后的工作 | | □合格 | □不合格 | | |
| **任务三**<br>船舶加装燃、<br>润油料 | ●加油前的准备工作 | | □合格 | □不合格 | | |
| | ●加油过程中的注意事项 | | □合格 | □不合格 | | |
| | ●加油结束的工作要领 | | □合格 | □不合格 | | |
| **任务四**<br>船舶离泊 | ●船舶离港前的准备 | | □合格 | □不合格 | | |
| | ●船舶离港操作 | | □合格 | □不合格 | | |
| | ◎主机定速后的安排 | | □合格 | □不合格 | | |

# 第三章

# 应急工况下的团队评估任务

船舶安全管理重在预防事故,即通过各种技术措施和管理措施控制危险来预防事故的发生。不论技术再可靠、管理措施再周密,船舶在运输过程中,也有可能出现一些紧急情况,如动力设备失效、碰撞、火灾、进水等。这些紧急情况往往因为事发突然、出人意料,船上人员容易应对不力,导致事故或造成严重损失。因此,船舶事故预防的另外一个重要的工作是预先识别可能发生的紧急情况,做好充分的应急准备,一旦发生时能够迅速应对,从而转危为安、化险为夷或尽可能地减小事故的损失。

教材中的"☆"标记是指该部分内容适配 500 总吨及以上或 750 kW 及以上船舶的船员培训,而"★"标记是指该部分内容适配未满 500 总吨或未满 750 kW 船舶的船员培训。CE 指轮机长,2E 指大管轮,3E 指二管轮,4E 指三管轮。

## 第一节　☆CE/2E/3E/4E 船舶应急工况概述

应急管理是安全管理工作的重要组成部分。船舶应急管理同其他行业的应急管理相比,一方面有着共通的地方,另一方面作为水上交通工具,远离陆地,航行环境复杂多变,同时其安全管理受到相关国际公约和法规的约束,因此船舶应急管理又有着自身独特的特点。

### 一、应急的概念

"应急"有时指应对紧急情况,如"应急部署""应急措施",有时仅指紧急情况(Emergency),如"应急管理"。为避免意义的混淆,我们在这里将应急定义为紧急情况,即需要立即采取某些超出正常工作程序的行动以避免事故发生或减轻事故后果的状态或事件。通过应急的这个定义,可以看出应急管理工作是事故预防工作的重要组成部分,应急工作得力,则可以避免事故的发生,如失火时及时扑灭可以避免火灾,发生火灾及时组织扑救能够减小火灾带来的损失。

应急管理工作包括事前的应急准备、事中的应急响应和事后的恢复工作。应急准备就是紧急情况发生前的准备工作,指假定突发事件在将来某个时候会发生,为事件发生之后的应急处置和救援所做的各种条件准备。应急准备是为了建立事故应急管理能力。应急响应就是紧急情况发生时的操作,可以称为应急操作或应急作业。由于紧急情况的性质,应急操作能否成功,主要取决于应急准备工作的好坏。紧急情况通常是突发事件,特点是事发突然、出乎意料、发展迅速、后果严重。不同于常规的操作,人们很少有机会实践,通常没有经验,加之在突发事件面前容易惊慌失措,因此必须进行事前的充分准备和演练,才有可能保证应急响应的成功。

### 1.船舶紧急情况的种类

船舶所处的环境和情况复杂多变,由于各种预想不到的因素,随时有可能发生各种威胁人命安全和船舶安全的紧急情况。人们根据长期的海上运输实践,对于船舶可能发生的各种紧急情况已经达成了共识。随着科学的发展和技术的应用,今后还可能出现新的紧急情况。因此,对于船舶紧急情况的认识也是不断发展、不断完善对策措施的过程。

船舶可能出现的紧急情况与船型、货物种类、航行区域、船舶状态等情况有关,主要包括人命安全、船舶安全和船舶污染存在的危险和应急,船舶紧急情况,大致可分为4类23种:

(1)火灾和海损类:碰撞;搁浅/触礁;火灾爆炸;船体破损/进水;严重横倾;恶劣天气损害;弃船。

(2)机损和污染类:主机失灵;舵机失灵;供电故障;机舱事故;船舶溢油;船上海洋污染物的意外排放。

(3)货物损害类:货物移动;海难自救抛货;危险货物事故。

(4)人身安全类:严重伤病;进入封闭场所;人员落水;搜寻/救助;海盗/暴力行为;战区遇险;直升机操作。

### 2.船舶应急准备

对于船舶而言,由于远离陆地,一旦发生紧急情况,往往第一时间很难得到救助,只能依靠船上人员进行应急响应,其应急管理工作显得尤为重要。

船舶应急管理工作和其他应急工作一样,关键在于应急准备。船舶应急准备也称船舶应变部署,就是对各种可能出现的紧急情况进行周密的计划,并根据计划进行培训和演练,做好充分的准备,以便对船舶运输过程中可能出现的紧急情况快速做出反应。根据航运公司安全管理体系,岸基和船方都要进行应急准备。一旦发生紧急情况,船方能够快速做出反应,而岸基能够为船方提供指导和协助。对于船舶而言,应急准备的条件包括:

(1)应急预案。应急预案也就是紧急情况的应对方案,是预先识别可能发生的各种紧急情况,针对这些紧急情况,船舶根据自身拥有的各种资源,预先设计好应急方案。

(2)应变组织。船舶应变组织就是船员,通常由船长、轮机长、大副担任组长,其他船员为组织成员。应变组织每个成员根据所熟悉的工作或工作范围,被委派不同的应急工作。

(3)应急设备。根据法规的要求,船舶建造时安装各种应急设备,包括消防设备、救生设备、通信设备、应急动力设备和排水设备等。对于这些应急设备,船员需要定期测试和维护保养,使其处于随时可用状态。

(4)应急培训和演练。紧急情况很少发生,船员很少有实操的机会。同时,紧急情况事发突然、发展迅速,船员在高压下容易慌乱无措,出现错误。因此,必须定期进行应急培训和演练,提高船员的应急技能。同时,应急培训和演练也是检验应急预案的重要途径。

### 3.船舶应急准备的规定

船舶应急准备应符合国际公约的相关要求。按 SOLAS 公约的规定,船舶应配备相应的机舱应急安全设备以及救生消防设备,在操作方面船上应制定针对救生消防的应变部署表,并进行相应的培训和演练。针对事故性溢油的紧急情况,MAROPL 公约要求船上制订和执行油污应急计划。ISM 规则要求公司安全管理体系中建立船舶各种紧急情况的应急预案。

### 4.船舶应变部署

船舶所处的环境复杂多变,随时可能发生危及船舶和人命安全的意外事故。为了避免造成严重后果,把损失减至最低,每艘船舶都应按主管机关规定的格式与要求(中国籍 200 总吨及以上的运输船舶,都必须配备我国主管机关认可的统一印制的货船或客船应变部署表),根据本船设备和人员情况,编制应变部署表与应变须知,明确指定每个人在不同紧急情况时的岗位及任务,并定期进行训练及演习,以便在紧急情况下能正确熟练地使用各种应变设备,做到统一指挥、恪尽职守、行动迅速、忙而不乱、协力抢救,以减少船、货、人的损失。

## 二、船舶应急设备管理

### 1.应急发电机

二管轮负责应急发电机的操作、试验及维护;电子电气员负责电气部分及应急配电板的操作、试验及维护。应急发电机应有简明的操作规程并张贴在显著位置,每周应进行检查试验,包括外观、油位、水位、滤器、进气栅网、油柜出口阀应急切断装置、手动自动试运行、应急配电板等,每六个月应按照要求进行负荷试验并检验应急配电板的功能,同时做好各项参数的记录。

应急发电机间应维持良好的保温效果,应急发电机的加温设备应进行正确的维护确保其工况正常,应急发电机的燃油柜应保持正常的液位,燃油最少数量应满足应急发电机全负荷运行至少 18 h,应急发电机应选用 0 号或更低牌号的柴油以保持其启动性能良好。对于只有一种启动方式的发电原动机,应配有一套备用启动马达并妥善保存于应急发电机间,每月测试并记录在轮机日志中;如安装液压启动方式,应定期检查蓄压器内预充气体的压力。应急发电机均应安装主管机关认可的启动装置,该装置的第一种启动能源应保证至少能够连续启动 3 次,如安装第二种启动能源则应保证其在 30 min 内至少能够启动 3 次。

每次坞修期间应安排有资质的机构对应急配电板仪表进行检验以及自动化专业公司对应急配电板内部元器件进行全面检查及保养,尤其应重点关注主开关内部的灭弧罩及主触头的状态以及功能试验。

### 2.应急操舵系统

应急操舵系统应有简明的操作规程并张贴于应急操舵处所的显著位置。每月应进行应急舵试验,检查试验结果记入轮机日志和应急舵检查试验记录中。应急操舵装置的通信系统在装置进行试验时应一并进行检查确认,每三个月应进行应急操舵演练以及舵机卸载、隔离效能和各警报试验。舵机液压油储存柜的存量最少应满足一个系统所需的油量。舵机油泵应定期进行保养,系统中各阀件应保持工况正常。液压系统应保持良好的密封,舵机撞杆密封应无明显渗漏,撞杆密封压盖应适度上紧,间隙保持在说明书要求的范围之内。舵机最大舵角限制、舵角指示及反馈装置应保持良好的工况,舵角指示器(包括应急操作位置处的指示器)应保持清晰。舵机附近应安装应急工具板,板上所固定的工具应满足舵机紧急维修时的使用要求。

### 3.应急空压机及应急空气瓶

应急空压机及应急空气瓶操作应有操作规程并张贴于操作处所的显著位置。应急空压机应每周进行检查及充气试验,确保其处于良好的工况;应急空气瓶应每周进行外观及压力检查、放残操作,将压力应维持在规定的范围之内。应急空压机应定期进行维护保养及充分的润滑。任何涉及应急空压机及应急空气瓶的维修保养、检查试验均应记入应急空压机及应急空气瓶检查试验记录中。

### 4.消防通用泵及应急消防泵

消防通用泵应每月进行启动运行试验;应急消防泵应每周进行启动运行试验。各控制处所均应进行测试。消防通用泵及应急消防泵各控制处所显著位置应清晰张贴简明的操作规程。消防通用泵与各污水井的连通阀及舷外阀定期检查加油活络,确保应急使用时开关正常,并做好铅封管理及警示牌。泵浦运行时,应重点关注排压、电流、振动以及噪声等情况,确保其处于正常范围之内。泵浦的自吸装置应按照说明书要求进行维护保养,保证其工况正常。应急消防泵机舱区域吸入管路及阀件应确保良好的隔热保温,隔热材料如有破损应立即修复。应急消防泵间应确保良好的通风,污水警报应每周进行测试,确保其工况正常。

### 5.救生艇艇机

救生艇艇机每周进行启动试验,启动前应对启动电源、燃油柜液位、油底壳滑油液位、冷却液以及燃油管路阀件进行全面的检查,在确认正常后方可启动试验。救生艇艇机的燃油应于每次坞修时进行换新。艇机操作说明必须张贴于驾驶位置周围,救生艇内艇机备件应每季度按照清单进行核查,如发现缺失,应立即进行补充。

### 6.应急停止

应急停止包括机舱风机油泵应急切断、机舱燃润油柜速闭阀、机舱/泵舱通风机风门挡板应急关闭装置等。风机油泵应急切断装置应每六个月进行检查保养及测试,一年内对所有位置的启动按钮进行触发测试,确保其工况正常。风机油泵紧急切断试验应根据船舶的实际情况,在评估后进行,试验结束后应立即恢复风机油泵的电源供应。燃润油柜速闭阀应每季度进行检查保养及测试(包括遥控及本地操作),确保其工况正常。油柜速闭装置检查保养时应重点关注应急气瓶的压力、阀的活络、润滑及阀杆密封情况。通风机风门挡板应急关闭装置应每周进行检查保养,每月进行本地及遥控速闭试验。通风机风门挡板应急关闭装置在检查保养时应重点关注应急关闭装置驱动气瓶的压力、本地操作机构的活络及润滑,以及风机挡板的密封性。

### 7.主机应急停车系统

每三个月对主机进行本地操纵试验,同时应对主机的本地应急停车功能进行测试。应急停车功能测试应在本地、集控室以及驾驶台三个部位分别进行。

### 8.主机应急操纵系统

主机应急操纵应有操作规程并张贴于操纵处所的显著位置。每季度应进行主机应急操纵试验,并对各机械部位进行活络保养,尤其需重点关注各注油点,确保其得到正确的润滑。应急操纵试验期间应同时对通信系统、主机应急停止功能进行检查测试。应按照培训计划进行主机应急操纵的培训并需对培训效果进行正确评估。安装主机功率限制系统的船舶需严格按照其在船操作手册的要求进行操作。

### 9.副机应急停车装置

每三个月应对副机应急停车装置进行功能测试并做好记录。轮机部全体成员均应熟悉应急停车的使用时机及操作方法。

### 10.锅炉应急停止装置

每三个月应对锅炉应急停止装置进行功能测试并做好记录。轮机部全体成员均应熟悉锅炉应急停止的使用时机及操作方法。

### 11.机舱应急舱底吸入阀

机舱应急舱底吸入阀的维护保养由大管轮负责,每周进行检查保养,每季度进行试验,保持立即可用状态。该阀应清晰地加以标识,并用易于断裂的连接加封以防止意外开启及应急时的快速操作。应急舱底吸入布置图应清晰地张贴于应急舱底吸入阀附近。应急舱底吸入阀禁止用于处理机械处所日常积累的舱底水。该阀在应急情况下的使用必须经船长许可。

### 12.脱险通道

脱险通道包括在机舱、泵浦间、生活区、在港期间从船上脱险的应急逃生路线和机舱的应急逃生通道。个人房间、公共场所、驾驶台及集控室应张贴疏散/应急逃生路线图。电梯不能作为脱险通道使用。脱险通道需保持通畅,严禁堆放杂物,以免堵塞通行。当船舶在港期间,从生活区到岸上通道的脱险路线应清楚标识,并尽可能绕过张力下的系泊缆绳和/或正在使用的货物管汇。应急逃生通道应布置灯光或荧光条形显示标志,这些显示标志应设在地板以上不超过300 mm的高度,并遍布脱险通道各点,包括拐弯和岔路口处。机舱应急逃生通道应清晰标识,防火门应保持良好的自闭及密封功能,通道内应急照明系统正常并做好各项标识,同时通道内需配备安全救助装置(包括安全救助绳、滑轮及带有固定及保护功能的安全带等)。通道内的隔热绝缘层应进行可靠的维护,确保其完整性,如有破损应及时修复。沿任何指定的逃生路线行进时,途中经过的任何门均应无须钥匙即可开启。机舱脱险通道及相关设施应每月进行检查。保持蓄电池安装紧固,正负极接线端子紧固,并涂有凡士林防止腐蚀。保持电瓶间良好通风。

### 13.蓄电池

船上蓄电池是重要的电源装置,在船舶设备启动、照明、通信、导航等方面发挥重要作用,平时应做好如下日常维护保养,电子电气员每周应对蓄电池进行检查,测量电压(非充电模式),保持蓄电池清洁,GMDSS蓄电池由二副负责养护。配有两组独立蓄电池一个充电器的,应至少每月转换充电一次,确保两组蓄电池的充足状态。蓄电池性能指标达不到要求时需要更换。GMDSS蓄电池应每天通过充电装置上的仪表查看电压和电流,确认充电装置是否处于正常工作状态;每月应使用GMDSS相关设备对蓄电池进行测试,检验设备和蓄电池是否工作正常;每年由专业机构进行容量检测(航行期间禁止检测)。应急设备的蓄电池应根据设备测试周期进行充放电保养。

对于免维护蓄电池,设备测试结束后的时间及电压可作为起始充电的时间及电压;蓄电池充满电后的时间及电压可作为充电结束的时间及电压。在充电前,应检查每格蓄电池内的电解液,按需加入蒸馏水至标志的刻度线。检查蓄电池相对密度,对连续充电且相对密度无法达到充足状态的蓄电池要及时申请更换。蓄电池间应配防护眼镜、耐酸防护手套、玻璃量具、比重计、洗眼水。测相对密度及加蒸馏水时应注意做好防护,避免电解液伤人。总用及应急设备蓄电池由电子电气员负责养护。

### 14.其他消防、救生设备

其他的消防、救生设备管理包括:通用应急报警系统的测试与维护、应急照明在主电网断电后,测试转换应急电源供电的时间是否满足 45 s 内的规定、水密门液压储能器压力是否能够维持 3 次的启闭操作、机舱百叶窗应急关闭装置是否卡阻等。

## 三、船舶应变部署表的有关内容

每艘船舶都应按主管机关的规定(中国籍 200 总吨及以上的运输船舶,都必须配备我国主管机关认可的统一印制的货船或客船应变部署表),根据本船设备和人员情况,编制应变部署表与应变须知。应变部署表如表 3-1-1 所示,封闭场所救助应变部署表如表 3-1-2 所示,应急舵部署表如表 3-1-3 所示。

### 1. 应变部署的种类

船舶应变部署一般分为救生(包括弃船求生和人员落水救助)、消防、堵漏和综合应变等。

### 2. 应变部署表的主要内容

(1)船舶及船公司名称、船长署名及公布日期;
(2)紧急报警信号的应变种类及信号特征、信号发送方式和持续时间;
(3)职务与编号、姓名、艇号、筏号的对照一览表;
(4)航行中驾驶台、机舱、电台固定人员及其任务;
(5)消防应变、弃船求生、放救生艇筏的详细分工内容和执行人编号;
(6)每项应变具体指挥人员的接替人;
(7)有关救生、消防设备的位置。

### 3. 应变信号

各类应变的警报信号为:
(1)消防:警铃和汽笛短声,连放 1 min。
(2)堵漏:警铃和汽笛二长一短声,连放 1 min。
(3)人落水:警铃和汽笛三长声,连放 1 min。
(4)弃船:警铃和汽笛七短一长声,连放 1 min。
(5)综合应变:警铃和汽笛一长声,持续 30 s。
(6)解除警报:警铃和汽笛一长声,持续 6 s 或以口头宣布。

为了指明火警部位,在消防警报信号之后,鸣一声表示船舶首部,二声表示船舶中部,三声表示船舶后部,四声表示机舱,五声表示上层建筑甲板。

表 3-1-1 应变部署表(仅供参考)

## 应 变 部 署 表

| 编号 | 1 | 2 | 3 | 4 | 5 | 6 | 7 | 8 | 9 | 10 | 11 | 12 | 13 | 14 | 15 | 16 | 17 | 18 | 19 | 20 | 21 | 22 | 23 | 24 | 25 | | | | |
|---|---|---|---|---|---|---|---|---|---|---|---|---|---|---|---|---|---|---|---|---|---|---|---|---|---|---|---|---|---|
| 职务 | 船长 | 政委 | 大副 | 二副 | 三副 | 二副 | 水手长 | 木匠 | 水手 | 水手 | 水手 | 水手 | 顶班电子电气员 | 轮机长 | 大管轮 | 二管轮 | 三管轮 | 泵浦员 | 电机员 | 机工长 | 机工 | 机工 | 机工 | 大厨 | 服务员 | | | | |
| 姓名 | | | | | | | | | | | | | | | | | | | | | | | | | | | | | |
| 艇号 | 2 | 1 | 2 | 2 | 2 | 1 | 1 | 1 | 1 | 1 | 2 | 2 | 2 | 1 | 1 | 1 | 2 | 2 | 1 | 1 | 2 | 1 | 2 | 1 | 2 | | | | |
| 筏号 | 1,3 | 2,4 | 2,4 | 2,4 | 1,3 | 1,3 | 1,3 | 1,3 | 2,4 | 2,4 | 1,3 | 2,4 | 1,3 | 1,3 | 1,3 | 2,4 | 2,4 | 1,3 | 2,4 | 1,3 | 2,4 | 1,3 | 2,4 | 1,3 | 2,4 | | | | |

### 弃船时动作

| 弃船时任务 | 执行人 | 弃船时任务 | 执行人 |
|---|---|---|---|
| 降国旗，施放最后求救信号，管理操纵抛绳器 | 4,11 | 关闭水密门窗、舱口、孔道、甲板开口 | 7,20 |
| 携带船舶证书及重要文件 | 1,2,14 | 关闭有关机器，操纵遥控阀门及电钮 | 15,19 |
| 携带有关海图、航海日志、轮机日志、电台日志 | 4,14 | 携带电台，携带、投放救生筏应急无线电示位标（VDR） | 4,6 |
| 携带现金及账册 | 2 | 携带双向无线电话 携带搜救雷达应答器 | 4,6 |
| 携带食品、毛毯 | 24,25 | 待命 | |

### 放救生艇筏动作与任务

| 艇号 | 筏号 | 全封闭救生艇 | 救生筏 | 艇号 | 筏号 |
|---|---|---|---|---|---|
| 2 | 2,4 | | | 1 | 1,3 |
| 执行人 | | 全封闭救生艇 | 救生筏 | 执行人 | |
| 3 | 16 | 艇长，持有艇员名单，核对艇员，指挥放艇 | 管理集合地点应急照明 | 5 | 19 |
| 20 | 3 | 副艇长，持有艇员名单，协助艇长工作，打开刹车操纵吊艇架 | 松脱静水压力释放器脱钩装置 | 7 | 5 |
| 16 | 20 | 管理操纵集合地点应急照明和救生艇电气设 | 将筏架处于降落位置（如有降筏架） | 19 | 7 |
| **9,10** | 3,20 | 随艇下，脱救生艇前后挂钩 | 将救生筏抛投入水，拉出充气拉索，使其充气成型 | 17,23 | 5,7 |
| 9,10 | 10,22 | 打开艇架上的前后制动器 | 救生筏扶正 | 8,23 | 8,23 |
| 18,25 | 18,25 | 管理登乘梯，检查登乘人员及其救生衣着装，照料登乘 | 管理登乘梯，检查着装，照料登乘 | 13 | 13 |
| 3 | 9 | 操纵艇内遥控拉索，打开刹车，艇下降到水面时松遥控拉索 | 抛投救生浮环，协助落水人员登乘 | 5 | 12 |
| 3 | 10,22 | 操纵艇内自动脱钩手柄，使艇与吊艇索脱开 | 解脱与船舶联结的拉索，使筏脱离船舶 | 5 | 8,23 |
| 3 | 3 | 发动机，使艇迅速离开船舶 | 管理海锚，控制救生筏漂流速度 | 5 | 5 |
| 12 | | 管理艇首缆 | | 10 | |
| 22 | | 管理边索固销 | | 12 | |
| | | 驾驶台固定人员：1,4,11 | 机舱固定人员：15,21 | | |

### 驾驶台

| | | | |
|---|---|---|---|
| 4 | 协助船长，瞭望，操纵车钟，管理烟火探测器 | 政委协助船长工作 | 管理电台，VHF等通信设备，协助船长负责船内外通信联系，根据船长指示通知弃船救生集合地点 |
| 4 | 联络传令，悬挂信号，抛投带自亮浮灯和救生索的救生圈 | | 4 |
| 11 | 操舵，协助瞭望，协助二副工作 | | |

### 消 防 部 署

| 消防队 | | 救护队 | | 技术队 | | 机舱 | |
|---|---|---|---|---|---|---|---|
| 任务 | 执行人 | 任务 | 执行人 | 任务 | 执行人 | 任务 | 执行人 |
| 队长，现场指挥 | 3 | 队长，救护指挥 | 2 | 队长，现场指挥 | 5 | 现场指挥 | 14 |
| 副队长，队长接替人，协助队长工作 | 14 | 副队长，队长接替人，协助队长工作 | 25 | 副队长，队长接替人，协助队长工作 | 7 | 接替人，协助现场指挥 | 15 |
| | | | | | | 管理操纵主机 | 15,21 |
| 消防员、探火、抢险 | **6,9,17,23** | 携带急救药箱、救护 | 24,25 | 管理CO2固定灭火系统，按船长命令施放 | 5 | 管理操纵辅机和应急发电机 | 16 |
| 切断有关电路、关闭风机 | 19 | | | 管理干粉固定灭火系统，按船长命令施放 | 5 | 管理操纵应急消防泵 | 16 |
| 关闭防火门窗、舱口、孔道、通风筒 | 7,20 | 携带担架 | 25 | 管理操纵固定式膨胀泡沫灭火装置 | 5 | 管理操纵机舱固定式灭火系统 | 15 |
| | | 安全守卫 | 24.25 | 管理操纵压力水雾灭火系统 | 5(甲板) | 关闭防火门窗、舱口、孔道、通风筒 | 20 |
| 管理消火栓、水龙带、水枪 | 8.10.18.22 | 管理消防炮 | 12、 | 管理操纵压力水雾灭火系统 | 15(机舱，LNG罐) | 切断有关油路 | 15 |
| 携带灭火器、消防斧 | 13 | 待命 | | | | 关闭通风机、切断有关电路及油泵 | 19 |
| 隔离火场附近易燃物 | 7,20 | **应急放艇队** | | | | | |
| 管理国际通岸接头 | 12 | 5, 7, 20 | | | | | |

制表： 船长： 日期：2024-12-24

注：三副是救生消防设备的维护人，二副是GMDSS的维护人

表 3-1-2　封闭场所救助应变部署表(仅供参考)

| 编号<br>No. | 职务<br>Rank | 姓名<br>Name | 负责部位<br>Location in Charge of | 职责<br>Duties |
|---|---|---|---|---|
| 1 | 船长<br>CAPT | | 驾驶台<br>Bridge | 总指挥,对外联系<br>General commander. Be responsible for contact with the external |
| 2 | 政委<br>OWNER | | 封闭场所救助现场<br>Site of enclosed | 急救队队长,现场营救及对营救后人员的安置和照顾<br>Leader of the first-aid team. Rescue and take care of the person being rescued |
| 3 | 大副<br>CO | | 封闭场所救助现场<br>Site of enclosed | 现场指挥(如事发在甲板处所),测量并持续检测舱室气体,风险评估并签发许可证后组织人员营救<br>Commander at the site (DK). Monitor the atmosphere, risk assessment and take action after getting permit |
| 4 | 二副<br>2O | | 驾驶台<br>Bridge | 值班,采取应急措施,做好现场记录,对外通信<br>On duty. Take EM, CY measures, make site records and be responsible for communication with external |
| 5 | 三副<br>3O | | 封闭场所救助现场<br>Site of enclosed | 提供救助器材如 SCBA 和 EEBD<br>Provide rescue equipment, i.e the SCBA and EEBD |
| 6 | 二副<br>2O | | 驾驶台<br>Bridge | 进入封闭场所救助,携带呼吸器<br>Take the SCBA enter the enclosed space to rescue person |
| 7 | 水手长<br>BOSUN | | 封闭场所救助现场<br>Site of enclosed | 在入口处准备并测试升降装置及通风设备<br>Get the hoisting gear stand-by and properly test, if any the ventilation should be checked |
| 8 | 木匠<br>CARP | | 封闭场所救助现场<br>Site of enclosed | 在入口处准备救助设备,携带撇缆、引缆<br>Take the messenger line, heaving line at the entrance of enclosed space |
| 9 | 一水<br>AB | | 封闭场所救助现场<br>Site of enclosed | 在入口处准备救助设备,携带安全绳、手电<br>Take the safety line, safety torch, and collect all the rescue equipment at the entrance of enclosed space |
| 10 | 一水<br>AB | | 封闭场所救助现场<br>Site of enclosed | 在入口处准备救助设备,携带安全绳、手电<br>Take the safety line, safety torch, and collect all the rescue equipment at the entrance of enclosed space |
| 11 | 一水<br>AB | | 驾驶台<br>Bridge | 驾驶台操舵<br>Steering in bridge |
| 12 | 一水<br>AB | | 封闭场所救助现场<br>Site of enclosed | 进入封闭场所救助,携带呼吸器<br>Take the SCBA enter the enclosed space to rescue person |

| 编号<br>No. | 职务<br>Rank | 姓名<br>Name | 负责部位<br>Location in Charge of | 职责<br>Duties |
|---|---|---|---|---|
| 13 | 跟班电子电气员<br>ASS.E/E | | 封闭场所救助现场<br>Site of enclosed | 协助急救队长工作,转移伤员<br>Assisting in the work of the emergency team leader, evacuating casualties |
| 14 | 轮机长<br>CE | | 机舱<br>Engine RM | 现场指挥(如事发在机舱处所),风险评估并签发许可证后组织人员营救<br>Commander at the site (E/R). Risk assessment and take action after getting permit |
| 15 | 大管轮<br>1E | | 机舱<br>Engine RM | 管理机舱设备<br>Manage the equipment in E/R |
| 16 | 二管轮<br>2E | | 机舱<br>Engine RM | 管理甲板机器<br>Manage the deck machines |
| 17 | 三管轮<br>3E | | 封闭场所救助现场<br>Site of enclosed | 进入封闭场所救助,携带呼吸器<br>Take the SCBA enter the enclosed space to rescue person |
| 18 | 泵浦员<br>P/M | | 封闭场所救助现场<br>Site of enclosed | 协助急救队长工作,转移伤员<br>Assist in the work of the emergency team leader, evacuat casualties |
| 19 | 电机员<br>E/E | | 封闭场所救助现场<br>Site of enclosed | 管理发电机和电气设备,负责照明<br>Manage generator & electrical equipment, lighting |
| 20 | 机工长<br>No.1 OILER | | 封闭场所救助现场<br>Site of enclosed | 在封闭场所入口处准备好所有救助设备,携带安全带<br>Take the safety belt, and collect all the rescue equipment, at the entrance of enclosed space |
| 21 | 一机<br>OILER | | 机舱<br>Engine RM | 机舱值班,协助大管轮管理机舱设备<br>On duty and assist 2E to manage the equipment in E/R |
| 22 | 一机<br>OILER | | 封闭场所救助现场<br>Site of enclosed | 在封闭场所入口处准备好所有救助设备<br>Take the rescue equipment, at the entrance of enclosed space |
| 23 | 一机<br>OILER | | 封闭场所救助现场<br>Site of enclosed | 在封闭场所入口处准备好所有救助设备<br>Take the rescue equipment, at the entrance of enclosed space |
| 24 | 大厨<br>C COOK | | 封闭场所救助现场<br>Site of enclosed | 携带担架<br>Carry out stretcher |
| 25 | 服务员<br>STWD | | 封闭场所救助现场<br>Site of enclosed | 携带急救医疗器械、药品、氧气复苏仪,进行伤员急救<br>Carry out first aid. Carry emergency medical devices, medicine & oxygen resuscitation |

表 3-1-3  应急舵部署表（仅供参考）

| 编号<br>No. | 职务<br>Rank | 姓名<br>Name | 负责部位<br>Location in Charge of | 职责<br>Duties |
|---|---|---|---|---|
| 1 | 船长<br>CAPT | | 驾驶台<br>BRIDGE | 指挥操纵船舶安全航行<br>General commander in charge of ship safety |
| 2 | 政委<br>OWNER | | 待命<br>NOT | 待命<br>Wait for the order |
| 3 | 大副<br>CO | | 船首<br>BOW | 船头瞭望、备双锚<br>Watch at bow, keep two anchor standby |
| 4 | 二副<br>2O | | 驾驶台<br>BRIDGE | 协助船长，负责瞭望、传达舵令及驾驶台指示<br>Assist master, watch, transmit master's order |
| 5 | 三副<br>3O | | 舵机间<br>SGRM | 负责传达舵令，监督水手操应急舵<br>Transmit rudder order, monitor helmsman's work |
| 6 | 二副<br>2O | | 驾驶台<br>BRIDGE | 电台值守、负责与外界联系<br>Man the radio station and maintain external communication |
| 7 | 水手长<br>BOSUN | | 船首<br>BOW | 船头瞭望、备双锚<br>Watch at bow, keep two anchor standby |
| 8 | 木匠<br>CARP | | 船首<br>BOW | 协助大副<br>Assist the CO |
| 9 | 一水<br>AB | | 驾驶台<br>BRIDGE | 负责瞭望，协助二副工作、显示信号<br>Watch, and assist 2O indicator signal |
| 10 | 一水<br>AB | | 舵机间<br>SGRM | 操纵应急舵<br>Operate emergency gear |
| 11 | 一水<br>AB | | 驾驶台<br>BRIDGE | 负责瞭望，协助二副工作、显示信号<br>watch and assist 2O indicator signal |
| 12 | 一水<br>AB | | 舵机<br>SGRM | 操纵应急舵<br>Operate emergency gear |
| 13 | 跟班电子电气员<br>ASS.E/E | | 机舱<br>Engine | 待命<br>Wait for the order |
| 14 | 轮机长<br>CE | | 舵机间<br>SGRM | 管理机舱设备。保持设备工作正常<br>Administer the equipment in the engine room. Keep all in good order |
| 15 | 大管轮<br>1E | | 机舱<br>Engine | 负责应急舵的转换<br>Administer the exchange of the emergency gear |
| 16 | 二管轮<br>2E | | 机舱<br>Engine | 协助轮机长工作<br>Assist the chief engineer |
| 17 | 三管轮<br>3E | | 机舱<br>Engine | 负责液压系统的正常运转<br>Administer the hydraulic system |
| 18 | 泵浦员<br>P/M | | 舵机间<br>SGRM | 协助轮机长工作<br>Assist the chief engineer |

| 编号<br>No. | 职务<br>Rank | 姓名<br>Name | 负责部位<br>Location in Charge of | 职责<br>Duties |
|---|---|---|---|---|
| 19 | 电机员<br>E/E | | 舵机间<br>SGRM | 负责船舶及舵机间电气设备的正常运转<br>Administer the ship's electrical equipment |
| 20 | 机工长<br>No.1<br>OILER | | 机舱<br>Engine | 协助大管轮工作<br>Assist the 2E |
| 21 | 一机<br>OILER | | 机舱<br>Engine | 机舱值班,协助轮机长<br>On duty, and assist CE |
| 22 | 一机<br>OILER | | 机舱<br>Engine | 协助轮机长<br>Assist CE |
| 23 | 一机<br>OILER | | 机舱<br>Engine | 协助轮机长<br>Assist CE |
| 24 | 大厨<br>C COOK | | 待命<br>NOT | 待命;<br>Wait for the order |
| 25 | 服务员<br>STWD | | 待命<br>NOT | 待命;<br>Wait for the order |

#### 4. 应变部署表的编制要求

根据 SOLAS 公约的规定：

(1)应变部署表应详细说明规则规定的通用应急报警信号和公共广播系统,以及该报警发出时船员和乘客应采取的行动。应变部署表还应写明弃船命令将如何发出。

(2)每艘客船应具有寻找并救出困在客舱内乘客的适当的程序。

(3)应变部署表应写明分派给不同船员的任务,包括：

①船上水密门、防火门、阀、泄水孔、舷窗、天窗、装货舷门和其他类似开口的关闭;

②救生艇筏和其他救生设备的属具配备;

③救生艇筏的准备工作和降落;

④其他救生设备的一般准备工作;

⑤集合乘客;

⑥通信设备的使用;

⑦指派处理火灾的消防队的人员配备;和

⑧关于使用灭火设备及装置的专门任务。

(4)应变部署表应规定指定的驾驶员负责确保维护保养救生和消防设备,使其处于完好状态,并立即可用。

(5)应变部署表应规定关键人员失去能力后的替代人员,要考虑到不同的紧急情况可能要求采取不同的行动。

(6)应变部署表应说明在紧急情况下,指派给船员的与乘客有关的各项任务。这些任务应包括：

①向乘客告警;

②查看乘客是否穿妥衣服,以及是否正确地穿好救生衣;

③召集乘客于各集合站;

④维持通道及梯道上的秩序,并大体上控制乘客的动向;

⑤确保把毛毯送到救生艇筏上。

(7)应变部署表应在船舶出航前制定。在应变部署表制定后,如果船员有所变动而必须更改应变部署表,船长应修订该表,或制定新表。

(8)客船上使用的应变部署表的格式应经认可。

### 5. 应变部署表的编制原则

(1)符合本船的船舶条件、船员条件、客货条件以及航区自然条件;

(2)关键部位、关键动作选派得力船员;

(3)根据本船情况,可以一职多人或一人多职;

(4)人员的编排应最有利于应变任务的完成。

### 6. 应变部署表的编制职责与公布要求

应变部署表由大副具体负责。三副根据大副的部署意图,于船舶开航前编排应变部署表,经大副审核,船长批准签署后公布实施。应变部署表应张贴或用镜框配挂在驾驶台、机舱、餐厅和生活区内走廊的主要部位;在其附近,应有本船消防器材布置示意图。为使应变中各级负责人熟悉所领导的人员及其分工,应将应变部署表中各编队(组)分别抄录发给各艇(队、组)长。

在客船上,还应绘制出本船各层安全通道的路线图,图上应标明各梯口、出入口和各登艇点的位置和走向。张贴在旅客生活区(包括餐厅、休息室、主要走廊、重点舱室和其他旅客活动场所)各部位。在此附近和每个客房内均应挂有救生衣穿着法示意图。在备用救生衣站(箱或柜)处应有醒目标志。走廊内每隔适当距离,应标有指明通道走向的箭头标志并注明去向。

## 四、船舶应变须知和操作须知的有关内容

### 1. 应变须知

每位船员应有一份应变须知。在床头及救生衣上都有一张应变部署卡。部署卡上有本人在船员序列中的编号、救生艇艇号、各种应变信号及本人在各种应变部署中的任务。

在旅客舱室中,应该张贴用适当文字书写的图解和应变须知,向旅客通知他们的集合地点,应变时必须采取的必要行动和救生衣的穿着方法等。

### 2. 操作须知

在救生艇筏及其降落操纵器的上面或附近,应设置明显的告示或标志,说明其用途和操作程序,并提出有关须知和注意事项,以便紧急操作时不至于造成错误。

救生艇是救生应变的最主要设备,放艇必须经船长同意,除演习、操练和紧急救助之外,不准随意动用救生艇。在港内放艇,必须事先向海事管理机构报备。在紧急救助时,机动艇不应少于 5 人,非机动艇不应少于 7 人。

### 3. 演习

(1)每位船员每月应至少参加一次弃船演习和一次消防演习;

（2）若有 25%以上的船员未参加本船上月的弃船演习和消防演习,应在该船离港后 24 h 内举行这 2 项演习;

（3）客船每周应举行 1 次弃船演习和消防演习;

（4）堵漏(抗沉)演习每 3 个月举行 1 次。

## 五、船舶消防演习与应急反应的有关规定

### 1.SOLAS 公约的消防演习规定

（1）演习应尽可能按实际应变情况进行。

（2）每位船员每月应至少参加 1 次弃船演习和消防演习。若有 25%以上船员未参加该特定船上个月弃船和消防演习,应在该船离港后 24 h 内举行该两项船员演习。当船舶是第 1 次投入营运,或经重大修理,或有新船员时,应在开航前举行这些演习。客船每周应举行 1 次弃船演习和消防演习。

（3）每次消防演习计划应根据船舶类型和货物种类及实际可能发生的各种应急情况制订。

（4）每次消防演习应包括:

①在集合地点报到,并准备执行应变部署表规定的任务;

②启动消防泵,要求至少使用 2 支所要求的水枪,以显示该系统处于正常的工作状态;

③检查消防员装备及其他个人救助设备;

④检查有关的通信设备;

⑤检查演习区域内水密门、防火门、防火风闸和通风系统的主要进口和出口的操作;

⑥检查供随后弃船用的必要装置。

（5）演习中使用过的设备应立即放回,保持其完整的操作状态,如在演习中发现设备有任何故障和缺陷,应尽快修补。

### 2.消防演习的组织

（1）消防演习应按应变部署表中的消防部署进行。大副任消防演习的现场指挥,负责指挥消防队、隔离队和救护队。

（2）演习要求:消防演习时,应假想船上某处发生火警,组织船员扑救。假想的火警性质及发生的地点应经常改变,以便船员熟悉各种情况。全体船员必须严肃对待演习,听到警报后,应按照消防应变部署的规定,在 2 min 内携带指定器具到达指定地点,听从指挥,认真操演。机舱应在 5 min 内开泵供水。

（3）演习评估:消防演习后,由现场指挥进行讲评,并检查和处理现场,还要对器材进行检查和清理,使其恢复至可用状态。必要时,船长可召开全体船员大会,进行总结。

（4）演习记录:演习结束后,应将每次演习的起止时间、地点、演习内容和情况,如实记入航海日志。

### 3.火灾应急反应及人员安全

（1）船员发现火灾应立即发出消防警报,就近使用灭火器材进行灭火。

（2）全体船员听到警报后,应立即就位并按应变部署表的分工进行灭火。

（3）探火人员应在大副（机舱为轮机长）的指挥下，迅速查明火源，掌握燃烧物名称、特性、火烧面积、火势蔓延方向等，并报告船长。

（4）如有人在火场受威胁，应立即采取抢救措施，如确定火场无人应关闭通风口和其他开口，停止通风并切断火场电源，然后控制火势。

（5）在港外或航行时，应注意操纵船舶使火区处于下风方向，并按规定显示号灯号型。

（6）在港池发生火灾，应立即停止装卸作业，视情况做好拖带出港准备，备车待命。

（7）船长应根据具体情况决定灭火方案，并对是否可能引起爆炸做出判断；消防人员应根据应变部署表的分工和船长的指示全力扑救。

（8）如火势严重，有外援帮助救火时，应提供防火控制图，详细介绍火场情况，并予以配合。

（9）如采用封闭窒息方法灭火，必须经过相当长的时间，并组织足够的消防力量做好扑灭复燃的准备，才能逐步打开封闭设施，再视情况缓慢予以通风。

（10）如火灾引起爆炸，经抢救确属无效时，船长应宣布弃船。

## 六、船舶救生与应急反应的有关规定

船舶救生包括弃船求生和人落水救助两种应变。

### 1.SOLAS 公约的弃船求生演习规定

（1）每次弃船求生演习应包括：

①利用有线广播或其他通信系统通知演习，将乘客和船员召集到集合地点，并确保他们了解弃船命令；

②在集合地点报到，并准备执行应变部署表规定的任务；

③查看乘客和船员的穿着是否合适；

④查看是否正确地穿好救生衣；

⑤在完成任何必要的降落准备工作后，至少降下 1 艘救生艇；

⑥启动并操作救生艇发动机；

⑦操作降落救生筏所用的吊筏架；

⑧模拟搜救几位被困在客舱中的乘客；

⑨介绍无线电救生设备的使用。

（2）每艘救生艇一般应每 3 个月在弃船演习时乘载被指派的操作船员降落下水 1 次，并在水上进行操纵。

（3）在合理可行的情况下，专用救助艇应乘载被指派的船员每个月降落下水 1 次，并在水中进行操纵。在任何情况下，至少应每 3 个月进行 1 次。

（4）如救生艇与救助艇的降落下水演习是在船舶航行中进行的，因为涉及危险，该项演习应在遮蔽水域，并在有此项演习经验的驾驶员监督下进行。

（5）在每次弃船演习时应试验供集合和弃船所用的应急照明系统。

（6）如船上配备海上撤离系统，演习应包括：在实际布防海上撤离系统前对该系统布防所要求的演练程序达到能立即使用的程度。

（7）对于从事短程国际航行的船舶，如果由于港口泊位的安排及运输方式不允许救生艇在某一舷降落下水者,主管机关可准许救生艇不在该舷降落下水。但无论如何,所有这些救生艇应至少每 3 个月下降 1 次并每年至少降落下水 1 次。

2.弃船求生演习的组织

(1)集合地点

弃船求生或其演习的集合地点应设在紧靠登乘地点。集合与登乘地点一般在艇甲板。通往集合与登乘地点的通道、梯口和出口应有能用应急电源供电的照明灯。

客船应有旅客容易到达登乘的集合地点,并且是一个能集结和指挥旅客用的宽敞场地。

(2)演习组织

①听到弃船警报信号后,全体船员应在 2 min 内穿好救生衣并到达集合地点。

②艇长检查人数,检查各艇员是否携带了规定应携带的物品,检查每个人的穿着和救生衣是否合适,并加以督促、指挥,然后向船长汇报。

③船长宣布演习及操练内容。

④由两名艇员在(船长发出放艇命令后)5 min 内完成登乘和降落准备工作;其他船员按分工各就各位。

⑤在完成任何必要的降落准备工作后,至少降下 1 艘救生艇;启动并操纵救生艇发动机。

⑥操作降落救生筏所用的吊筏架。

⑦模拟搜救几位被困于客舱中的乘客。

⑧介绍无线电救生设备的使用。

⑨试验集合与弃船所用的应急照明系统。

⑩演习结束,船长发出解除警报信号;收回救生艇。清理好索具,由艇长进行讲评后解散艇员并向船长汇报。

(3)记录

弃船求生演习的起止时间、演习及操练的细节由大副和大管轮分别记录于航海日志和轮机日志。

3.弃船求生应急反应及人员安全

(1)当确认不弃船就无法保全船上人命安全时,船长应果断下令弃船。

(2)船长下达弃船命令后,除"途中固定值班人员"外,全体船员应立即穿着救生衣,按应变部署表的分工完成各自的弃船准备工作。

(3)无线电员须在电台值守,按规定发送遇险电文,直至通知撤离。

(4)机舱固定值班人员在听到警报信号后仍应坚守岗位按令操作;在得到完车通知后,在轮机长的领导下,抓紧做好锅炉熄火放汽、关机、停电等弃船安全防护工作;如果接到两次完车信号或船长利用其他方法的通知后,应立刻携带规定物品撤离机舱登艇。

(5)船长应督促检查下列工作(国旗和航海日志应亲自携带):

①降下国旗并携旗下艇;

②销毁秘密文件;

③锅炉熄火放汽;

④关停发电机和机舱内正在运转中的其他一切设备;

⑤关闭海底阀及各个应急遥控油阀等;

⑥是否已发出遇险求救电报并已投放（卫星）紧急无线电示位标；

⑦油舱在甲板上的透气口是否被封死；

⑧检查艇长的放艇准备工作。

（6）船长应检查按应急计划的规定须携带的物品，如：国旗、航海日志、VHF和雷达应答器（若艇筏上设有）以及足够的食品、淡水、毛毯等物品。

（7）在登艇前，船长应布置（艇长应请示）如下事项：本船遇险地点；发出遇险求救信号是否有回答；可能遇险求救的时间及地点；驶往最近陆地或交通线的航向、距离；各艇筏间的通信约定及其他有关指示。

（8）按船长命令放下救生艇和救生筏，有序地登艇、筏。

（9）最后，船长应通知坚守岗位的无线电员和机舱值班人员撤离，在确信全船无任何人员后方可离船登艇。

（10）各艇应迅速在离开难船数百米以外集合，以防船舶沉没时产生浪涌的袭击。

（11）离船后，船长对全体船员仍保持完全的职权。

### 4. 机舱应急设备的使用和管理

机舱应急设备是船舶安全系统的重要组成部分，在全船失电、火灾、舵机失灵、船舱进水等应急情况下，应急设备能否正常发挥作用是决定船舶安全的关键因素之一。同时，机舱应急设备的状态和操作是PSC检查的重点项目，众多PSC检查缺陷或滞留与应急设备的缺陷有关。因此，正确操作和保养机舱应急设备，是轮机员重要的管理工作。

# 第二节　☆CE/2E/3E/4E 全船失电（实操+口述）

## 一、评估目的

适用于☆CE/2E 的评估：

通过实践训练，旨在帮助考生熟悉正常航行中全船失电情况下的领导力与管理技能应用。重点培养考生对机舱资源管理原则的理解与实践能力，包括但不限于团队管理、资源配置、集体协作意识等核心要素。要求考生能够胜任分组研讨、模拟演练、任务分工等评估项目，具有有效沟通、资源协调、团队协作、态势把控、决策指挥等综合能力。

适用于☆3E/4E 的评估：

通过实践操作，确保轮机值班人员在正常航行中全船失电情况下能够科学实施机舱资源优先级分配，建立与机舱值班团队及驾驶台人员的精准沟通机制。重点培养带领团队快速响应驾驶台/轮机长指令的核心能力，以及持续监控设备状态与环境变化的专业素养。在任务与负荷管理维度，重点培养以下核心要素的应用能力：有效协调与规划、合理进行人员配置、统筹时间与资源限制、建立优先级体系、优化工作负荷分配、关注作息与疲劳管理、应对挑战与反馈机制。

## 二、评估内容及要求

(1)完整模拟航行期间全船电力中断的应急处置流程,重点强化主/应急电源系统故障诊断与恢复操作规范、航行工况下的电力恢复优先级判定、动态环境监测与二次故障风险预判机制。

(2)机舱与驾驶台、轮机长与轮机员之间沟通时使用正确的通信工具;语言交流清楚和无歧义,使用标准的航海通信用语;对有疑问的决定和(或)行动适当询问和回复;沟通方式合理。

(3)团队领导能按正确的优先顺序进行资源分配,合理分配团队成员任务;有领导力和决断力;机舱与驾驶台、轮机长与轮机员之间配合良好。

## 三、评估组织与标准

### 1.评估方式
使用全任务轮机模拟器(或自动化机舱)进行评估实操加口述的方式。

### 2.任务(场景)描述
(1)人员情况:三管轮在集控室值班,轮机部其他人员不在机舱。

(2)设备情况:主机定速航行;一台发电机运行,另外两台发电机处于备用状态;锅炉使用废气锅炉;燃油分油机、滑油分油机正在运行;机舱其他设备处于正常状态。

### 3.评估程序
被评估人员(考生)到位,按照要求进行手动处理。

### 4.分组方式
(1)成员组成:2 名评估教师组成评估团队;4 名考生组成机舱团队(分别模拟轮机长、大管轮、二管轮、三管轮)。

(2)岗位分布:分别在驾驶台、集控室或机舱各安排 1 名实训教师。三管轮负责值班及管理锅炉,轮机长、大管轮、二管轮接到通知后立即下机舱,轮机长在集控室总体指挥,大管轮在机舱现场处理,二管轮管理船舶电站和辅机部分。

### 5.评估时间
不超过 20 min。

### 6.评估要求
考生能够协作配合正常解决评估员设置的各种故障,及时妥当地处理全船失电故障,并口头回答评估员的相关问题,评估结束后每人书写一份事故报告并提交。全船失电评估标准表见表 3-2-1。

表 3-2-1　全船失电评估标准表( ☆CE/2E/3E/4E)

| 序号 | 评估要素 | 情景 | 评价标准 | 考核要点 |
|---|---|---|---|---|
| 第一阶段 | ● 全船失电的处理过程 | 1.船舶在正常航行；<br>2.发电机跳电；<br>3.主机自动停车 | 轮机长及所有轮机员：<br>①立即通知驾驶台,轮机长下机舱；<br>②值班轮机员迅速启动备用发电机,合闸并尽快恢复全船供电；<br>③再启动一台发电机,并网运行；<br>④迅速恢复正常航行必需的设备供电；<br>⑤启动主机,恢复正常航行；<br>⑥如情况特殊,船舶急需用车,如有可能,应保证驾驶台的用车要求；<br>⑦如备用机组不能正常启动,则应使用应急发电机,同时加强对应急发电机的检查；<br>⑧待发电机恢复正常供电后,正常启动各种辅助设备,启动主机,保持正常航行 | 1.具有情景意识,应急情况处置及沟通能力,要求有效沟通,表达要清楚、简洁。<br>2.充分利用机舱资源。<br>3.具备团队合作意识。<br>4.注意考察轮机长、大管轮应急情况下的领导能力、风险管理能力,包括沟通、任务分派等。命令应清楚明白,团队成员之间沟通应形成闭环,下属人员接受任务后可以质询并迅速正确完成任务,效果良好,反馈及时准确 |
| 第二阶段 | ◎ 全船失电后的分析 | 恢复船电 | 轮机长及所有轮机员：<br>①查明跳电的故障原因；<br>②全船失电属于上报事故,做好事故报告,轮机长在平时工作中,严格督促主管轮机员按计划进行保养并记录；<br>③做好事故的分析,记录工作 | 1.意识到恢复船电的重要性；<br>2.具有情景意识(即空气瓶有压力,可以直接启动备用发电柴油机),具有失误链破断技巧；<br>3.任务分配明确,执行效果良好,反馈及时准确；<br>4.具备团队合作意识；<br>5.注意考察轮机部团队之间以及轮机长与驾驶台人员之间的通信与沟通,轮机部人员情景意识良好,熟练使用船舶内部通信系统,实训过程逻辑关系正确 |

## 四、评估基本知识要点

　　船舶失电是指船舶主电力系统因发电机故障、配电板跳闸、负载异常等导致全船或局部电力供应中断,造成关键设备(如主机、舵机、导航系统、通信设备等)无法正常运行的紧急情况。此类事故可能由机械故障、燃油问题、电路短路、操作失误或极端环境引发,若处理不及时,极易导致船舶失控、碰撞、搁浅甚至人员伤亡,尤其在狭窄航道或恶劣海况中风险倍增。

　　处理方法需快速有序:首先启动备用发电机或应急发电机,优先恢复舵机、导航、通信及照明等关键系统供电;检查主配电板,排查故障原因(如过载保护跳闸需逐步恢复负载,机械故障需切换备用设备);若无法立即恢复电力,应启用应急蓄电池组维持基本设备运转,同时向附近船舶及岸台发布紧急通告,必要时抛锚或请求拖船协助;事后需全面检修电力系统,分析事故根源并完善应急预案,强化日常维护与船员应急演练,避免类似事件重演。处理过程中需保持冷静,严格遵循安全管理体系(SMS),确保人员安全与环境污染防控。

根据船舶类型、主机及其系统的特点,全船失电可导致以下三种险情:

(1)为主机服务的润滑、冷却等系统停止工作,导致主机停车。

(2)舵机失灵。

(3)助航设备失灵。

### 1.全船失电的原因

发电机跳闸造成全船突然失电,一般有下列五种原因:

(1)电站本身故障,如空气开关故障、相复励变压器故障等;

(2)发生大电流、过负荷,如大功率泵的启动或发生了电气设备短路现象;

(3)大功率电动辅机故障或启动控制箱的延时发生变化;

(4)发电机及其原动机本身的故障,如调速器故障和滑油低压、冷却水低压、燃油供油中断等;

(5)操作失误。

### 2.机舱电力中断应急操作程序

(1)运行发电机因故障跳闸,备用发电机自动切换供电后

重要设备能自动顺序启动,检查原处于运行状态的各泵是否按顺序启动,而原置"备用"位置的各个设备是否在备用状态,机组是否有相互切换状况。对于没有顺序启动的设备应手动启动。供电及重要设备运行正常后,通知值班驾驶员检查通信、导航、操舵等仪器设备,做好复位工作。

检查跳闸发电机、配电屏、原动机及其各系统,排除故障。

航行中,驾驶台值班人员如发现主机操纵异常,应将主机减速、停车,将遥控操纵转换开关转至"集控",待恢复正常后再转为"驾控"。

(2)主发电机跳闸,备用发电机自动切换失败,应急发电机自动启动供电后

检查主发电机、主配电板、原动机及其各系统,尽快排除故障,恢复主发电机供电。

检查应急发电机及其配电板工作是否正常,派人留守值班,直至主发电机恢复供电。

待主发电机恢复供电后,检查原处于运行状态的各泵是否按顺序启动,而原置"备用"位置的各个设备是否在备用状态,机组是否有相互切换的状况。

通知值班驾驶员检查通信、导航、操舵等仪器设备,做好复位工作。

航行中,驾驶台值班人员应将主机操纵手柄放置"停车"位置,将遥控操纵转换开关转至"集控",待恢复正常后再转为"驾控"。

(3)应急操作具体分工

航行中电力中断后,各设备及其系统的检查恢复工作,按各主管分工范围分工负责。轮机长负责全面指挥,督促检查。

停泊时,电力中断后的应急处理由值班轮机员全面负责。

值班机工、白班机工分别在集控室、应急发电机室值班。

### 3.全船失电具体处理方法

当发生全船失电后,船舶应能正确地处理,以减少由此可能引发的严重恶性事故(如船舶

处在进出港、狭窄水道、特大风浪等环境)。对于普通电站全船失电后的处理和具有自动电站管理系统全船失电的处理,两者有较大不同。

(1)对于具有自动电站管理系统全船失电后的处理方法有如下两点:

除因短路保护导致发电机主开关跳闸,全船失电外,对于其他各种机、电故障导致主开关跳闸,自动电站管理系统均能自动处理,不需要值班轮机人员干涉,值班人员仅需按照报警指示故障进行相应检查、排除处理即可。

若全船失电,除报警信号外所有设备均停止运行,此时值班人员切忌启动机组、合闸供电,可采取如下措施:

a.查看报警指示,如报警信号指示发电机短路,则控制系统自动切换至非自动状态。

b.报警应答后至主配电板后面仔细检查汇流排是否发生短路,找到短路点排除后或确定主配电板没有发生短路(而是船舶电网短路保护的选择性整定不当)才可按复位按钮,系统即恢复至自动状态,同时解除阻塞。

c.值班人员可遥控启动备用发电机组投入电网运行。

(2)对于普通电站发生全船失电后的处理方法有如下六点:

①并车操作时发生全船失电时所采取的措施:

a.先应答报警、消声。

b.检查原运行机组与待并机组的机、电状况,若是并车操作不当,将导致发电机主开关过流保护动作跳闸或逆功率保护动作跳闸,可复位过流保护装置或复位逆功率继电器(视具体发电机控制屏而定,有些不需要)。

c.恢复正常后合上其中任意一台机组的主开关。

d.然后按功率大小及重要性逐级启动各类负荷。

e.待发电机组带上相当负荷时,再将另一台机组按并车条件进行并车操作。

②运行机组因机械故障发生全船失电时所采取的措施:

a.先应答报警、消声。

b.若报警信号指示、滑油失压、冷却水高温、机组超速等,可启动备用机组,待转速、滑油压力、电压正常后合闸供电。

c.按功率大小及重要性逐级启动各类负荷。

d.最后检修故障机组。

③启动大负荷或几乎同时启动几个较大负荷(如用船上起货机进行装、卸货作业)发生全船失电时所采取的措施:

a.先应答报警、消声。

b.复位过流保护装置(视具体发电机控制屏而定,有些不需要),然后合上发电机主开关。

c.再按功率大小及重要性逐级启动各类负荷投入运行。

d.启动备用发电机组,待一切正常后,按并车操作的要求进行并联运行的操作。

e.并车完成后,再启动大负荷设备投入运行。

④运行机组因发电机内部短路或失压保护动作发生全船失电时所采取的措施:

a.先应答报警、消声。

b.若机组仍在运行,但电压很低或没有电压,说明是失压保护跳闸,则应停掉这一台机组,然后启动备用机组投入电网运行,最后检查故障机组的发电机调压器。

c.若机组仍在运行且电压正常,说明可能是短路保护跳闸,则应检查主配电板汇流排是否短路,排除故障后即可合闸供电。

⑤运行机组主开关误动作跳闸或因船舶电网选择性保护不当发生全船失电时所采取的措施:

a.先应答报警、消声。

b.检查主开关内部失压等脱扣装置以及船舶电网短路保护的整定值,排除故障后恢复供电。

⑥燃油供给故障(如调速器失灵、燃油供给中断等)发生电网跳电,从而导致发电机失压跳闸。产生的现象是伴随着转速下降而跳闸停机。所采取的措施:

a.先应答报警、消声。

b.检查燃油供给系统,确认系统无故障后启动备用发电机组投入电网运行。

c.然后检修故障机组的调速器及燃油供给系统。

在运转发电机因故障失电时,备用发电机 30 s 内自动启动合闸恢复供电,检查所有主用顺序启动设备按表 3-2-2 中所示的顺序自动启动。事故报告表如表 3-2-3 所示。

表 3-2-2　某轮失电后设备自动恢复顺序(仅供参考)

| 顺序<br>Sequence | 设备 |
|---|---|
| 0 SEC. | 照明　LIGHTING<br>通导设备 RADIO & NAVI EQUIPMENT<br>舵机　STEER GEAR<br>燃油单元　F.O UNIT |
| 10 SEC. | 主滑油泵 M/E L.O PUMP<br>尾轴管滑油泵 STERN TUBE L.O PUMP<br>高温冷却淡水泵 H/T C.F.W. PUMP |
| 15 SEC. | 主海水泵 & 真空冷凝器海水泵<br>MAIN C.S.W & VAC. COND.C.S.W. PUMP<br>主、辅机引燃油泵<br>M/E&A/E PILOT OIL PUMP |
| 20 SEC. | 低温冷却淡水泵 L.T.C.F.W. PUMP |
| 25 SEC. | 十字头滑油泵 CROSSHEAD L.O PUMP |
| 30 SEC. | 主机辅助鼓风机 M/E AUX. BLOWER<br>1 号机舱风机 No.1 E/R VENT. FAN |
| 35 SEC. | 2 号、4 号机舱风机 No.1& No.4 E/R VENT. FAN |
| 40 SEC. | 主机辅助鼓风机 M/E AUX. BLOWER<br>补气空压机 TOPPING UP AIR COMP. |
| 45 SEC. | 3 号机舱风机 No.3 E/R VENT. FAN |

表 3-2-3　**事故报告表(仅供参考)**

事故/险情报告表

The accident/near miss report

| 船名<br>Vessel | ××××轮 | 发生地点<br>Place | ××××× | 事故等级<br>The accident level |
|---|---|---|---|---|
| 类型<br>Type | 事故<br>Accident | 发生日期<br>Date | dd-mon-yyyy | |

1.现场观察情况、气象、海况、事情经过及原因、险情分析

On-site observations;meteorological conditions & sea state;sequence of events and causation analysis;risk assessment

2.对危害程度的评估(如果牵涉第三者时,还应报告了解到的对方情况),有无设备受损,有无人员受伤

Impact severity evaluation ( including third-party impact assessment ); equipment damage status; personnel injury status

3.已采取的预防措施

Mitigation measures implemented

4.公司调查处理小组调查分析及处理意见

Analysis and recommendations by company investigation task force

5.职能部门主管制定的纠正预防措施

Corrective and preventive actions issued by functional department

指定人员意见:

Review by DPA:

签名/日期:

Signature/Date:

### 五、实训案例（以某模拟器实操为例）

**实训场景**：船舶行驶于大风浪海域中，主机操纵位置在驾驶台。机舱有一名值班轮机员（三管轮）值班。

**模拟器设置**：模拟器触发全船失电的方式有多种，包括：副机滑油进口压力过低、副机高温冷却水出口温度过高、超速、应急停机等。本文以燃油失压为例：使用船舶定速航行状态进行评估，船舶定速航行，电站处于手动模式，3号副机运行，应急发电机自动状态。示例模拟器副机重油由主机燃油日用系统供给，在模型端故障设置中激活"燃油–主机燃油日用系统–副机燃油反冲洗滤器故障"，导致副机燃油失压停机全船失电，设定如图 3-2-1 所示。三维模拟器中全船失电场景如图 3-2-2 所示。

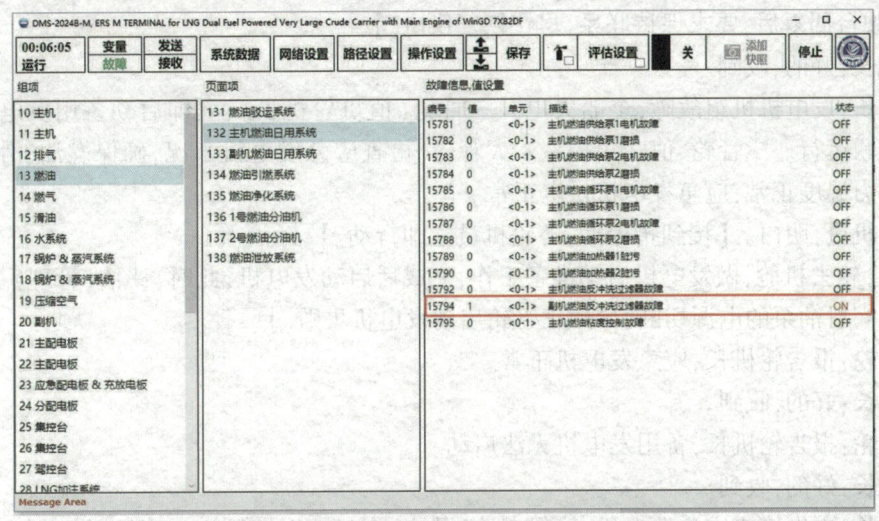

图 3-2-1  全任务轮机模拟器模型端设置

图 3-2-2  全任务轮机模拟器三维场景：全船失电

● 全船失电的处理过程(CE/2E/3E/4E)

【评估员设置发电机组故障(例如燃油阀卡阻),机舱报警监控系统触发发电机燃油低压、电网频率低,电网电压低、主开关保护跳闸等报警。】

**三管轮**(应答查看报警后,电话通知轮机长):报告轮机长,发电机机组故障,全船失电。

**轮机长**:收到,通知其他轮机员一起到机舱,将主机应急风机转至"手动"位置。【接电话后轮机长到达集控室,查看报警。】

**三管轮**(电话回复):明白。

**三管轮**(电话通知其他轮机员):(大管轮、二管轮)全船失电,轮机长通知下机舱。

**其他轮机员**(电话回复):明白。【接电话后其他轮机员到达集控室。】

**轮机长**【电话联系驾驶台】:驾驶台,发电机机组故障,全船失电,正在处理,请将车钟推至停车位置。

【驾驶台回复后,要求保持联系,尽快恢复供电。】

**轮机长**:好的,收到。

**轮机长**:发电机机组故障,全船失电。三管轮(值班轮机员),立即启动备用发电机,两台备用机并联运行。二管轮,值守集控室。大管轮,检查应急发电机工况,确保燃油、滑油、冷却水系统压力温度正常;应急发电机供电正常。

**各轮机员**:明白。【接到指令后,各轮机员立即行动。】

【三管轮去机舱,做发电机启动准备工作,完成后启动发电机,此时,评估(管理)员将3台发电机预润滑油泵的电源切断,导致三管轮启动发电机失败。】

**大管轮**:报告轮机长,应急发电机正常。

**轮机长**:好的,收到。

**三管轮**:报告轮机长,备用发电机无法启动。

**轮机长**:好的,收到。

**轮机长**:再次检查应急发电机,确保燃油、滑油、冷却水系统压力温度正常、应急发电机供电正常;大管轮,值守集控室;二管轮,随我一起检查启动发电机。

**各轮机员**:明白。【接到指令后,各轮机员立即行动。轮机长到机舱,亲自检查启动备用发电机合闸、并电。操作完成后返回集控室。此时评估(管理)员,再次将3台发电机预润滑油泵的电源切断。】

**轮机长**:备用发电机已启动并电成功。二管轮,继续值守集控室。

**二管轮**:明白。

**轮机长**:大管轮,会同三管轮检查主机燃油系统、滑油(液压油)系统、冷却水系统、空气系统是否恢复正常。

**大管轮**:明白。

**大管轮**:三管轮,随我一起检查主机燃油系统、滑油(液压油)系统、冷却水系统、空气系统是否恢复正常。

**三管轮**:明白。【接到指令后,大/三管轮立即行动。】

**三管轮**:报告轮机长,主机燃油系统、滑油(液压油)系统、冷却水系统、空气系统均已恢复正常。

**轮机长**:好的,收到。

**轮机长**:大管轮,将主机应急风机转至"自动"位置;

三管轮,检查应急风机自动运转状况。

**大/三管轮**:明白。【接到指令后,大/三管轮立即行动。】

**大管轮**:报告轮机长,主机应急风机已转"自动"。

**轮机长**:好的,收到。

**三管轮**:报告轮机长,主机应急风机自动运转状况正常。

**轮机长**:好的,收到。

**轮机长**(电话联系驾驶台):供电已恢复,可以启动主机。

【驾驶台回复后,启动主机。】

**轮机长**:大管轮主机已启动,检查运行状况;三管轮,检查发电机运行状况;二管轮,巡查机舱其他设备。

**各轮机员**:明白。【接到指令后,各轮机员立即行动。】

**大管轮**:报告轮机长,主机运行正常。

**轮机长**:好的,收到。

**三管轮**:报告轮机长,发电机运行正常。

**轮机长**:好的,收到。

**二管轮**:报告轮机长,机舱其他设备正常。

**轮机长**:好的,收到。

**轮机长**(电话联系驾驶台):驾驶台,机舱主、副机运转状况正常,可正常航行。

【驾驶台回复后,宣布定速航行。】

**轮机长**:好的,收到。

**轮机长**:驾驶台通知定速航行;大管轮,巡视机舱;二/三管轮,解列并停止一台发电机。

**各轮机员**:明白。【接到指令后,各轮机员立即行动。】

**大管轮**:报告轮机长,机舱状况正常。

**轮机长**:好的,收到。

**三管轮**:报告轮机长,发电机已解列、停车。

**轮机长**:好的,收到。


◎ 全船失电后的分析总结(CE/2E/3E/4E)

**轮机长**:大管轮,会同二/三管轮,检查故障发电机组相关报警并查明故障原因。

**大管轮**:明白。

**大管轮**:二/三管轮检查一下,报警监控系统和主配电板的报警参数。

**二/三管轮**:明白。【接到指令后,各轮机员立即行动。】

**三管轮**:报告大管轮,从报警监控中发现故障机组,首先出现燃油进机压力低,随后出现电网频率低,电压低,进而出现失电报警。

**大管轮**:好的。收到。

**大管轮**:报告轮机长,经检查发现故障机组,首先出现燃油进机压力低,随后出现电网频率低,电压低,进而出现失电报警。

**轮机长**:好的,收到。

根据报警提示初步分析问题应该出在发电机燃油系统。可能是发电机燃油系统阀件故障堵塞,滤器脏堵、高压油泵磨损等导致发电机供油不足转速下降,引起频率、电压不正常,主开关保护性脱扣。大管轮,二/三管轮你们怎么看?

**大管轮**:报告轮机长,根据报警出现的先后顺序,我认为可能是燃油供应不足,使得发电机燃油系统进机油压降低,进而引起发电机转速下降,电网频率、电压降低,最终触发主开关保护性脱扣,所以可先检查管路是否畅通,滤器是否脏堵、阀件是否有故障。

**轮机长**:好的,收到。

**三管轮**:报告轮机长,根据报警出现的先后顺序,我认为问题可能是出在故障发电机本身的燃油分支管路上,而非供油单元部分。如果供油单元有问题,备用机同样也无法运行。所以,可以考虑先检查故障机本身的燃油管路是否存在阀或滤器堵塞,引起燃油供应不足,导致发电机转速降低,进而电网电压频率下降至保护值,主开关跳闸。

**轮机长**:好的,收到。

**轮机长**:综合大家的分析意见,结论基本一致。

大管轮,带领二/三管轮一起,依次清洗故障发电机燃油滤器、拆解各燃油阀、检查管路是否畅通。

**大管轮**:明白。

**大管轮**:二/三管轮,按照轮机长的要求依次清洗故障发电机燃油滤器、拆解各燃油阀、检查管路是否畅通。

**二/三管轮**:明白。

**三管轮**:报告轮机长,故障发电机燃油滤器已清洗,基本不脏;拆解燃油阀发现一只阀件阀芯脱落,已换新;管路畅通。

**轮机长**:好的,收到。

**轮机长**:大管轮,故障发电机燃油系统已修理完毕,启动发电机检查工况。

**大管轮**:明白。【接到指令后,大管轮立即行动。】

**大管轮**:报告轮机长,故障发电机已启动成功,经检查工况正常。

**轮机长**:好的,收到。并电测试一下。

**大管轮**:明白。【接到指令后,大管轮立即行动。】

**大管轮**:报告轮机长,并电成功,运行正常。

**轮机长**:好的,收到。

**轮机长**:三管轮,解列一台发电机,保留原故障发电机单机运行,检查工况。如果运行正常,启动另一台发电机与原故障并电运行。

**三管轮**:报告轮机长,原故障发电机单机运行、并电运行均正常。

**轮机长**:好的,收到。

**轮机长**:大管轮,解列并停止一台发电机,保留原故障机单机运行。

**大管轮**:明白。【接到指令后,大管轮立即行动。】

**大管轮**:报告轮机长,已解列并停止一台发电机,保留原故障发电机单机运行,工况正常。

**轮机长**:好的,收到。

**轮机长**:本次全船失电故障已排除。请各轮机员合作,根据公司体系的要求,完成本次事故报告。事故报告内容应包括:现场观察情况、气象、海况、事情经过及原因;对危害程度的评估;已采取的预防措施等内容。

**各轮机员**:明白。【接到指令后,各轮机员立即行动。】

**三管轮**:报告大管轮,我的事故报告已完成,内容如下:

①现场观察情况、气象、海况、事情经过及原因:

我轮 xxxx 年 xx 月 xx 日在航行途中,发生全船电力中断险情,事情经过如下:

xxxx LT x 号副机主开关脱扣导致全船电力中断,立即通知船长、轮机长,当时,NW 风 3 级,轻浪。

yyyy LT 启动全船应急程序,驾驶台通过 VHF 发布我轮失控航行警告,通知周围船舶主动避让,轮机部立即启动 2 台备用副机,恢复供电。

zzzz LT 启动主机恢复航行。

险情分析:本次机舱跳电的直接原因是发电机燃油低压导致电站汇流排突然出现电网低频率报警、低电压报警,进而触发发电机组主开关保护脱扣。检查分析考虑发电机燃油阀故障、燃油滤器脏堵、高压油泵磨损导致发电机供油不足转速下降,引起频率、电压不正常,主开关保护性脱扣。

②对危害程度的评估:无设备受损,无人员受伤。

③已采取的预防措施:

a.对燃油系统元件(燃油阀、滤器、高压油泵等)、发电机调速器等设备进行进一步检查维护;

b.适当提高供油单元的供油压力,确保供油正常;

c.对发电机 AVR、主开关等部件的状况进行预防性检查维护。

请大管轮审阅。

**大管轮**:好的,收到。

**大管轮**:报告轮机长,各轮机员已完成事故报告。具体内容如下:

①现场观察情况、气象、海况、事情经过及原因:

我轮 xxxx 年 xx 月 xx 日在航行途中,发生全船电力中断险情,事情经过如下:

xxxx LT x 号副机主开关脱扣导致全船电力中断,立即通知船长、轮机长,当时,NW 风 3 级,轻浪。

yyyy LT 启动全船应急程序,驾驶台通过 VHF 发布我轮失控航行警告,通知周围船舶主动避让,轮机部立即启动 2 台备用副机,恢复供电。

zzzz LT 启动主机恢复航行。

险情分析:本次机舱跳电的直接原因是发电机燃油低压导致电站汇流排突然出现电网低频率报警、低电压报警,进而触发发电机组主开关保护脱扣。检查分析考虑发电机燃油阀故障、燃油滤器脏堵、高压油泵磨损导致发电机供油不足转速下降,引起频率、电压不正常,主开关保护性脱扣。

②对危害程度的评估:无设备受损,无人员受伤。

③已采取的预防措施:

a.对燃油系统元件(燃油阀、滤器、高压油泵等)、发电机调速器等设备进行进一步检查维护;

b.适当提高供油单元的供油压力,确保供油正常;

c.对发电机 AVR、主开关等部件的状况进行预防性检查维护。

请轮机长审查。

**轮机长**:好的,收到。

**轮机长**(对所有轮机员):我将综合各位的报告内容,整理完善后交船长发往公司。鉴于本次事故情况,请各轮机员引以为戒,做好各自主管设备的保养工作,消除安全隐患。

**各轮机员**:明白。

**轮机长**:报告考官,全船失电事故处理完毕。

【演习结束。】

# 第三节　☆CE/2E/3E/4E 恶劣海况(大风浪航行)(实操+口述)

## 一、评估目的

适用于☆CE/2E 的评估:

通过实践训练,旨在帮助考生熟悉恶劣海况(大风浪航行)时的领导力与管理技能应用。重点培养考生对机舱资源管理原则的理解与实践能力,包括但不限于团队管理、资源配置、集体协作意识等核心要素。要求考生能够胜任分组研讨、模拟演练、任务分工等评估项目,形成有效沟通、资源协调、团队协作、态势把控、决策指挥等综合能力。

适用于☆3E/4E 的评估:

通过实践操作,确保轮机值班人员能在恶劣海况(大风浪航行)时科学实施机舱资源优先级分配,建立与机舱值班团队及驾驶台人员的精准沟通机制。重点培养带领团队快速响应驾驶台/轮机长指令的核心能力,以及持续监控设备状态与环境变化的专业素养。能够有效协调与规划、合理进行人员配置、识别生理与心理极限、统筹时间与资源限制、考量人员资质水平、优化工作负荷分配、关注作息与疲劳管理、应对挑战与反馈机制。

## 二、评估内容及要求

(1)按规范保证主机等关键设备的稳定运行,加强机舱设备防松动检查,监测油水系统异常波动。

(2)使用抗干扰通信设备传递关键指令,对设备报警信息实施分级报告制度,建立应急情况通报体系。

(3)合理调配值班人员应对恶劣海况,制定关键设备冗余保障方案,组织应急备用系统的预先测试。

### 三、评估组织与标准

#### 1.评估方式

使用全任务轮机模拟器(或自动化机舱)进行评估实操加口述的方式。

#### 2.任务(场景)描述

(1)人员情况:三管轮在集控室值班,轮机部其他人员不在机舱。

(2)设备情况:船舶处于正常航行状态,接驾驶台通知,船舶将遭遇大风浪天气;一台发电机运行,另外两台发电机处于备用状态;锅炉使用废气锅炉;燃油分油机、滑油分油机正在运行;机舱其他设备处于正常状态。

#### 3.评估程序

被评估人员(考生)到位,按照要求进行手动处理。

#### 4.分组方式

(1)成员组成:2名评估教师组成评估团队;4名考生组成机舱团队(分别模拟轮机长、大管轮、二管轮、三管轮)。

(2)岗位分布:分别在驾驶台、集控室或机舱各安排1名实训教师。三管轮负责值班及管理锅炉,轮机长、大管轮、二管轮接到通知后立即下机舱,轮机长在集控室总体指挥,大管轮在机舱现场处理,二管轮管理船舶电站和辅机部分。

#### 5.评估时间

不超过20 min。

#### 6.评估要求

考生能够协作配合正常解决评估员设置的各种故障,并口头回答评估员的相关问题。恶劣海况评估标准表见表3-3-1。

表 3-3-1　恶劣海况评估标准表(☆CE/2E/3E/4E)

| 序号 | 评估要素 | 情景 | 评价标准 | 考核要点 |
|---|---|---|---|---|
| 第一阶段 | ●大风浪来临前的准备工作 | 1.船舶在正常航行;<br>2.驾驶台通知将有大风浪 | **轮机长及所有轮机员:**<br>船舶即将进入大风浪区,轮机长召集轮机部团队人员到集控室并布置如下任务:<br>①与船长协商,取消机舱无人值班,恢复有人值班。<br>②将机舱各通道的门窗和通风道门关好。<br>③将机舱的行车、工具、备件,以及可移动的物资、油桶等绑扎好。 | 1.具有情景意识;<br>2.充分利用机舱资源;<br>3.任务分配明确,命令下达清楚果断,执行干脆,效果良好,反馈及时准确;<br>4.具备团队合作意识 |

续表

| 序号 | 评估要素 | 情景 | 评价标准 | 考核要点 |
|---|---|---|---|---|
| | | | ④将分散在各个燃油舱柜里的燃油(可以并舱的)驳到几个或少数的燃油舱中,以减少自由液面的影响。<br>⑤将主机、副机循环油柜的油量保持在正常油位,不可过少;航行可用设备检查油量是否正常。<br>⑥海底门换用低位。<br>⑦滤器及时清洗;油柜及时放残。<br>⑧检查应急排水、堵漏、防污染等设备,确保随时可用。<br>⑨必要时增开一台发电机。<br>⑩机舱人员的沟通与培训等 | |
| 第二阶段 | ●大风浪时机舱的工作 | 大风浪中航行 | **轮机长/大管轮:**<br>①大风浪来临时,轮机长的工作重心保证航行设备的安全。<br>②督促值班轮机员加强巡回检查,发现问题及时处理或上报轮机长。<br>③轮机员不得远离集控室,尽可能地将主推进装置处于随时监控状态。<br>④根据风浪、船体摇摆情况以及主机负载变化,适当调整主机油门,防止主机飞车。<br>⑤安排值班人员加强巡回检查。<br>⑥及时处理出现的各种报警。<br>⑦密切注意辅锅炉及废气锅炉的工况,防止假水位的出现。<br>**二/三管轮:**<br>①大风浪来临时,轮机员的工作重心为保证航行设备的安全,无人机舱改成有人值班机舱。<br>②值班轮机员加强巡回检查(将燃油日用油柜和沉淀油柜放残水并保持油位和油温,观察各油路的压力并勤洗滤器,保持主滑油循环油柜的油量正常),发现问题及时处理或上报轮机长。<br>③轮机员不得远离集控室,确保主推进系统处于随时监控状态。<br>④根据风浪、船体摇摆情况以及主机负载变化,适当调整主机油门,防止主机飞车。 | 1.具有失误链判断技巧,具有团队合作意识,具有领导决断能力;<br>2.懂得应急操作程序和要求;<br>3.具有必要的通信知识,具有一定的沟通技巧,理解及时、充分沟通的重要性 |

| 序号 | 评估要素 | 情景 | 评价标准 | 考核要点 |
|------|---------|------|---------|---------|
| | | | ⑤值班人员加强巡航检查,密切注意辅锅炉及废气锅炉的工况,防止假水位的出现;及时处理机舱舱底水。<br>⑥及时处理出现的各种报警。<br>⑦二管轮向轮机长汇报燃油并舱情况,并汇报其他情况,如水舱情况;三管轮向轮机长汇报锅炉情况,并汇报机舱污水等情况。 | |
| 第三阶段 | ◎大风浪后的检查工作 | 1.大风浪过去;<br>2.机舱检查 | **轮机长及所有轮机员:**<br>①清洗相关滤器,做备用。<br>②恢复正常无人机舱值班。<br>③视情况换用高位海底门。<br>④检查大件物品、可移动设备的绑扎情况 | 1.具有情景意识和判断能力;<br>2.具有沟通与协调能力;<br>3.具有团队合作意识与沟通技巧;<br>4.在过程中适当表现出对于疲劳的预防意识 |

## 四、评估基本知识要点

恶劣海况通常指海上因强风、巨浪、涌浪、暴雨、能见度低(如大雾)或极端气象(如台风、寒潮)等综合因素导致船舶航行环境显著恶化的状态,具体表现为浪高超过 4 m、风力达 8 级(蒲氏风级)以上,或伴随异常水流与气压突变,可能引发船舶剧烈横摇/纵摇、甲板上浪、货物移位、设备受损甚至倾覆风险。此类海况对船舶稳性、结构强度、操纵性能及船员安全构成严峻威胁,尤其在远离岸线或航道复杂的区域,危险系数倍增。

处理方法需分阶段应对:航行前应通过气象导航系统分析海况趋势,规划避让航线并加固货物、封舱检查;遭遇恶劣海况时,立即调整航速与航向,使船首或船尾以适当角度迎浪,减少横浪冲击,同时启动减摇装置(如减摇鳍)或注水压载舱以增强稳性,关闭非必要水密门,固定活动设备,确保甲板排水畅通。若遇极端情况(如主机故障、失控),需紧急发布航行警告,组织船员穿戴救生装备,启动应急舵或漂流锚,并协调救援力量。事后须全面检查船体结构、货物绑扎及设备状态,记录海况影响并评估后续航程风险,强化船员应急训练与气象预警机制,确保航行安全体系持续有效。机舱恶劣天气检查表如表 3-3-2 所示。

### 表 3-3-2　机舱恶劣天气检查表（仅供参考）

| 船舶/Vessel： | 航次/Voyage： |
| --- | --- |
| 航线/Route： | |

| 日期/Date： | 时间/Time： |
| --- | --- |
| 经纬度 Lat./Long.： | |

| 序号<br>No. | 检查项目<br>Inspection Item | 是/否/<br>不适用<br>Y/N/NA |
| --- | --- | --- |
| 1 | 轮机长根据天气情况是否相应减小主机油门？<br>Is the fuel oil rack of M/E decreased according to weather's condition by the CE? | |
| 2 | 是否启动备用发电机两台机组并电运行？<br>Are two generators put into paralleling using? | |
| 3 | 主机如下参数是否都保持在允许值范围内？<br>Are the following parameters of M/E retained in allowed range? | |
| 3.1 | 各缸排烟温度<br>Exhaust gas temperature for each Cycle | |
| 3.2 | 各缸冷却淡水出口温度<br>Cooling water outlet temperature for each Cycle | |
| 3.3 | 滑油进机压力、温度<br>Lube oil inlet pressure and temperature | |
| 3.4 | 滑油滤器前后压差<br>Pressure difference before and after lube oil filter | |
| 3.5 | 主轴承及推力轴承滑油温度<br>Main and thrust bearings temperature. | |
| 3.6 | 主燃油压力及温度<br>M/E F.O pressure and temperature. | |
| 3.7 | 主燃油滤器前后压差<br>Pressure difference before and after M/E F.O filter | |
| 3.8 | 透平转速、扫气压力、扫气温度<br>T/C RPM, scavenging air pressure and temperature. | |
| 3.9 | 透平增压器油池油位及温度<br>Lube oil level and temperature. of T/C | |
| 4 | 主海水泵排出压力是否正常？<br>Is the discharging pressure of main sea water pump normal? | |
| 5 | 主、副机燃油日用柜、沉淀柜是否加强底部放残水，并保证正常液位？<br>Are main and auxiliary engine service & settling tanks drained accordingly and oil level well kept? | |

续表

| 6 | 主、副机油底壳油位是否补油至较高允许值内？<br>Are M/E, A/E L.O sumps replenished up to a higher allowable level? | |
| --- | --- | --- |
| 7 | 主、副机燃油、机油系统滤器是否及时进行清洗？<br>Are all F.O/L.O filters of main and auxiliary engines cleaned in time? | |
| 8 | 主海底阀是否已转换为低位海底阀？<br>Is the low sea chest used? | |
| 9 | 值班人员是否坚守岗位加强巡视？<br>Do the watchkeepers enhance tour inspection and stick to their posts? | |
| 10 | 备件库、物料库及机舱内的可移动物品是否都绑扎固定？<br>Are all movable articles in stores and machinery space well secured? | |
| 11 | 机舱天窗、水密门是否关好？<br>Are engine room skylight and watertight doors secured properly? | |
| 负责轮机员签名<br>Engineer in charge： | | |
| 轮机长签名CE： | | |

## 五、实训案例（以某模拟器实操为例）

**实训场景**：船舶处于正常航行中，主机操纵位置在驾驶台。机舱无人值班。

**模拟器设置**：使用船舶定速状态文件进行评估，船舶定速航行，电站处于自动模式，3号副机运行，应急发电机处于自动状态。在模型端故障设置中选择"驾控台-主机遥控驾控面板-海况恶劣"激活场景，机舱内各油水柜液位大幅度波动，如图3-3-1所示。

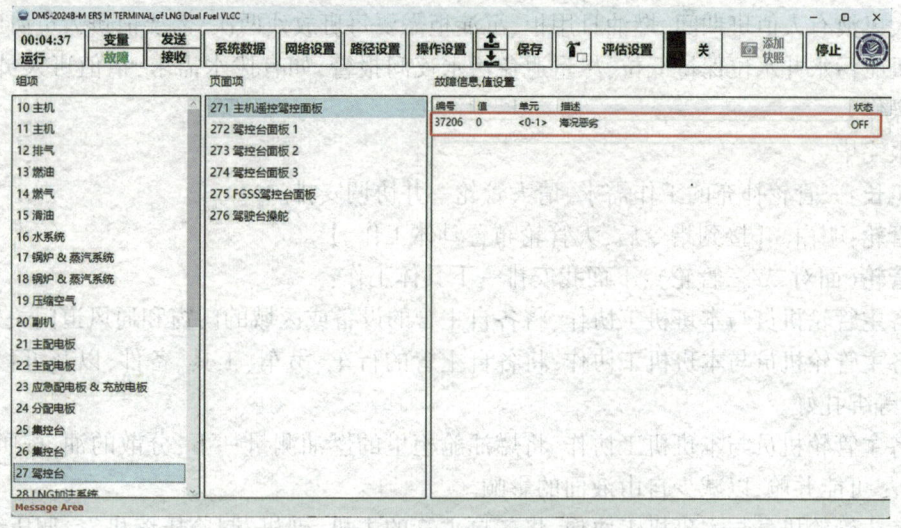

图3-3-1　全任务轮机模拟器模型端：恶劣海况

● 大风浪来临前的准备工作（CE/2E/3E/4E）

【驾驶台电话通知轮机长：我轮即将进入大风浪区域航行，请做好机舱大风浪航行准备工作。】

**轮机长**（电话回复驾驶台）：好的，明白。机舱做好准备工作后，恢复有人值班。【驾驶台表示同意。】

**轮机长**（电话广播通知全体机舱人员）：请全体人员到集控室集合【机舱人员听到通知后，立即进入集控室。】

**轮机长**：驾驶台通知，我轮即将进入大风浪区域航行，我们开个培训会议，布置一下应对大风浪的准备工作：

①取消机舱无人值班，恢复有人值班。

②将机舱各通道的门窗和通风道门关好。

③将机舱的行车、吊车、工具、备件，以及可移动的物资、油桶等绑扎好。

④将分散在各个燃油舱柜里的燃油（可以并舱的）驳到几个或少数的燃油舱中，以减少自由液面的影响。

⑤将主机、副机循环油柜的油量保持在正常油位，不可过少；航行可用设备检查油量是否正常。

⑥海底门换用低位。

⑦滤器及时清洗；油柜及时放残。

⑧检查应急排水、堵漏、防污染等设备，确保随时可用。

⑨必要时增开一台发电机。

以上工作由大管轮负责具体安排，督促指导。其他轮机员有没有相关的工作建议？

**三管轮**：报告轮机长，本人主管的设备有些工作，想跟您汇报一下：

①甲板克令吊，需要检查风雨密的状况，请求安排人员协助；

②大风浪有人值班期间，锅炉水位计需要每班冲洗，需要值班人员协助；

③大风浪有人值班期间，燃油日用柜、沉淀柜需要每班放残两次，需要值班人员协助；

④机舱污水井水位保持低位，尽量避免污水夜间报警，如有拨水需求，请值班人员及时通知我来操作。

汇报完毕。

**轮机长**：三管轮补充的工作需求，请大管轮一并协调安排。

**大管轮**：明白。【接到指令后，大管轮布置具体工作。】

**大管轮**（面对二/三管轮）：下面我安排一下具体工作：

①各主管轮机员与本班机工协作，将各自主管的设备或区域的门窗和通风道门关好。

②各主管轮机员与本班机工协作，将各自主管的行车、吊车、工具、备件，以及可移动的物资、油桶等绑扎好。

③各主管轮机员与本班机工协作，将燃油舱柜里的燃油测量一下，分散的油，按照不混油的原则，尽可能并舱，以减少自由液面的影响。

④各主管轮机员与本班机工协作，将各自主管的主机、副机、制冷压缩机、空调压缩机、空压机、分油机、舵机、应急发电机的循环油柜或油底壳的油量保持在正常油位。

⑤各轮机员带本班机工将各自主管的涉及航行安全的设备检查到位。

⑥二/三管轮协作,换用低位海底门,开阀时注意系统放气,阀门实际状态及泵出口压力。

⑦各轮机员带本班机工将各自主管设备的滤器及时清洗;油柜及时放残。

⑧二/三管轮及与本班值班机工协作检查应急排水、堵漏、防污染等设备,确保随时可用。

⑨二/三管轮协作增开一台发电机并电运行,彻底检查发电机系统,确保供电正常。

⑩各项准备工作完成后,取消机舱无人值班,恢复有人值班,每班两人,按照现有的机舱有人值班安排表执行。

**二/三管轮**:明白。【接到指令后,各轮机员立即行动。】

**三管轮**:报告大管轮,已完成以下大风浪准备工作:

①主管的设备、区域,包括克令吊的门窗和通风道门已关好。

②主管的吊车、工具、备件,以及可移动的物资、油桶等已绑扎好。

③燃油舱柜已测量,没有并舱的必要。

④主管的空调压缩机、空压机、分油机、应急发电机等设备油底壳的油量已检查,保持在正常油位。

⑤主管的涉及航行安全的设备已检查到位。

⑥海底门已换用低位,海水系统压力正常。

⑦主管设备的滤器及时清洗;油柜及时放残。

⑧应急排水、堵漏、防污染等设备,已检查到位,确保随时可用。

⑨已增开一台发电机并电运行,供电状况正常。

⑩已按照机舱有人值班安排表进行值班。

**大管轮**:好的,收到。

**大管轮**:报告轮机长,机舱大风浪航行准备工作已完成。目前,按照有人机舱值班——三管轮正在值班中。

**轮机长**:好的,收到。

**轮机长**(电话联系驾驶台):驾驶台,机舱大风浪航行准备工作已完成。目前,按照有人机舱值班。

● 大风浪时机舱的工作(CE/2E/3E/4E)

【驾驶台同意按照有人机舱值班,并通知机舱我轮已进入大风浪区域,请加强值班检查。】

**轮机长**:好的,收到。请求主机设置为"恶劣海况"模式,并视主机工况变化,适当降低主机油门。【驾驶台表示同意。】

**轮机长**:大管轮,驾驶台通知,我轮已进入大风浪区域。督促各轮机员做好以下值班工作,相关工作完成后直接向我汇报:

①值班轮机员必须密切关注涉及航行安全的设备,确保工作正常。

②加强值班巡回检查,燃油日用油柜和沉淀油柜每班放残两次,并保持高油位和合适油温;注意燃油管路的压力,勤洗滤器;主机滑油循环油柜的油量应勤测量,保持正常液位。

③轮机员不得远离集控室,确保主推进系统处于随时可监控状态。

④将主机调速器设置为"恶劣海况"模式密切关注主机负载变化,负荷波动需调整主机油门时,及时调整,并报告轮机长。

⑤密切注意辅锅炉及废气锅炉的工况,每班冲洗水位计一次,防止出现假水位;及时处理

机舱舱底水,尽量避免夜间污水报警,需要拨水时,及时通知三管轮本人操作。

⑥及时处理出现的各种报警。

⑦三管轮汇报燃油并舱、锅炉、机舱污水的情况。

**大管轮**:好的,明白。【大管轮接到指令后,立即转达给二/三管轮。】

**大管轮**:二/三管轮,我轮已进入大风浪区域。轮机长要求做好以下工作,相关工作完成后直接报告轮机长:

①值班轮机员必须密切关注涉及航行安全的设备,确保工作正常。

②加强值班巡回检查,燃油日用油柜和沉淀油柜加强放残,并保持高油位和合适油温;注意燃油管路的压力,勤洗滤器;主机滑油循环油柜的油量应勤测量,保持正常液位。

③轮机员不得远离集控室,确保主推进系统处于随时监控状态。

④将主机调速器设置为"恶劣海况"模式,密切关注主机负载变化,负荷波动需调整主机油门时,适当降低主机油门,并告知轮机长。

⑤密切注意辅锅炉及废气锅炉的工况,每班冲洗水位计一次,防止出现假水位;及时处理机舱舱底水,保持污水井低位,尽量避免夜间污水报警,需要拨水时,及时通知三管轮本人操作。

⑥及时处理出现的各种报警。

⑦三管轮汇报燃油并舱、锅炉、机舱污水的情况。

**二/三管轮**:明白。【接到指令后,二/三管轮立即行动。】

**三管轮**:报告轮机长,大风浪航行相关工作,已落实:

①涉及航行安全的设备,已做全面检查,工况正常,继续保持密切关注。

②每半小时值班巡回检查一次,燃油日用油柜和沉淀油柜加强放残,并保持高油位和合适油温;注意燃油管路的压力,勤洗滤器;主机滑油循环油柜的油量应勤测量,保持正常液位。

③轮机员值守集控室,确保主推进系统处于随时监控状态。

④主机调速器已设置为"恶劣海况"模式,并适当调整了主机油门。

⑤锅炉的工况正常,已在通知板上标明每班冲洗水位计一次,防止出现假水位;机舱舱底水状况正常,污水井保持低位;已在通知板上标明舱底水处理要求。

⑥机舱暂时无异常报警,如有报警将及时处理。

⑦燃油舱已测量,无须并舱。

**轮机长**:好的,收到。

**轮机长**:驾驶台,机舱大风浪航行工作已落实到位。


◎ 大风浪后的检查工作(CE/2E/3E/4E)

【驾驶台回复后,通知机舱我轮已顺利通过大风浪区域,恢复正常航行状态。】

**轮机长**:好的,明白。

**轮机长**:大管轮,驾驶台通知我轮已顺利通过大风浪区域,恢复正常航行状态。请安排、督促轮机人员完成以下大风浪后的检查恢复工作:

①机舱恢复正常无人值班;

②清洗相关滤器做备用;

③视情况换用高位海底门;

④检查大件物品、可移动设备的绑扎情况。

**大管轮**:明白。【大管轮接到指令后,立即转达二/三管轮。】

**大管轮**:二/三管轮,驾驶台通知我轮已顺利通过大风浪区域,恢复正常航行状态。轮机长要求完成以下大风浪后的检查恢复工作:

①机舱恢复正常无人值班;

②各主管轮机员与本班机工协作,为清洗主管设备、系统的滤器做备用;

③二/三管轮协作,换用高位海底门,开阀时注意系统放气,阀门实际状态及泵出口压力;

④各主管轮机员与本班机工协作,检查各自主管的大件物品、可移动设备的绑扎情况,如有松动重新绑扎。

**二/三管轮**:明白。【接到指令后,二/三管轮立即行动。】

**三管轮**:报告大管轮,大风浪后的相关工作已完成:

①值班人员已撤出,机舱恢复正常无人值班;

②主管设备、系统的滤器已清洗备用;

③已换用高位海底门,海水系统压力正常;

④主管的大件物品、可移动设备的绑扎情况已检查,再次紧固。

**大管轮**:好的,收到。

**大管轮**:报告轮机长,大风浪后的各项检查恢复工作已完成。

**轮机长**:好的,收到。

**轮机长**:机舱人员恢复日常维修保养工作。

**各轮机员**:明白。

**轮机长**:报告考官,恶劣海况(大风浪航行)工作已完成。

【演习结束。】

# 第四节　☆CE/2E/3E/4E 船舶搁浅（实操+口述）

## 一、评估目的

适用于☆CE/2E 的评估:

通过实践训练,旨在帮助考生熟悉船舶搁浅时的领导力与管理技能应用。重点培养考生对机舱资源管理原则的理解与实践能力,包括但不限于团队管理、资源配置、集体协作意识、态势感知及跨文化认知等核心要素。要求考生能够胜任分组研讨、模拟演练、任务分工等评估项目,形成有效沟通、资源协调、团队协作、态势把控、决策指挥等综合能力。

适用于☆3E/4E 的评估:

通过实践操作,确保轮机值班人员能够在船舶搁浅时具备资源优先级分配的能力,建立与机舱值班团队及驾驶台人员的精准沟通机制。重点培养带领团队快速响应驾驶台/轮机长指令的核心能力,以及持续监控设备状态与环境变化的专业素养。能够有效协调与规划、合理进行人员配置、识别生理与心理极限、统筹时间与资源限制、考量人员资质水平、建立优先级体系、优化工作负荷分配、关注作息与疲劳管理、应对挑战与反馈机制。

## 二、评估内容及要求

（1）检查机舱设备固定状态，防止移位损坏，监测油舱/水舱泄漏情况，评估主机、轴系运行参数。

（2）启用应急通信频道通报设备状态，采用标准术语报告损伤情况，建立实时的设备状态检测与沟通体系。

（3）决策关键设备的优先保护顺序，协调堵漏与排水作业的资源配置，制定受损设备与系统的临时修复方案。

## 三、评估组织与标准

### 1.评估方式
使用全任务轮机模拟器（或自动化机舱）进行评估实操加口述的方式。

### 2.任务（场景）描述
(1)人员情况：三管轮在集控室值班，轮机部其他人员不在机舱。

(2)设备情况：船舶处于正常航行状态，接驾驶台通知，船舶将遭遇大风浪天气；一台发电机运行，另外两台发电机处于备用状态；锅炉使用废气锅炉；燃油分油机、滑油分油机正在运行；机舱其他设备处于正常状态。

### 3.评估程序
被评估人员（考生）到位，按照要求进行手动处理。

### 4.分组方式
(1)成员组成：2名评估教师组成评估团队；4名考生组成机舱团队（分别模拟轮机长、大管轮、二管轮、三管轮）。

(2)岗位分布：分别在驾驶台、集控室或机舱各安排1名实训教师。三管轮负责值班及管理锅炉，轮机长、大管轮、二管轮接到通知后立即下机舱，轮机长在集控室总体指挥，大管轮在机舱现场处理，二管轮管理船舶电站和辅机部分。

### 5.评估时间
不超过20 min。

### 6.评估要求
考生能够协作配合正常解决评估员设置的各种故障，并口头回答评估员的相关问题。船舶搁浅评估标准表如表3-4-1所示。

表 3-4-1 船舶搁浅评估标准表( ☆CE/2E/3E/4E)

| 序号 | 评估要素 | 情景 | 评价标准 | 考核要点 |
|---|---|---|---|---|
| 第一阶段 | ● 搁浅后的应急措施 | 船舶搁浅 | **轮机长/大管轮**:<br>①轮机长立即下机舱;<br>②主机的控制位置转换到集控,立即做好备车工作;<br>③迅速换用高位海底门,同时通知轮机部人员下机舱;<br>④依据驾驶台的指令进行操车;<br>⑤询问驾驶台搁浅部位,根据位置不同落实相对应的措施。<br>**二/三管轮**:<br>①航行中,当发现主机转速、功率和航速变化异常时,值班轮机员应主动向驾驶台联系询问情况后通知轮机长;<br>②立即做好备车工作,将主机的控制位置转换到集控,并注意主机负荷情况降速;<br>③通知轮机部人员下机舱,迅速换用高位海底门;<br>④根据驾驶台的指令进行操车。 | 1.具有情景意识;<br>2.充分利用机舱资源;<br>3.任务分配明确,命令下达清楚果断,执行干脆,效果良好,反馈及时准确;<br>4.具备团队合作意识 |
| 第二阶段 | ◎ 主机停止后的检查 | 主机停车 | **轮机长及所有轮机员**:<br>①对主机进行盘车检查,注意盘车机的电流情况。<br>②舵系的检查:<br>(a)进行操舵试验;<br>(b)检查转舵是否受阻;<br>(c)检查舵机负荷是否增加,电机电流和舵机油压力是否正常;<br>(d)检查转舵时间是否符合正常要求;<br>(e)舵柱位移、振动情况检查。<br>③双层底柜油位、液位检查并记录。<br>④尾轴管密封情况检查,适时处理 | 1.具有情景意识和判断能力;<br>2.具有沟通与协调能力;<br>3.具有团队合作意识与沟通技巧;<br>4.在过程中适当表现出对于疲劳的预防意识 |

续表

| 序号 | 评估要素 | 情景 | 评价标准 | 考核要点 |
|---|---|---|---|---|
| 第三阶段 | ◎主机在运转时的检查 | 船舶搁浅 | **轮机长及所有轮机员**：<br>①检查主海水系统的工作情况；<br>②主机滑油循环油柜及时、多次检查测量并记录；<br>③主机曲拐箱的温度检查；<br>④主机齿轮箱检查，声音正常；<br>⑤舵机系统检查正常；<br>⑥机舱双层底柜液位检查并记录（多次）；<br>⑦做好机舱应急排水的准备工作；<br>⑧检查船舶四周是否有油溢出，适时采取措施；<br>⑨及时检查副机及系统的工况；<br>⑩停止非必要运行的海水系统的工作 | 1.具有失误链判断技巧，具有团队合作意识，具有领导决断能力；<br>2.懂得应急操作程序和要求；<br>3.具有必要的通信知识，具有一定的沟通技巧，理解及时、充分沟通的重要性 |
| 第四阶段 | ◎船舶脱浅后的安排 | 船舶脱浅 | **轮机长及所有轮机员**：<br>①测量主机拐档差，检查轴系的跳动情况；<br>②做好事故记录工作；<br>③舵机、油舱等检查；<br>④将搁浅后机舱的详细情况记入轮机日志 | 1.具有情景意识和判断能力；<br>2.具有团队合作意识与协调沟通技巧 |

## 四、评估基本知识要点

　　船舶搁浅是指船体因操作失误、导航偏差、海图数据错误或环境突变（如潮汐异常、强流）等意外接触海底、礁石、浅滩或水下障碍物，导致船舶无法正常浮起或移动的状态。此类事故可能引发船体结构损伤、货物移位、燃油泄漏甚至倾覆风险，尤其在复杂航道、能见度低或电子设备失灵时更易发生，需立即采取紧急措施防止事态恶化。

　　处理方法：安全评估与快速响应。立即停车避免推进器或船体进一步受损，关闭水密门并检查各舱室进水情况，测算潮汐周期与船舶吃水变化以确定脱浅时机；通过压载水调整或部分卸货减轻船舶重量，配合拖船、驳船或高潮位辅助脱浅。若船体破损需启动应急排水和堵漏程序，同时向海事部门报告事故并布设围油栏防止污染。脱浅后需进坞全面检查船底结构、舵系及推进器，修复损伤并分析事故原因，优化航行计划与船员培训，强化电子导航设备校验及潮汐数据更新，避免类似事件复发。船舶搁浅应急响应过程和关键控制如表3-4-2所示。

表 3-4-2 船舶搁浅应急响应过程和关键控制

| 岗位<br>Responsible<br>Dept. Position | 工作流程<br>Workflow | 关键控制<br>Key Controls |
|---|---|---|
| 值班驾驶员<br>Duty officer<br>船长<br>Master | 1.发出警报<br>Raise alarm | 1.1 当发现船舶发生搁浅/触礁,值班驾驶员应立即通知船长。<br>In the event of a grounding/stranding, the duty officer shall immediately report it to the master.<br>1.2 船长应立即通过公共广播系统发出紧急警报<br>The master shall issue an emergency response alert via public broadcasting system |
| 船长<br>Master<br>各职人员<br>All crew members | 2.应急行动<br>Emergency response action | 2.1 停止主机,停止转舵,关闭燃油舱阀门。<br>Stop the main engine, stop attempting at the steering gear, and close the valves of fuel tanks.<br>2.2 立即显示搁浅/触礁信号(日间:垂直悬挂3个黑球;夜间:显示锚灯和垂直2盏环照红灯)。<br>Display grounding/stranding signals immediately ( daytime：3 balls in a vertical line; nighttime：anchor light and 2 all-round red lights in a vertical line).<br>2.3 向周围船舶示警并用 VHF 通告附近其他船舶,注意规避<br>Alert the ships in vicinity and notify other ships to navigate with caution to keep clear of our ship<br>2.4 船长指派人员迅速查明搁浅/触礁部位,船体破损情况、进水情况及污染情况,以判断船舶危险程度,切忌盲目使用推进器和舵机设备急于求得自力脱浅,以避免扩大损失。<br>The master assigns personnel to quickly find out the grounded/stranded location, hull damage condition, flooding condition and pollution situation to determine the level of danger on the ship. It is avoided using the propeller and rudder equipment rashly to obtain self re-flotation so as to avoid expanding the loss.<br>2.5 轮机长安排人员检查机舱部位船壳是否变形,设备包括尾轴、舵机和海底阀等是否损坏、进水,备好泵浦随时准备排水。<br>The chief engineer arranges engine crew to check whether the hull in the engine room is deformed, or equipment in the engine room, including the stern shaft, steering gear and sea chest, is damaged or flooded, and the pump is ready to drain water at any time.<br>2.6 船长或其指定的人员向公司总值班室及就近主管当局报告,并保持通信畅通。<br>The master or his designated personnel shall make an initial report to the Company Ship Control Center and the nearest competent authorities and maintain smooth communication. |

| 岗位<br>Responsible<br>Dept. Position | 工作流程<br>Workflow | 关键控制<br>Key Controls |
|---|---|---|
| | | 2.7 现场指挥指派人员测量周围水深,确定海床地质和搁浅/触礁部位。<br>The commander on site assigns personnel to sound the water depth and identify the nature of the sea bed where the ship has grounded/stranded.<br>2.8 如果查明船体触底部位为岩石或硬障碍物,不得使用拖船或主机强制脱浅;防止产生破洞漏油,以免造成污染事故。若已造成破损及污染,应立即执行防污染应急预案。<br>If rocks or hard obstacles are found to strike the bottom of the hull, tugs or the main engine shall not be used to force re-flotation; broken holes are prevented from oil leaking to avoid pollution accidents. If damage and pollution occur, the Plan for Oil Spill and Environmental Pollution shall be implemented immediately.<br>2.9 如果发生船体结构破损进水应执行船体结构破损应急预案<br>If water ingress takes place due to the damage to the Hull and Important Structures actions are conducted as Plan for Hull and Important Structures Damage.<br>2.10 核查天气、海况及潮汐影响,计算船舶应力和破舱稳性,评估船舶危险程度。<br>Check weather condition, sea state and tidal impacts, calculate the ship stress and damage stability, assess the extent of hazards on the ship.<br>2.11 船长认为有必要及早请求救助,船岸按照紧急情况的报告和应急响应的要求执行。<br>If the master considers it necessary to request assistance early, the ship and company shall follow the requirements of Emergency Report and Response.<br>2.12 船长将选定的脱浅方案尽早报公司总值班室<br>The master reports the selected re-flotation scheme to the Ship Control Center as soon as possible |
| 船长<br>Master<br>各职人员<br>All crew members | 3.脱浅操作<br>Re-floating operation | 3.1 确定脱浅方案后,全体船员在船长的统一指挥下,内外配合,争取时间,执行脱浅方案的各项操作计划,使船舶及时脱浅。<br>After determining the re-floating plan, all crew members, under the unified command of the master, cooperate inside and outside the company, strive for time and spare no effort to carry out the operation plans of the re-floating scheme, to let the ship re-float in time.<br>3.2 如短期内不能脱浅则船舶必须采取相应的措施先固定船体,然后制订脱浅方案<br>If the ship cannot be re-floated in a short term, that ship must take the corresponding measures to fix the hull, and then make there-floating plan |

| 岗位<br>Responsible<br>Dept. Position | 工作流程<br>Workflow | 关键控制<br>Key Controls |
|---|---|---|
| 船长<br>Master<br>各职人员<br>All crew<br>members | 4.脱浅后行动<br>Action to be<br>taken after re-flo-<br>tation | 4.1　船舶起浮脱浅后，船长应指派人员周密检查船体结构受损情况及机电设备、舵设备、螺旋桨等情况。<br>After the re-flotation of the ship, the captain shall assign personnel to carefully check the damage to the hull structure and mechanical and electrical equipment, rudder equipment, propeller, etc.<br>4.2　脱浅后应及时关闭或降下搁浅/触礁信号并用 VHF 向周围船舶通告。<br>After re-flotation, switch off grounding/stranding lights or lower the signal in time, and notify ships in vicinity via VHF.<br>4.3　将脱浅经过及检查情况向公司总值班室、就近主管当局和当地代理进一步报告<br>Report the process of re-flotation and inspection results to the Company Ship Control Center, nearest competent authorities and local agent |
| 指定驾驶员<br>Assigned officer<br>政委<br>Commissar | 5.保存资料<br>Filing of informa-<br>tion data | 5.1　驾驶员详细记录日期、时间以及船舶、岸上所采取的行动。<br>The assigned officer records the time, date and actions taken by the ship and shore offices in details.<br>5.2　船长指定驾驶员保存 VDR/SVDR 和 ECDIS 航行数据信息。<br>The master designates a dedicated officer to keep the VDR/SVDR and ECDIS navigation data information as required.<br>5.3　政委保存与紧急情况相关的 CCTV 资料<br>The Commissar keeps CCTV information data relating to the emergency |
| 船长<br>Master | 6.解除警报<br>Dismiss the alarm | 6.船长解除警报<br>The master dismisses the alarm |
| 船长<br>Master<br>现场指挥<br>On-scene com-<br>mander | 7.评估<br>Assessment | 7.1　对本次应急响应情况进行评估，如识别有需要，则进行相应的熟悉、培训<br>Assess the whole process of this emergency response, conduct familiarization and training sessions accordingly, if deemed necessary |

### 五、实训案例（以某模拟器实操为例）

**实训场景**：船舶处于正常航行中，主机操纵位置在驾驶台。机舱有 1 名值班轮机员（三管轮）值班。

**模拟器设置**：使用船舶定速状态文件进行评估，船舶定速航行，电站处于自动模式，3 号副机运行，应急发电机自动状态。在模型端故障设置中选择"燃油-燃油驳运系统-搁浅"激活场景，模型端设置如图 3-4-1 所示。

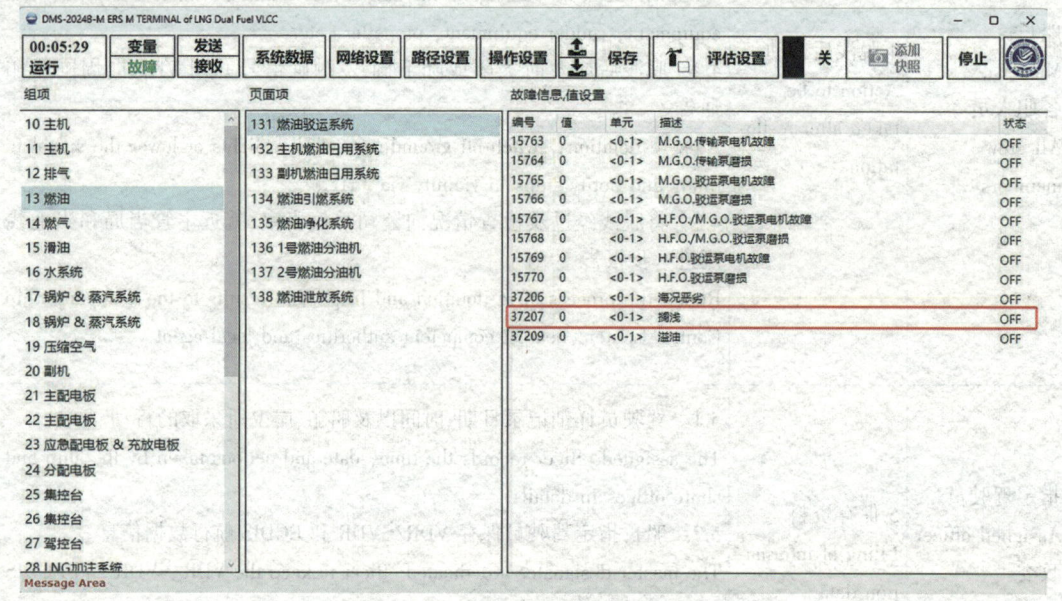

图 3-4-1　全任务轮机模拟器模型端：船舶搁浅

● 搁浅后的应急措施（CE/2E/3E/4E）

【值班轮机员发现主机转速明显下降，负荷突然增加很多，主动向驾驶台联系询问情况。】

**三管轮**（电话询问驾驶台）：驾驶台，主机转速明显下降，负荷突然增加很多，请查看一下船况。

【驾驶台接到询问后，通知机舱船舶发生搁浅主机已停车，同时将车钟手柄推至停车位置，主机停车。】

**三管轮**（电话回复驾驶台）：好的，明白。

**三管轮**（电话通知大管轮）：报告大管轮，驾驶台通知船舶发生搁浅主机已停车。

**大管轮**（电话回复三管轮）：好的，收到。我马上到集控室，请立即通知轮机长和机舱其他人员到集控室。

**三管轮**（电话回复大管轮）：好的，明白。

**三管轮**（电话通知轮机长）：报告轮机长，驾驶台通知船舶发生搁浅主机已停车。

**轮机长**（电话回复三管轮）：好的，收到。我马上到集控室，请通知其他机舱人员立即到集控室。

**三管轮**(电话回复轮机长):好的,明白。

**三管轮**(电话广播通知全体机舱人员):船舶发生搁浅主机已停车。机舱人员立即到集控室集合。【接到指令后,机舱人员立即到达集控室。】

**轮机长**:大管轮,船舶发生搁浅,立即通知驾驶台暂勿使用主机,询问搁浅部位,要求将主机操纵位置转换至集控室控制。

**大管轮**:明白。

**大管轮**(电话联系驾驶台):驾驶台,暂勿使用主机。将主机操纵位置转换至集控室控制。请告知船舶搁浅部位。

【驾驶台回复后,告知船舶后部发生搁浅。同时,配合三管轮将主机操纵位置由驾驶台切换至集控室,并向大管轮报告。】

**大管轮**:好的,收到。

**三管轮**:报告大管轮,主机操纵位置已转换至集控室控制。

**大管轮**:好的,收到。

**大管轮**:报告轮机长,驾驶台通知,我轮后部搁浅,主机控制位置已转换至集控室控制。

**轮机长**:好的,收到。

**轮机长**:二/三管轮,将海底门切换到高位,增开一台发电机,停造水机并关闭海水阀,确认锅炉自动运行。

**三管轮**:明白。【接到指令后,所有轮机员立即行动。】

**三管轮**:报告轮机长,海底门已切换到高位,备用发电机已启动并电,造水机已停用、海水阀门已关闭,锅炉自动运行正常。

**轮机长**:好的,收到。


◎ 主机停止后的检查(CE/2E/3E/4E)

**轮机长**:大管轮,安排各轮机人员做好以下工作:

①对主机进行盘车检查,注意盘车机的电流情况、轴系及轴承状况、尾轴管密封情况。

②注意机舱底部巡视,检查、记录燃油舱、双层底柜、主机滑油循环柜液位。

③检查舵系:

(a)进行操舵试验;

(b)检查转舵是否受阻;

(c)检查舵机负荷是否增加,电机电流和舵机油压力是否正常;

(d)检查转舵时间是否符合正常要求;

(e)舵柱位移、振动情况检查。

**大管轮**:明白。【接到指令后,大管轮布置具体工作。】

**大管轮**:二/三管轮,我轮后部搁浅。轮机长要求我们做好以下工作:

①对主机进行盘车检查,注意盘车机的电流、轴系及轴承状况、尾轴管密封情况。

②注意机舱底部巡视,检查、记录燃油舱、双层底柜、主机滑油循环柜液位。

③检查舵系:

(a)进行操舵试验;

(b)检查转舵是否受阻;

（c）检查舵机负荷是否增加，电机电流和舵机油压力是否正常；

（d）检查转舵时间是否符合正常要求；

（e）检查舵柱位移、振动情况。

**二/三管轮**：明白。【接到指令后，各轮机员立即行动。】

**三管轮**：报告轮机长，已完成以下检查工作：

①对主机进行盘车，盘车机电流正常，轴系无明显跳动，轴承螺栓无松动，尾轴管密封正常。

②机舱底部正常，双层底柜的液位反复测量，无变化。

③操舵试验未见异常：舵角指示准确、转舵时间符合规定，舵杆（舵柱）转动无振动、卡阻，电机电流正常，液压系统压力正常。

**轮机长**：好的，收到。

**轮机长**（电话联系驾驶台）：驾驶台，经初步检查主机、轴系、舵机、燃油舱液位、双层底柜液位、主机滑油循环柜液位均正常，主机可按机动转速操纵。【驾驶台回复后，通知机舱准备脱浅。】

**轮机长**：好的，明白。


◎ 主机在运转时的检查（CE/2E/3E/4E）

**轮机长**：大管轮，驾驶台通知准备脱浅。我在集控室操纵主机，二管轮协助检查集控室监控系统参数，安排其他轮机人员执行以下工作：

①检查主海水系统的工作情况；

②继续反复测量、记录燃油舱、双层底柜、主机滑油循环柜液位；

③检查主机曲拐箱和齿轮箱的温度、声音；

④检查舵机系统；

⑤做好机舱应急排水的准备工作；

⑥检查船舶四周是否有油溢出；

⑦检查副机及系统的工况。

【布置好工作后，轮机长按照驾驶台车令操车。】

**大管轮**：明白。【大管轮接到指令后，立即布置具体工作。】

**大管轮**：三管轮，驾驶台即将用车脱浅，轮机长操纵主机，二管轮协助，我们按轮机长的要求执行以下工作：

①检查主海水系统的工作情况；

②继续反复测量、记录燃油舱、双层底柜、主机滑油循环柜液位；

③检查主机曲拐箱和齿轮箱的温度、声音；

④检查舵机系统；

⑤做好机舱应急排水的准备工作；

⑥检查船舶四周是否有油溢出；

⑦检查副机及系统的工况。

**三管轮**：明白。【接到指令后，二/三管轮立即行动。】

**三管轮**：报告轮机长，各项检查工作已完成：

①主海水系统的压力、流量正常；

②经反复测量，燃油舱、双层底柜、主机滑油循环柜液位无变化；

③主机曲拐箱和齿轮箱的温度、声音正常；

④舵机系统正常；舵角指示准确，转舵时间符合规定，舵杆（舵柱）转动无振动、卡阻，电机电流正常，液压系统压力正常；

⑤机舱应急排水系统已备妥，应急吸口清爽；

⑥船舶四周未发现溢油迹象；

⑦副机及系统运转平稳，工况正常。

**轮机长**：好的，收到。

**轮机长**：大管轮，操纵主机，注意严格按车令操车，二管轮协助检查集控室监控系统参数，三管轮再次进行以下检查：

①检查主海水系统的工作情况；

②测量、记录燃油舱、双层底柜、主机滑油循环柜液位；

③检查主机曲拐箱和齿轮箱的温度、声音；

④检查舵机系统；

⑤检查船舶四周是否有油溢出；

⑥检查副机及系统的工况。

**各轮机员**：明白。【接到指令后，各轮机员立即行动。】

**三管轮**：报告轮机长，经再次检查：

①主海水系统的压力、流量正常；

②经反复测量，燃油舱、双层底柜、主机滑油循环柜液位无变化；

③主机曲拐箱和齿轮箱的温度、声音正常；

④舵机系统正常；舵角指示准确，转舵时间符合规定，舵杆（舵柱）转动无振动、卡阻，电机电流正常，液压系统压力正常；

⑤船舶四周未发现溢油迹象；

⑥副机及系统运转平稳，工况正常。

**轮机长**：好的，收到。

**轮机长**：三管轮，操纵主机，注意严格按车令操车，二管轮协助检查集控室监控系统参数，大管轮再次进行以下检查：

①检查主海水系统的工作情况；

②测量、记录燃油舱、双层底柜、主机滑油循环柜液位；

③检查主机曲拐箱和齿轮箱的温度、声音；

④检查舵机系统；

⑤检查船舶四周是否有油溢出；

⑥检查副机及系统的工况。

**各轮机员**：明白。【接到指令后，各轮机员立即行动。】

**大管轮**：报告轮机长，经再次检查：

①主海水系统的压力、流量正常；

②经反复测量，燃油舱、双层底柜、主机滑油循环柜液位无变化；

③主机曲拐箱和齿轮箱的温度、声音正常;

④舵机系统正常:舵角指示准确,转舵时间符合规定,舵杆(舵柱)转动无振动、卡阻,电机电流正常,液压系统压力正常;

⑤船舶四周未发现溢油迹象;

⑥副机及系统运转平稳,工况正常。

**轮机长:**好的,收到。

**轮机长**(电话联系驾驶台):驾驶台,经反复检查主机、副机、轴系、舵机、燃油舱液位、双层底柜液位、主机滑油循环柜液位、船舶周边状况均正常。

◎ 船舶脱浅后的安排(CE/2E/3E/4E)

【驾驶台回复后,将车钟推至停车位置,停止主机运行,通知机舱船舶已脱浅。】

**轮机长**(电话回复驾驶台):好的,收到。

驾驶台,主机需要完车,作拐档差测量。【驾驶台表示同意。】

**轮机长:**大管轮,驾驶台通知船舶已脱浅,安排主机完车,测量拐档差,测量拐档差时注意关于执行进入封闭空间的规定,测量拐档差前,报告轮机长。

**大管轮:**明白。

**大管轮:**二/三管轮,轮机长要求测量主机拐档差。配合我完车,做好进入密闭处所的检测工作,完成后报告轮机长。

**三管轮:**明白。【接到指令后,各轮机员立即行动。】

**三管轮:**报告轮机长,主机已完车,进入密闭处所的各项检查措施完成。可以测量主机曲轴拐档差。

**轮机长:**好的,收到。大管轮,测量主机曲轴拐档差。

**大管轮:**明白。

**大管轮:**二/三管轮,配合我测量主机曲轴拐档差。

**三管轮:**明白。【接到指令后,各轮机员立即行动。】

**大管轮:**报告轮机长,主机曲轴拐档差测量完成,数据正常。

**轮机长:**好的,收到。

**轮机长:**大管轮,安排各轮机人员备车,再次检查舵机、燃油舱、双层底柜、主机滑油循环柜。

**大管轮:**明白。

**大管轮:**二/三管轮,再次检查舵机、燃油舱、双层底柜、主机滑油循环柜。

**三管轮:**明白。【接到指令后,各轮机员立即行动。】

**三管轮:**报告轮机长,舵机、燃油舱、双层底柜、主机滑油循环柜均正常。

**轮机长:**好的,收到。

**轮机长:**大管轮,请轮机员各自完成一份本次搁浅事故的处理记录。将搁浅发生的时间和脱浅的时间,所采取的应急措施,所造成的直接损失和间接损失等记录清楚。我汇总整理后,将相关情况记入轮机日志。

**大管轮:**明白。

**大管轮:**二/三管轮,轮机长要求轮机员各自完成一份本次搁浅事故的处理记录。将搁浅发生的时间和脱浅的时间,所采取的应急措施,所造成的直接损失和间接损失等记录清楚,交轮机长汇总整理后,作为填写轮机日志的参考。

**三管轮**:明白。【接到指令后,各轮机员立即行动。】

**三管轮**:报告大管轮,我的事故的处理记录报告已完成。搁浅发生的时间和脱浅的时间,所采取的各项应急措施,所造成的直接损失和间接损失等已记录清楚,可供轮机长填写轮机日志时参考。

**大管轮**:好的,收到。

**大管轮**:报告轮机长,各轮机员已完成事故报告。搁浅发生的时间和脱浅的时间,所采取的应急措施,所造成的直接损失和间接损失等记录清楚,可作为填写轮机日志的参考。

**轮机长**:好的,收到。

**轮机长**(对所有轮机员):鉴于本次事故情况,请各轮机员在值班期间,加强机舱检查,排除事故隐患。

**各轮机员**:明白。

**轮机长**:报告考官,船舶搁浅已处理完毕。

【演习结束。】

# 第五节　☆CE/2E/3E/4E 加油溢油(口述)

## 一、评估目的

适用于☆CE/2E 的评估:

通过实践训练,旨在帮助考生熟悉船舶加油溢油时的领导力与管理技能应用。重点培养考生对机舱资源管理原则的理解与实践能力,包括但不限于团队管理、资源配置、集体协作意识、态势感知及跨文化认知等核心要素。要求考生能够胜任分组研讨、模拟演练、任务分工等评估项目,形成有效沟通、资源协调、团队协作、决策指挥等综合能力。

适用于☆3E/4E 的评估:

通过实践操作,确保轮机值班人员能够在船舶加油溢油时具备资源优先级分配的能力,建立与机舱值班团队及驾驶台人员的精准沟通机制。重点培养带领团队快速响应驾驶台/轮机长指令的核心能力,以及持续监控设备状态与环境变化的专业素养。能够有效协调与规划、合理进行人员配置、识别生理与心理极限、统筹时间与资源限制、考量人员资质水平、建立优先级体系、优化工作负荷分配、关注作息与疲劳管理、应对挑战与反馈机制。

## 二、评估内容及要求

(1)严格执行加油管系隔离程序,监测油舱液位异常变化,启动应急溢油回收装置。

(2)报告污染情况,记录关键操作的时间节点,建立与供油方的应急协调通道。

（3）部署污染控制区域的人员分工,评估防污染物资的使用优先级,组织证据保全事故报告。

## 三、评估组织与标准

### 1.评估方式

使用说明的方式。

### 2.任务（场景）描述

（1）人员情况:三管轮在集控室值班,轮机部其他人员不在机舱。

（2）设备情况:船舶锚地抛锚加油,油舱满溢,透气管冒油,导致溢油入海。

### 3.评估程序

被评估人员(考生)到位,按照要求进行处理。

### 4.分组方式

（1）成员组成:2名评估教师组成评估团队;4名考生组成机舱团队(分别模拟轮机长、大管轮、二管轮、三管轮)。

（2）岗位分布:分别在驾驶台、供油船、受油船加油站各安排1名实训教师,教师兼任加油公证。轮机长总体指挥,大管轮在加油现场监控,二管轮加油船测量,阀门控制,三管轮油舱监控。

### 5.评估时间

不超过20 min。

### 6.评估要求

能够正常处理溢油事故,并口头回答评估员的相关问题。加油溢油评估标准表见表3-5-1。

表 3-5-1　加油溢油评估标准表( ☆CE/2E/3E/4E) (供参考)

| 序号 | 评估要素 | 情景 | 评价标准 | 考核要点 |
|---|---|---|---|---|
| 第一阶段 | ●溢油事故的处理 | 1.船舶在锚地抛锚加油;<br>2.巡视人员发现加油溢油 | **轮机长及所有轮机员**:<br>①溢油事故一旦发生,现场人员立即通知加油船停泵;<br>②立即向驾驶台报告,并立即发出溢油报警;<br>③轮机长作为溢油现场指挥,立即到达溢油现场;<br>④轮机长指挥人员,按照溢油应变部署表的要求,清除回收溢油;<br>⑤做好溢油量的估算。<br>**轮机长**:<br>①轮机长及时与船长沟通溢油情况、处理措施和所需要的支援; | 1.具有情景意识;<br>2.充分利用机舱资源;<br>3.任务分配明确,命令下达清楚果断,执行干脆,效果良好,反馈及时准确;<br>4.具备团队合作意识 |

| 序号 | 评估要素 | 情景 | 评价标准 | 考核要点 |
|---|---|---|---|---|
| | | | ②及时将情况上报公司及相关海事管理机构。<br>**二/三管轮**：<br>立即通知轮机长,现场人员听从轮机长的指挥,发现问题及时处理或上报轮机长 | |
| 第二阶段 | ◎溢油事故后措施 | 1.控制溢油;<br>2.探明溢油情况;<br>3.清除溢油 | **轮机长及所有轮机员**：<br>①做好溢油事故的记录;<br>②做好应对海事检查的准备(如实反映溢油事故情况);<br>③备妥相关文件待查 | 1.具有失误链判断技巧,具有团队合作意识,具有领导决断能力;<br>2.懂得应急操作程序和要求;<br>3.具有必要的通信知识,具有一定的沟通技巧,理解及时、充分沟通的重要性 |

## 四、评估基本知识要点

加油溢油是指船舶在接收燃油过程中,因操作失误、设备故障(如管路破裂、阀门未关)、液位监控失效或船岸沟通不畅,导致燃油从加油管、甲板透气孔或油舱溢出至船舶甲板、舷外或港区水域的情况。此类事故不仅造成燃油浪费和经济损失,还可能引发火灾、环境污染及港口国处罚,尤其在敏感生态区域后果更为严重。

处理方法:立即停止加油作业,启动溢油应急预案,使用吸油毡、围油栏等防污染器材控制溢油扩散,关闭相关阀门并排查泄漏点;清理甲板残油时避免使用高压水冲洗,防止油污入海,同时向船公司、港口当局及环保部门报告事故细节。若溢油入海,需配合专业清污队回收油污,记录污染范围并留存证据。事后应全面检查加油管路、液位报警系统及船员操作流程,强化船岸协作演练与加油前检查(如确认阀门状态、应急设备就位),严格执行 MARPOL 公约防污染要求,避免再次发生类似事件。船舶溢油紧急情况报告如表 3-5-2 所示。

表 3-5-2　船舶溢油紧急情况报告

| 序号<br>Number | 内容<br>Content | |
|---|---|---|
| AA | 船名 Ship's name | |
| BB | 紧急情况发生时间<br>Time of emergency | |
| CC | 船位 Ship's position | |
| DD | 船舶状态 Ship's status | 航行 Sailing□　　　　锚泊 Anchoring□<br>靠泊 Berthing□ |
| EE | 发生污染的原因<br>Causes of emergency of pollution | |

续表

| 序号<br>Number | 内容<br>Content | |
|---|---|---|
| FF | 溢油种类和数量<br>Type and quantity of oil spill | |
| GG | 周围是否敏感区域或养殖区<br>Whether the surrounding sensitive areas or breeding areas | |
| HH | 是否报告当地主管机关<br>Whether report to the local authorities | |
| II | 是否有人员伤亡<br>Whether there are any casualties | |
| JJ | 气象海况<br>Weather condition and sea state | 风 Wind<br>浪 Wave<br>涌 Swell<br>能见度 Visibility |
| KK | 已经采取的行动<br>Actions already taken | |
| LL | 准备采取的行动<br>Action to be taken | |
| MM | 外援需求<br>External aid needed | |
| NN | 其他 Others | |

## （一）船上油污应急计划

MARPOL 公约规定,150 总吨及以上的油船和 400 总吨及以上的非油船,均应备有经主管机关批准的船上油污应急计划(以下简称计划)。

计划主要由强制性规定、非强制性规定和附录三个部分组成。

### 1.强制性规定

"强制性规定"主要有四个部分,即油污事故报告程序、油污事故中需联系的当局或人员名单、船上人员采取减少或控制油类排放的详细描述、为使船上与国家及地方当局协同行动需取得联系的程序。

（1）油污事故报告程序

船长或负责管理该船的其他人员应按照《船舶报告制度及船舶报告要求总则》(包括危险货物、有害物质和/或海洋污染事故报告指南)的要求报告,报告包括以下内容:

①何时报告

A.实际发生的排放。

B.可能发生的排放。尽管尚未发生排放,但可能发生的排放,因此需要报告。

②报告程序：

A.初始报告：在实际发生或可能排放的开始按规定格式立即报告。

B.补充报告：当发出初始报告后，以适当的间隔进一步报告油污事态发展和处理的情况，报告的格式同初始报告。

C.附加报告：与初始报告同时或稍后向港口当局和船东或船舶经营人报告船损及要求或建议，报告的格式同初始报告。

（2）油污事故中需联系的当局或人员名单

船舶发生污染事故，需要进行通信联系的应包括：港口联系人、与船舶有关的重要联系人。将这些人的单位、姓名、地址、电话、电传、传真号码等列入附录的表中，而且随着人员更换和电话号码等的变动更新这些信息。

（3）控制排放的措施

控制排放的措施应明确地指导船长如何在各种情况下减轻损害。计划不仅要制定拟采取的措施，还要明确船上各类人员的责任，以避免在应急反应中出现混乱。对不同类型的船舶，拟采取措施的侧重面也不同，但至少在以下几个方面应能向船长提供指导。

①操作性溢油

计划应制定清除溢油和甲板积油应急反应程序，并对下述三种泄漏制定具体防治措施和应急反应程序。

A.管系泄漏：防止管系泄漏措施和应急反应程序。

B.舱柜溢油：处置舱柜溢油的应急反应程序、控制货油或燃油溢出的方法、驳至空舱或未满舱操作程序、将舱内多余油转驳至岸上或他船的程序。

C.船体泄漏：对可能发生船体泄漏所造成溢油应急反应程序、控制舱内货油或燃油溢出量的措施、船内转驳或卸至岸上或他船的操作程序、无法确定某一舱发生泄漏时的处置程序、实施修复过程船体应力和稳性影响。

②海损事故溢油

计划应制定发生事故溢油时船上的应急反应程序，并对搁浅、火灾/爆炸、碰撞、船壳破损、严重横倾等项事故作为独立部分，分别制定防治措施和应急反应程序。计划还应就优先措施、稳性、应力影响及减载等方面提出要求：

A.优先措施。对事故的反应，最优先考虑的应是保证船舶和人员安全，并采取措施防止事故升级。

B.稳性和应力影响。在海损事故应急反应中，采取措施减缓溢油或使船舶脱浅时，应特别谨慎地考虑船体稳性和应力，船内转驳，只有在充分考虑可能影响船舶整体稳性和应力之后才能进行。

C.减载。船舶结构受损严重时，可能有必要将全部或部分货物驳到另一艘船上，因此计划应制定船与船过驳的安全措施和操作程序。

（4）国家和地方协作

发生溢油事故，船舶与有关部门快速、有效地协作，对减少污染事故的危害至关重要，因此实施控制措施之前，有必要与港口当局取得联系，以得到核准。计划应提供与地方当局联系请求协作的方式、注意事项和有关应急反应队伍的资料。

2.非强制性规定

除防污法规规定的上述强制部分外,计划应有地方或船公司要求提供的指导,如图表和图纸、应急反应设备、公关事务、保存记录、计划检查及计划演练等。

(1)图表和图纸:除强制部分规定的图表和图纸外,其他有关船舶设计和构造的详细资料应附在计划后面,并注明所在位置。

(2)应急反应设备:计划应列出应急反应设备的存货清单,应对安全的使用方法提供指导,还应建立这些设备使用、管理和维护人员的职责。为保证安全有效地使用这些设备,计划应提出操作人员的培训要求。计划还应指明未经港口当局批准,不得使用消油剂,就是使用围控和回收设备时也应得到其核准。

(3)公关事务:为使忙于处理眼前应急事务的船员减轻负担,计划应提供有关向新闻媒介发布信息时的规定和注意事项。

(4)保存记录:由于任何事故最后都将涉及责任、赔偿和补偿问题,计划要求保存污染事故的相应记录。记录除包括采取的措施外,还应包括同外部机构、船东和其他部门的通信联系,以及来往的决定和信息。

(5)计划检查:非强制性规定要求对计划要进行定期检查和事故检查。

①定期检查:至少每年对计划要求的内容进行一次检查。应使用信息反馈系统以便尽快地收集变化的资料,如地方法律或政策、联系人姓名和编号、船舶特性或公司政策方面的变化等,以保证计划中的资料是现时的。

②事故检查:污染事故发生,使用应急反应计划后应对计划的有效性进行一次评估,并做出相应的修改。

(6)计划演练:为保证船员熟悉计划,在应急时能做出正确的反应,应定期进行演练,这种演习可以同船上其他演习合并进行,演习和训练都应做好记录。通过演习,将使应急状态中的安全性和有效性得到增强。

3.附录

(1)计划规定应具备下列附件:

①港口相关联系人一览表。

②船舶重要联系人一览表。

③船舶资料及图纸。

(2)计划规定应备有下列资料:

①适用于张贴在船舱壁上的简明流程图。

②有关地方主管当局的资料。

③其他参考资料。

④船舶溢油应变部署表。

## (二)防止溢油扩散的方法

一旦发现溢油,应遏制浮油,防止溢油扩散,以便最后回收或从敏感区转移出去。防止溢油扩散的方法有:围油栏和化学凝聚两种。

### 1.围油栏

常用的围油栏有浮子式、充气式、气幕式三种类型,它是防止溢油扩散最常用也是较为有效的设备。在使用围油栏时必须考虑风、潮、流等因素的影响。

### 2.化学凝聚

利用一种比溢油的扩散力大的化学药剂,它在水面扩散并压缩油膜,使油膜面积大大缩小,从而阻止溢油扩散。撒布化学凝聚剂的作业比铺设围油栏容易且迅速,对防止煤油、柴油等轻油和重油的扩散是行之有效的方法。

## (三)溢油回收的方法

将遏制住的油迅速回收以预防溢油漏出污染其他区域,这是清除海面溢油较理想的办法,既可避免溢油对环境的进一步危害,又能回收能源。回收方法包括:人工打捞、机械回收和吸油材料吸附回收。

## (四)溢油海上处理

当海上溢油无法回收时,可采用化学分散剂、燃烧、沉降和生物降解,在海上直接处理掉。

### 1.化学分散剂

将由表面活性剂溶剂和少量添加剂组成的乳化分散型油处理剂,喷洒在水面浮油上,使浮油迅速分散成微小油滴溶于水中,在水面以下一定深度处形成乳浊液。油被分散成微小粒子后,易被生物降解,可加速水的自然净化过程。一般在外海及开阔水域中使用会有显著效果,在半封闭海域或交换条件不良海面,不宜采用。化学分散剂会造成二次污染,因此,使用前须得到港口当局的批准,而且选用经主管机关认可的产品。

### 2.燃烧

在远离陆地及船舶航道的海面大规模溢油,又由于海上气候条件恶劣无法用机械方法回收溢油时,可将溢入海中的油品点燃处理掉。但随之会带来大气污染,若在港区或沿岸水域,还有可能引起陆上火灾。

### 3.沉降

用相对密度大的亲油性物质,撒布在溢油表面上,并与油一起沉降到海底。由于沉降处理会污染海底生物,许多国家禁止使用。一般只能在特定海域采用,距陆地 50 n mile 以内不准使用。

### 4.生物降解

溢油生物降解是一种将溢油中的有害、有机成分通过微生物降解和体内新陈代谢成为无害的无机物($CO_2$、$H_2O$ 等)生物技术。为提高生物降解速率需保证环境中有足够的氧和营养剂组分,以维持生物良好的生长环境,氧可由大气提供,营养剂则可通过外部投加方式进行。生物降解技术最大的优点是不会产生二次污染。

### (五)溢油应变部署表

按油污应急计划规定,每艘船舶应有本船溢油应变部署表,在表中应注明:溢油报警信号、船员集合地点、每个船员负责的部位和应有职责等。在此以某船公司制定的溢油应变部署表为例说明(见表3-5-3)。

表3-5-3　溢油应变部署表

| 职务 | 负责部位 | 职责 |
|---|---|---|
| 船长<br>Captain | 驾驶台/溢油现场<br>Bridge/Oil Spill Site | 总指挥对外联系<br>The Commander-in-Chief conducts external liaison |
| 政委<br>Commissar | 溢油现场<br>Oil Spill Site | 副总指挥动员组织人员回收清除溢油<br>The Deputy Commander mobilizes personnel and organizes oil recovery operations |
| 大副<br>CO | 溢油现场<br>Oil Spill Site | 协助轮机长做好溢油现场指挥工作<br>Assist the Chief Engineer in on-scene command at the spill site |
| 二副<br>2O | 驾驶台/溢油现场<br>Bridge/Oil Spill Site | 驾驶台值班,负责对外通信,做好现场记录<br>Maintain bridge watch, handle external communications, and document incident details |
| 三副<br>3O | 溢油现场<br>Oil Spill Site | 提供并携带防污器材,回收清除溢油,艇长指挥放艇<br>Deliver and deploy anti-pollution gear for oil recovery; the Coxswain commands rescue boat launching |
| 水手长<br>Bosun | 溢油现场<br>Oil Spill Site | 提供并携带防污器材,协助指挥回收清除溢油,放艇<br>Supply anti-pollution equipment, assist in directing oil recovery operations, and launch boats |
| 木匠<br>Carpenter | 溢油现场<br>Oil Spill Site | 检查甲板排水孔,关闭有关通道,回收清除溢油<br>Inspect deck scuppers, seal relevant access points, and conduct oil recovery |
| 部分水手<br>Seamen | 溢油现场<br>Oil Spill Site | 艇员协助放艇,随艇下,回收清除溢油<br>Boat crew members assist in launching, embark the boat, and perform oil recovery |
| 轮机长<br>CE | 机舱/溢油现场<br>Engine Room/<br>Oil Spill Site | 现场指挥,组织人员回收清除溢油<br>The On-scene Commander directs personnel in oil recovery operations |
| 大管轮<br>2E | 机舱/溢油现场<br>Engine Room/<br>Oil Spill Site | 管理机舱设备/回收清除溢油<br>Manage engine room equipment while conducting oil recovery |
| 二管轮<br>3E | 溢油现场<br>Oil Spill Site | 控制有关阀门,防止溢油扩散,做好现场记录<br>Operate relevant valves to contain spill spread and maintain on-site records |

| 职务 | 负责部位 | 职责 |
|---|---|---|
| 三管轮<br>4E | 溢油现场<br>Oil Spill Site | 协助放艇,随艇下,操纵艇马达,回收清除溢油<br>Assist in boat launching, embark the boat, operate the outboard motor, and recover oil |
| 电子电气员<br>EE | 机舱/溢油现场<br>Engine Room/<br>Oil Spill Site | 管理电站,现场回收清除溢油<br>Control the generator station and perform oil recovery at the site |
| 机工长<br>No.1 Oiler | 溢油现场<br>Oil Spill Site | 提供并携带应急工具和防污器材,现场回收清除溢油<br>Provide and carry emergency tools with anti-pollution gear for on-site oil recovery |
| 部分机工<br>Motormen | 溢油现场<br>Oil Spill Site | 艇员协助放艇,随艇下,回收清除溢油<br>Boat crew assists in launching, embarks the boat, and executes oil recovery |
| 大厨<br>C Cook | 厨房/溢油现场<br>Galley/Oil Spill Site | 检查厨房,关闭有关通道,现场回收清除溢油<br>Inspect the galley, secure service access points, and conduct oil recovery |
| 二厨<br>No.2 Cook | 溢油现场<br>Oil Spill Site | 回收清除溢油<br>Conduct oil recovery operations |
| 医生<br>Doctor | 溢油现场<br>Oil Spill Site | 携带医疗急救器械和药品<br>Carry medical first-aid equipment and supplies |
| 其余船员<br>Remaining<br>Crew Members | 溢油现场<br>Oil Spill Site | 携带防污器材,回收清除溢油<br>Perform oil recovery operations using anti-pollution equipment |

## (六)中国船舶污染事故应急处置规定

(1)船舶污染事故,是指船舶及其有关作业活动发生油类、油性混合物和其他有毒有害物质泄漏造成的海洋环境污染事故。

(2)船舶污染事故分为以下等级:

①特别重大船舶污染事故,是指船舶溢油1000 t以上,或者造成直接经济损失2亿元以上的船舶污染事故。

②重大船舶污染事故,是指船舶溢油500 t以上不足1000 t,或者造成直接经济损失1亿元以上不足2亿元的船舶污染事故。

③较大船舶污染事故,是指船舶溢油100 t以上不足500 t,或者造成直接经济损失5000万元以上不足1亿元的船舶污染事故。

④一般船舶污染事故,是指船舶溢油不足100 t,或者造成直接经济损失不足50万元的船

舶污染事故。

（3）船舶在中华人民共和国管辖海域发生污染事故，或者在中华人民共和国管辖海域外发生污染事故造成或者可能造成中华人民共和国管辖海域污染的，应当立即启动相应的应急预案，采取措施控制和消除污染，并就近向有关海事管理机构报告。

发现船舶及其有关作业活动可能对海洋环境造成污染的，船舶、码头、装卸站应当立即采取相应的应急处置措施，并就近向有关海事管理机构报告。

接到报告的海事管理机构应当立即核实有关情况，并向上级海事管理机构或者国务院交通运输主管部门报告，同时报告有关沿海地区的市级以上地方人民政府。

（4）船舶污染事故报告应当包括下列内容：

①船舶的名称、国籍、呼号或者编号。

②船舶所有人、经营人或者管理人的名称、地址。

③发生事故的时间、地点以及相关气象和水文情况。

④事故原因或者事故原因的初步判断。

⑤船舶上污染物的种类、数量、装载位置等概况。

⑥污染程度。

⑦已经采取或者准备采取的污染控制、清除措施和污染控制情况以及救助要求。

⑧国务院交通运输主管部门规定应当报告的其他事项。

⑨做出船舶污染事故报告后出现新情况的，船舶、有关单位应当及时补报。

（5）船舶发生事故有沉没危险，船员离船前，应当尽可能关闭所有货舱、油舱管系的阀门、堵塞货舱、油舱通气孔。

船舶沉没的，船舶所有人、经营人或者管理人应当及时向海事管理机构报告船舶燃油、污染危害性货物以及其他污染物的性质、数量、种类、装载位置等情况，并及时采取措施予以清除。

（6）发生船舶污染事故或者船舶沉没，可能造成中华人民共和国管辖海域污染的，有关沿海地区的市级以上地方人民政府、海事管理机构根据应急处置的需要，可以征用有关单位或者个人的船舶和防治污染设施、设备、器材以及其他物资，有关单位和个人应当予以配合。

被征用的船舶和防治污染设施、设备、器材以及其他物资使用完毕或者应急处置工作结束，应当及时返还。船舶和防治污染设施、设备、器材以及其他物资被征用或者征用后毁损、损失的，应当给予补偿。

（7）发生船舶污染事故，海事管理机构可以采取清除、打捞、拖航、引航、过驳等必要措施，减轻污染损害。相关费用由造成海洋环境污染的船舶、有关作业单位承担。需要承担前款规定费用的船舶，应当在开航前缴清相关费用或者提供相应的财务担保。

（8）处置船舶污染事故使用的消油剂，应当符合国家有关标准。

海事管理机构应当及时将符合国家有关标准的消油剂名录向社会公布。

船舶、有关单位使用消油剂处置船舶污染事故的，应当依照《中华人民共和国海洋环境保护法》有关规定执行。

### （七）中国船舶污染事故调查处理的规定

（1）船舶污染事故的调查处理依照下列规定进行：

①特别重大船舶污染事故由国务院或者国务院授权国务院交通运输主管部门等部门组织事故调查处理。

②重大船舶污染事故由国家海事管理机构组织事故调查处理。

③较大船舶污染事故和一般船舶污染事故由事故发生地的海事管理机构组织事故调查处理。

④船舶污染事故给渔业造成损害的，应当吸收渔业主管部门参与调查处理；给军事港口水域造成损害的，应当吸收军队有关主管部门参与调查处理。

（2）发生船舶污染事故，组织事故调查处理的机关或者海事管理机构应当及时、客观、公正地开展事故调查，勘验事故现场，检查相关船舶，询问相关人员，收集证据，查明事故原因。

（3）组织事故调查处理的机关或者海事管理机构，根据事故调查处理的需要，可以暂扣相应的证书、文书、资料；必要时，可以禁止船舶驶离港口，或者责令停航、改航、停止作业直至暂扣船舶。

（4）组织事故调查处理的机关或者海事管理机构开展事故调查时，船舶污染事故的当事人和其他有关人员应当如实反映情况和提供资料，不得伪造、隐匿、毁灭证据或者以其他方式妨碍调查取证。

（5）组织事故调查处理的机关或者海事管理机构应当自事故调查结束之日起 20 个工作日内制作事故认定书，并送达当事人。

## 五、实训脚本（示例）

**实训场景**：船舶停泊在锚地，加装燃油。所有轮机员，正在加油现场。

**模拟器设置**：使用状态船舶停泊进行评估，船舶停泊，电站处于自动模式，3 号副机运行，应急发电机自动状态。在模型端故障设置中选择"燃油–燃油驳运系统–溢油"激活场景，模型端设置如图 3-5-1 所示。二维模拟器中燃油驳运系统场景如图 3-5-2 所示。

● 溢油事故的处理（CE/2E/3E/4E）

**大管轮**（电话或对讲机联系轮机长）：报告轮机长，按照预定计划，油加装工作正在进行中。

**轮机长**（电话或对讲机回复大管轮）：好的，收到。督促现场加油人员，持续关注加油管路状况、监测加油舱液位，避免跑冒滴漏。

**大管轮**：明白。

**大管轮**：二/三管轮，持续关注加油管路状况，监测加油舱液位，避免跑冒滴漏。

**各轮机员**：明白。【接到指令后，各轮机员立即行动。此时，二管轮发现加油舱透气管溢油（或加油管破裂溢油）。】

**二管轮**（大声呼喊两遍）：加油舱透气管溢油（或加油管破裂溢油）。

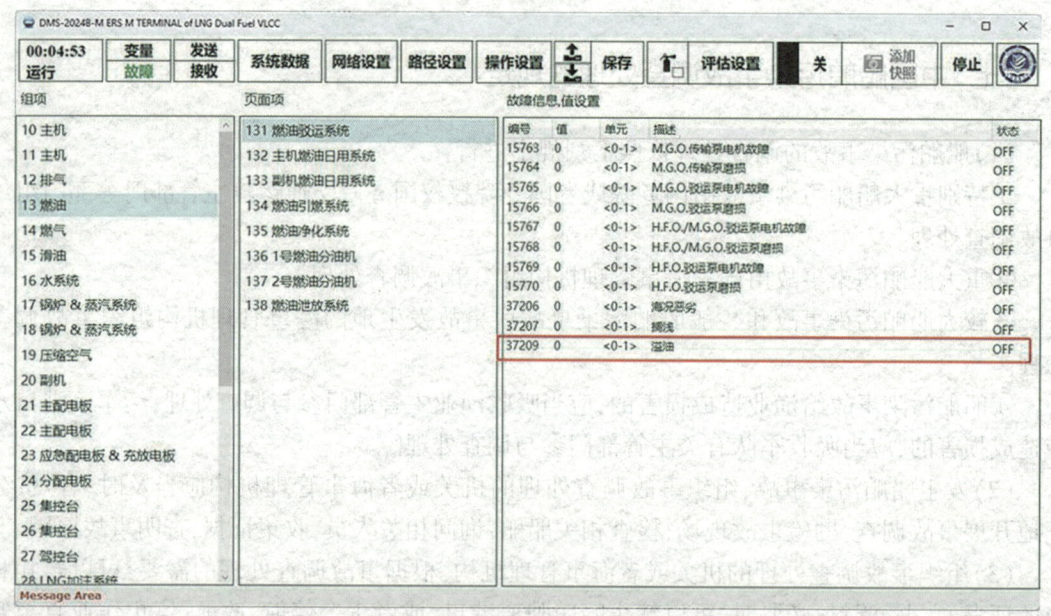

图 3-5-1　全任务轮机模拟器模型端:加油溢油

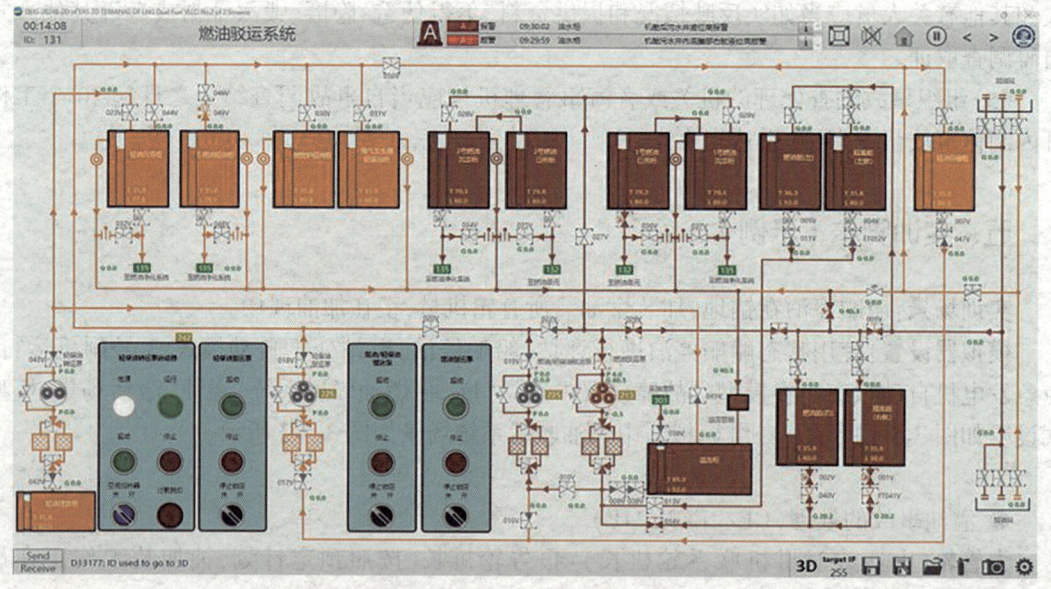

图 3-5-2　全任务轮机模拟器二维场景:燃油驳运系统

**各轮机员**(一起大声呼喊两遍):加油舱透气管溢油(或加油管破裂溢油),加油船停泵。

**大管轮**:三管轮,立即通知轮机长,加油舱透气管溢油(或加油管破裂溢油)。

**三管轮**:明白。请通知驾驶台发溢油警报。【接到指令后,三管轮提醒大管轮联系驾驶台,并立即行动。同时,大管轮联系驾驶台。】

**三管轮**(电话或对讲机联系轮机长):报告轮机长,加油舱透气管溢油(或加油管破裂溢油),加油船已停泵。

　　**大管轮**(电话或对讲机联系驾驶台):驾驶台,加油舱透气管溢油(或加油管破裂溢油),请立即发溢油警报。

　　**轮机长**(电话或对讲机回复三管轮):好的,收到。立即通知驾驶台,发溢油警报。【此时,驾驶台发出溢油警报。轮机长已到达加油现场。】

　　**轮机长**(电话或对讲机联系船长):报告船长,加油舱透气管溢油(或加油管破裂溢油),加油船已停泵,有少量溢油入海。请求启动溢油应急程序,回收甲板海面溢油。【船长,同意请求。】

　　**轮机长**:加油舱透气管溢油(或加油管破裂溢油),少量溢油入海。现在按照溢油应变部署,启动溢油应急程序。大管轮,立即带领机舱相关人员和甲板人员清理甲板溢油;二管轮,关闭加油总阀,将溢油舱部分燃油调驳至其他空燃油舱,测量本船及加油船的燃油量,做好现场记录;三管轮,带领机舱相关人员配合甲板人员放艇,管理好艇机,协助布放围油栏,回收海面溢油。

　　**各轮机员**:明白。【接到指令后,各轮机员立即行动。】

　　**二管轮**:报告轮机长,加油总阀已关闭。

　　**轮机长**:好的,收到。继续做好现场记录,协助清理溢油。

　　**大管轮**:报告轮机长,甲板溢油已回收、清理干净,溢油回收量大约150 L,溢油舱部分燃油已调驳至空燃油舱,燃油量已测量,本船受油量与加油船供油量基本相同,差别不大。

　　**轮机长**:好的,收到。

　　**三管轮**:报告轮机长,救生艇及艇机状况良好,围油栏已布置完成,海面溢油得到有效控制,并已回收、清理干净。溢油回收量大约50 L。

　　**轮机长**:好的,收到。原地待命。

　　**三管轮**:明白。

　　**轮机长**:大管轮带领机舱人员,绕船一周,检查海面及船壳状况。

　　**大管轮**:明白。【接到指令后,大管轮立即行动。】

　　**大管轮**:报告轮机长,海面及船壳状况良好,未发现残余溢油。

　　**轮机长**:好的,收到。原地待命。

　　**大管轮**:明白。

　　**轮机长**(电话或对讲机联系船长):甲板和海面溢油已清理回收干净。经测量、估算,溢油量总共200 L左右。

　　请求回收救生艇,清理溢油现场。

　　关于本次溢油事故需要向海事管理机构报告的事项包括:

　　①船舶的名称、国籍、呼号、识别号。

　　②船舶所有人、经营人或者管理人,污染损害赔偿责任保险人的名称、地址和联系方式。

　　③相关水文和气象情况。

　　④污染物的种类、基本特性、数量、装载位置等情况。

　　⑤事故原因或者事故原因的初步判断。

　　⑥事故污染情况。

　　⑦已经采取或者准备采取的污染控制、清除措施以及救助要求。

　　⑧船舶污染清除单位的名称和联系方式。

⑨与溢油有关的其他事项。

以上信息,已通过电子版的形式,发送至船长电脑。请船长择机报告海事部门。【船长回复后,同意回收救生艇,清理溢油现场。】

**轮机长**:好的,明白。

**轮机长**:三管轮,清理围油栏,回收救生艇。

**三管轮**:明白。【接到指令后,三管轮立即行动。】

**三管轮**:报告轮机长,救生艇已回收。

**轮机长**:好的,收到。

**轮机长**:所有人清理现场。

**各轮机员**:明白。【接到指令后,各轮机员立即行动。】

**大管轮**:报告轮机长,现场已清理完毕。

**轮机长**:好的,收到。

**轮机长**(电话或对讲机联系船长):报告船长,溢油现场已清理完毕,请求解除溢油警报,恢复加油。

【船长回复同意解除溢油警报,恢复加油。】

◎溢油事故后措施(CE/2E/3E/4E)

**轮机长**:溢油警报解除。

大管轮,督促二/三管轮,开好加油阀,通知加油船开泵加油(或者协助加油船更换加油管)。

**大管轮**:明白。

**大管轮**:二/三管轮,开加油阀,通知加油船开泵加油(或者协助加油船更换加油管)。

**二/三管轮**:明白。

**三管轮**:报告大管轮,加油阀已开好,可以加油(加油管已更换,开好加油阀,可以加油)。

**大管轮**:好的,收到。

**大管轮**:加油船开泵加油。

**大管轮**:报告轮机长,已开泵恢复加油。

**轮机长**:好的,注意检查管路状况,持续测量燃油舱液位。

**大管轮**:明白。

**大管轮**:二/三管轮,检查管路状况,持续测量燃油舱液位。

**二/三管轮**:明白。

**二/三管轮**:报告大管轮,加油结束,加油量足够。

**大管轮**:好的,收到。

**大管轮**:报告轮机长,加油结束,加油数量足够,BDN和油样标签请您签字确认。

**轮机长**:好的,收到。

**轮机长**:大管轮,结束现场工作后通知轮机员到集控室集合。

**大管轮**:明白。

**大管轮**:二/三管轮,轮机长通知结束现场工作后到集控室集合。

**二/三管轮**:明白。【接到指令后,各轮机员到达集控室。】

**轮机长**:大管轮,通知轮机员做好以下工作:

①填写溢油事故处理记录。将溢油基本概况、事故原因、各自采取的应急措施等记录清楚。所有记录交轮机长汇总整理后,作为填写轮机日志和船舶污染事故报告书的参考。

②与甲板部配合共同准备好 IOPP 证书,油类记录簿,船上油污应急计划,燃油加装计划,供、受油作业安全检查表,轮机日志,航海日志等文件供海事部门调查用。

③检查、维护好机舱的各防污染设备和器材,应对海事部门的检查。如接受海事调查人员调查应注意如实反映事故情况。

**大管轮**:明白。

**大管轮**:二/三管轮,轮机长要求做好以下工作:

①各自填写溢油事故处理记录。将溢油基本概况、事故原因、各自采取的应急措施等记录清楚。所有记录交轮机长汇总整理后,作为填写轮机日志和船舶污染事故报告书的参考。

②与甲板部配合共同准备好 IOPP 证书,油类记录簿,船上油污应急计划,燃油加装计划,供、受油作业安全检查表,轮机日志,航海日志等文件供海事部门调查用。

③检查、维护好主管的防污染设备和器材,应对海事部门的检查。如接受海事调查人员调查应注意如实反映事故情况。

**三管轮**:明白。【接到指令后,各轮机员立即行动。】

**三管轮**:报告大管轮,溢油事故处理情况已据实记录。溢油基本概况、事故原因、采取的应急措施等已记录清楚。可供轮机长填写轮机日志和船舶污染事故报告书时参考,油类记录簿,船上油污应急计划,燃油加装计划,供、受油作业安全检查表,轮机日志,航海日志等文件中,由本人负责的文件都已备妥,海事部门调查可如实提供。防污染设备和器材已检查维护完成,状况正常。

**大管轮**:好的,收到。

**大管轮**:报告轮机长,各轮机员已完成事故处理记录。相关文件已备妥、机舱防污染设备已检查保养,随时可应对海事部门的检查。

**轮机长**:好的,收到。

**轮机长**(电话报告船长):报告船长,机舱已做好应对海事调查的准备。本次事故的船舶污染事故报告书也已填写完成。内容包含:船舶及船舶所有人、经营人或者管理人的有关情况;污染事故概况;应急处置情况;污染损害赔偿责任保险情况及其他与事故有关的事项。【船长示意收到报告。】

**轮机长**(对所有轮机员):鉴于本次事故情况,请各轮机员在今后的工作中加强学习,强化管理,不断提高防范意识,避免再次发生此类事件。

**各轮机员**:明白。

**轮机长**:报告考官,加油溢油事故处理完毕。

【演习结束。】

# 第六节 ☆2E/3E/4E 舵机失灵（实操+口述）

## 一、评估目的

适用于☆2E 的评估：

通过实践训练,旨在帮助考生熟悉船舶舵机失灵时的领导力与管理技能应用。重点培养考生对机舱资源管理原则的理解与实践能力,包括但不限于团队管理、资源配置、集体协作意识、态势感知及跨文化认知等核心要素。要求考生能够胜任分组研讨、模拟演练、任务分工等评估项目,形成有效沟通、资源协调、团队协作、决策指挥等综合能力。

适用于☆3E/4E 的评估：

通过实践操作,确保轮机值班人员能够在船舶舵机失灵时具备资源优先级分配的能力,建立与机舱值班团队及驾驶台人员的精准沟通机制。重点培养带领团队快速响应驾驶台/轮机长指令的核心能力,以及持续监控设备状态与环境变化的专业素养。能够有效协调与规划、合理进行人员配置、识别生理与心理极限、统筹时间与资源限制、考量人员资质水平、建立优先级体系、优化工作负荷分配、关注作息与疲劳管理、应对挑战与反馈机制。

## 二、评估内容及要求

(1)模拟正常航行中舵机失灵时轮机部团队恢复船舶操纵性能的工作过程,要求实训流程正确,具备正常航行中舵机失灵时的情景意识。

(2)机舱与驾驶台、轮机长与轮机员之间沟通时使用正确的通信工具;语言交流清楚无歧义,使用标准的航海通信用语;对有疑问的决定和(或)行动适当询问和回复;沟通方式合理。

(3)团队领导能按正确的优先顺序进行资源分配,合理分配团队成员任务;有领导力和决断力;机舱与驾驶台、轮机长与轮机员之间配合良好。

## 三、评估组织与标准

### 1.评估方式
使用全任务轮机模拟器(或自动化机舱)进行评估实操加口述的方式。

### 2.任务（场景）描述
(1)人员情况:三管轮在集控室值班,轮机部其他人员不在机舱。

(2)设备情况:船舶处于正常航行状态,突然舵机失灵,轮机部团队成员对该应急情况进行处置。

### 3.评估程序
被评估人员(考生)到位,按照要求进行处理。

4.分组方式

(1)成员组成:2名评估教师组成评估团队;4名考生组成机舱团队(分别模拟轮机长、大管轮、二管轮、三管轮)。

(2)岗位分布:分别在驾驶台、集控室或机舱各安排1名实训教师。三管轮负责值班及管理锅炉,轮机长、大管轮、二管轮接到通知后立即下机舱,轮机长总体指挥,大管轮在舵机间现场处理,二管轮管理船舶电站和辅机部分。

5.评估时间

不超过20 min。

6.评估要求

考生能够协作配合处理舵机失灵应急,并口头回答评估员的相关问题。舵机失灵评估标准表见表3-6-1。

表3-6-1 舵机失灵评估标准表(☆2E/3E/4E)

| 序号 | 评估要素 | 情景 | 评价标准 | 考核要点 |
|---|---|---|---|---|
| 第一阶段 | ●舵机失灵采取的应急措施 | 1.船舶在正常航行;<br>2.舵机失灵 | **大管轮**:<br>①航行中发现舵机失灵,驾驶台立即通知船长和机舱值班人员;<br>②立即启动辅助或应急操舵装置,同时报告轮机长;<br>③舵机常见故障分析;<br>④轮机部自行抢修困难或无效时,轮机长应按照管理的要求报告船长及公司,说明舵机失灵的原因,已经进行的抢修措施,需提供的支援和准备进一步采取的措施。<br>**二/三管轮**:<br>①航行中发现舵机失灵,驾驶台会通知机舱值班轮机员,作为值班轮机员要学会应急转换并操作应急舵;<br>②机舱值班人员迅速通知轮机长、大管轮、电子电气员等下机舱处理舵机故障;<br>③机舱值班人员注意主机负荷变化、增压器工作情况,立即降速运行,并告知驾驶台必要时根据驾驶台指令停车;<br>④机舱值班人员立即启动辅助或应急操舵装置;<br>⑤轮机长到达舵机间后,根据轮机长的指令行事;<br>⑥机舱保持有效值班,必要时主机备车 | 1.具有情景意识;<br>2.充分利用机舱资源;<br>3.任务分配明确,命令下达清楚果断,执行干脆,效果良好,反馈及时准确;<br>4.具备团队合作意识 |

续表

| 序号 | 评估要素 | 情景 | 评价标准 | 考核要点 |
|------|----------|------|----------|----------|
| 第二阶段 | ◎舵机失灵处理后的工作 | 1.主舵机修复；<br>2.主机备车，开航 | **大管轮：**<br>①记入轮机日志；<br>②详细的检修记录。<br>**二/三管轮：**<br>记入轮机日志 | 1.具有情景意识和判断能力；<br>2.具有沟通与协调能力；<br>3.具有团队合作意识与沟通技巧 |

## 四、评估基本知识要点

### 1.舵机的日常保养与维修

舵机的日常保养是为了确保舵机在进出港口时的正常运行,保证船舶的正常航行,大管轮负责舵机及其操作系统的检查、试验和维修保养。值班轮机员负责检查和巡视舵机及其操作系统正常运行,发现故障及时报告轮机长。值班驾驶员负责检查船舶周围水面和配合轮机长进行试验。开航前12 h,必须全面校核和试验舵机及操舵系统。试验前,值班驾驶员应报告大管轮或值班轮机员,值班驾驶员应到船尾观察舵叶附近有无障碍物,以防舵叶摆动造成意外。当轮机长或大管轮及值班轮机员接到值班驾驶员通知可以试验后,要对舵机及操舵系统进行以下试验:

(1)检查油柜油位是否正常。

(2)用手动盘动油泵马达以证实油泵能自由旋转。

(3)启动油泵,确保油泵稳定运转,马达电流正常。

(4)利用应急操作手柄或手轮,在舵机房摆动舵叶数次,从左满舵到右满舵或相反。

(5)手柄操舵满意后,将操舵转到驾驶台,进行操作试验。

(6)值班驾驶员的操舵必须包括试验全部操舵装置(如油压手轮操舵、电控手轮操舵、电控按钮/手柄操舵等),包括主、辅操舵装置,操舵装置遥控系统,驾驶室内的操舵位置是否合适等。在试验时应核实追踪系统及舵角指示器的正常运转。

(7)检查应急动力供应是否正常。

(8)核查舵的实际位置与舵角指示器相符。

(9)核查操舵装置遥控系统动力故障报警器工作正常。

(10)核查操舵动力设备故障报警器工作正常。

(11)检查自动隔断装置及其他自动设备是否正常。

(12)核查驾驶室、舵机间、集控室之间通信设备工作正常。

(13)在试验过程中,如发现任何不正常情况,应立即停机进行分析,排除故障。

(14)将试验结果记入轮机日志和航海日志。

运转期间,值班轮机员接班前应到舵机房检查舵机运转情况、油柜油位、马达电流、油压变化、漏油、振动、声音等情况,然后到机舱值班。每三个月清理滤器(包括磁性过滤器),定期对舵机轴承、滑杆、舵杆轴承、舵机底座承压盘等加油。每三个月检查舵角限位器开关及追随机构中的销轴。如发现松动,应上紧锁牢。当船舶搁浅或遇上舵叶不能自由摆动(如舵叶触岸、舵叶被异物卡死等)时油压会极大地提高,应立即停掉油泵,以保护油泵内部结构不被打烂及舵杆不扭损变形,将检查和保养记录记入轮机日志和航海日志。舵机故障检查单如表3-6-2所示。

**表3-6-2　舵机故障检查单(仅供参考)**

船名 Ship's name:　　　　　　　　　　日期 Date:

报警信号 Alarm signal:广播或电话通知 PA or announced via the shipboard intercom system

总指挥 GC:船长 Master　　　　现场指挥 OSC:大副 CO

| 立即行动<br>Immediate Action | 负责人<br>PIC | 结果<br>Result |
|---|---|---|
| 1.通知机舱舵机故障,备车并通知船长<br>Inform engine room about steering gear failure to stand by engine and master | 值班驾驶员<br>OOW | ☐ |
| 2.按照转换程序,操手操舵或应急舵<br>Follow change-over procedures and engage manual/emergency steering | 值班驾驶员<br>OOW | ☐ |
| 3.主机停车<br>Stop engine | 值班驾驶员<br>OOW | ☐ |
| 4.显示失控号型或号灯并更改 AIS 状态信息<br>Exhibit "Not under command" shapes or lights and modify AIS status | 值班驾驶员<br>OOW | ☐ |
| 5.鸣放适当的音响信号<br>Make appropriated sound signals | 值班驾驶员<br>OOW | ☐ |
| 6.查看本船附近他船位置,尽可能远离他船,核实航行危害<br>Position of vessels in the vicinity checked, keep away off other ships as far as possible, and navigational hazards checked | 值班驾驶员<br>OOW | ☐ |
| 7.发布安全或紧急信息,如果适用<br>Broadcast SAFETY or URGENCY message, if appropriate | 船长<br>Master | ☐ |
| 8.定期检查船位,根据当时的情况减速或增加定位频率<br>Check ship's position as regular intervals, slow main engine or increase the position fixing frequency | 值班驾驶员<br>OOW | ☐ |
| 9.如果周围水深和条件允许做好抛锚准备<br>Anchoring prepared if water depth and conditions are appropriate | 船长<br>Master | ☐ |
| 10.如适用,关闭水密门<br>Watertight doors closed, if applicable | 船长<br>Master | ☐ |
| 11.报告公司总值班室<br>Report to Company Ship Control Center | 船长<br>Master | ☐ |
| 12.报告 VTS 或港口当局,如果适用<br>Report to VTS or port authority, as appropriate | 船长<br>Master | ☐ |

续表

| 进一步响应<br>Further Response | 负责人<br>PIC | 结果<br>Result |
|---|---|---|
| 1.调查情况,确认损坏的类型<br>Investigate situation, ascertain type of damage | 轮机长<br>CE | ☐ |
| 2.按照厂家说明书检查损坏项目<br>Inspect damaged items in accordance with manufacturer's instructions | 轮机长<br>CE | ☐ |
| 3.说明损坏的类型和范围,损坏的原因<br>State the type and extent of damage, establish the cause of damage | 轮机长<br>CE | ☐ |
| 4.检查损坏项目是否修理或更换<br>Check if damage items can be repaired or is to be replaced | 轮机长<br>CE | ☐ |
| 5.检查是否需要临时或永久性修理<br>Check if temporary or permanent repair can be carried out | 轮机长<br>CE | ☐ |
| 6.检查船上是否有备件或需要申请<br>Check if required spare parts are on board or fill out a store/spare part form | 轮机长<br>CE | ☐ |
| 7.确认修理是否由船员完成或需要岸上协助<br>Ascertain whether repairs can be carried out by crew or shore assistance required | 船长,轮机长<br>Master, CE | ☐ |
| 8.紧急时向他船或岸上请求协助<br>Ask assistance from other vessel or shore side in instant emergency | 船长<br>Master | ☐ |
| 9.考虑风、流和首向,估算船舶漂移情况<br>Estimate the predicted drift, taking into account the wind, current and ship's head | 船长<br>Master | ☐ |
| 10.检查是否有其他相关问题<br>Check other problems are to be expected | 轮机长<br>CE | ☐ |
| 11.修理前考虑有关的安全问题<br>Consider all safety aspects prior to carrying out repairs | 轮机长<br>CE | ☐ |
| 12.告知驾驶台现在的情况和状态,包括重新启动主机的预期时间<br>Bridge informed of the situation and status, including expected time of restarting the engine | 轮机长<br>CE | ☐ |
| 13.继续航行前进行舵机全面测试<br>Full steering gear tested before restarting passage | 值驾,值水,大管轮<br>OOW,duty AB,2E | ☐ |
| 14.保留损坏的部件以作为将来依据<br>Keep damaged parts onboard for future reference | 轮机长<br>CE | ☐ |

| 其他<br>Others | 负责人<br>PIC | 结果<br>Result |
|---|---|---|
| 1.操作航行数据记录仪,有效保存数据<br>Voyage Data Recorder（VDR or SVDR）information is maintained by stopping continuous recording and saving | 值班驾驶员<br>OOW | ☐ |
| 2.保存 ECDIS 航行数据信息<br>Save ECDIS Voyage Data | 值班驾驶员<br>OOW | ☐ |
| 3.如果可能,保存现场 CCTV 信息资料<br>Save local CCTV information, if possible | 政委<br>Commissar | ☐ |
| 4.保存相关事实、决策的日志/记录<br>Maintain log/record of events and decisions | 船长<br>Master | ☐ |
| 备注 Remarks： | | |

### 2.舵机失灵的应急处理

舵机失灵是指船舶转向系统因机械故障(如齿轮卡死、液压泄漏)、电路中断、控制系统失灵或人为操作错误等,导致舵叶无法按指令转动或完全失去转向能力的紧急状况。此类故障会直接剥夺船舶的操纵能力,尤其在狭窄航道、密集交通区或恶劣海况下,极易引发碰撞、搁浅等严重事故,需立即采取应急措施恢复控制或减缓风险。

首先切换至备用舵机系统(如有)或启用应急手动操舵模式,同时减速停车避免因惯性失控;若完全无法恢复舵效,应紧急启动侧推器(如配备)或通过调整主机转速(单桨船)改变航向,必要时抛锚制动并发布航行警告。船员需迅速排查故障根源(如检查液压油位、电路连接、控制信号),修复后需多次测试舵角响应;若无法现场修复,应申请拖船协助并报告港口当局与船级社。事后须全面检修舵机系统,更新易损部件,强化日常维护与船员应急操舵训练,确保符合 SOLAS 公约对舵机冗余设计与定期试验的要求,避免类似故障重复发生。舵机失灵应急行动询问表如表 3-6-3 所示,舵机失灵等紧急情况报告如表 3-6-4 所示。

表 3-6-3　舵机失灵应急行动询问表(仅供参考)

| 序号<br>No. | 项目<br>Item | 检查内容<br>Checking Content |
|---|---|---|
| 1 | 时间/地点<br>Time/ Place | 船时 Ship local time：_____<br>协调世界时 UTC：_____<br>经度/纬度 longitude/latitude：_____<br>或港口名称 or port name：_____ |
| 2 | 故障情况<br>Failure condition | |
| 3 | 故障原因<br>Cause of failure | |

续表

| 序号<br>No. | 项目<br>Item | 检查内容<br>Checking Content |
|---|---|---|
| 4 | 采取的措施<br>Measures taken | |
| 5 | 是否报主管机关、通报他船及显示信号<br>Whether report to the competent authority, notify other ships and display signals | |
| 6 | 周围的情况(通航密度及水深、底质情况)<br>Surrounding conditions ( navigation density, water depth and sediment) | |
| 7 | 船舶的漂移<br>Ship drift | 漂移方向/ Drift direction：_____<br>漂移速度/Drift speed：_____ 海里/小时 n mile/h |
| 8 | 是否需要紧急抛锚?<br>Whether emergency anchoring is required? | 是 Y□/否 N□ 锚泊时间/Anchorage time：<br>锚位/Anchorage position： |
| 9 | 是否能修复?<br>Whether it can be repaired? | 是 Y □/否 N □ 修复时间 Repair time： |
| 10 | 是否需要救助?<br>Whether need help? | 是 Y □ /否 N □ |
| 11 | 值班情况<br>Duty Status | 驾驶台 Bridge： 机舱 Engine room： |
| 13 | 发生事故时的天气海浪状况<br>Weather condition and sea state | 天气 Weather：_____<br>能见度 Visibility：_____<br>风向 Wind direction：_____<br>风力 Wind force：_____<br>潮流 Tide and current：_____<br>涌浪 Wave and swell：_____ |

表 3-6-4 舵机失灵等紧急情况报告(仅供参考)

| 序号<br>No. | 内容<br>Content | |
|---|---|---|
| AA | 船名 Ship's name | |
| BB | 船位 Ship's position | |
| CC | 发生故障的设备名称<br>Name of the failure equipment | |

| 序号<br>No. | 内容<br>Content | | | |
|---|---|---|---|---|
| DD | 设备故障发生时间<br>Time of equipment failure | | | |
| EE | 故障设备的状况<br>Condition of the failure equipment | | | |
| FF | 已采取的措施<br>Measures taken | | | |
| GG | 船舶状态 Ship's status | 航行 Sailing□　　锚泊 Anchoring□　　靠泊 Berthing□ | | |
| HH | 是否狭水道或复杂航区？<br>Whether narrow channel or complex navigation area? | | | |
| II | 是否有人员伤亡？<br>Whether there are any casualties? | | | |
| JJ | 是否发生污染？<br>Whether causes any pollution? | | | |
| KK | 是否报告主管机关？<br>Whether report to the competent authority? | | | |
| LL | 气象海况<br>Weather condition and sea state | 风 Wind　　　　浪 Wave　　　　涌 Swell<br>能见度 Visibility | | |
| MM | 需要的外部援助<br>External assistance needed | | | |
| NN | 其他 Others | | | |
| OO | | | | |

## 五、实训案例（以某模拟器实操为例）

**实训场景：**船舶处于正常航行中，主机操纵位置在集控室。

**模拟器设置：**使用船舶定速状态文件进行评估，船舶定速航行，电站处于自动模式，3号副机运行，应急发电机自动状态，2号舵机油泵运行。在模型端故障设置中选择甲板机械–舵机液压油系统–舵机系统故障，模型端设置如图3-6-1所示，三维模拟器中舵机失灵场景如图3-6-2所示。

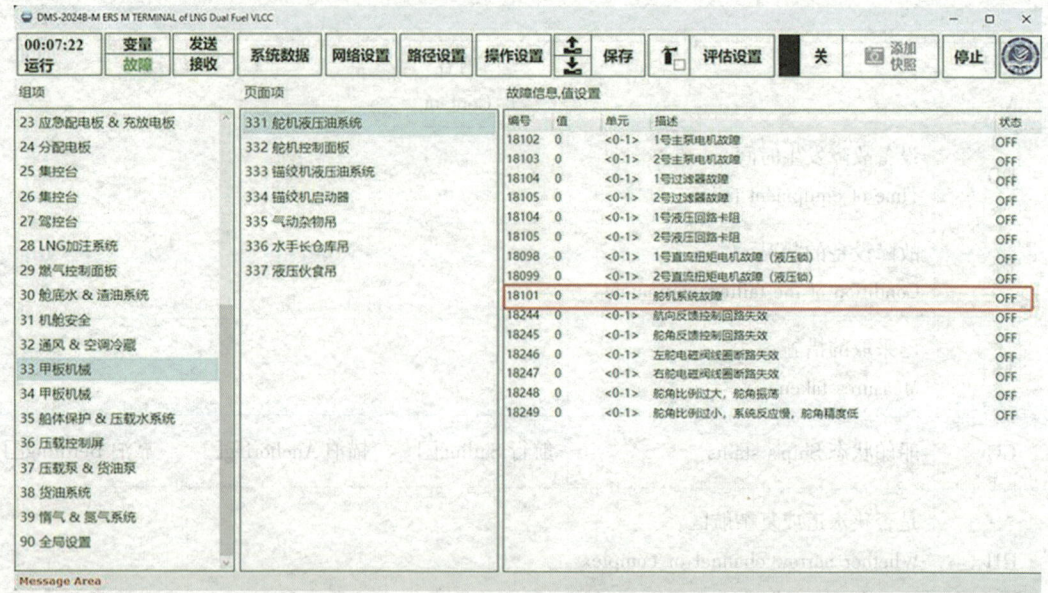

图 3-6-1　全任务轮机模拟器模型端设置:舵机故障

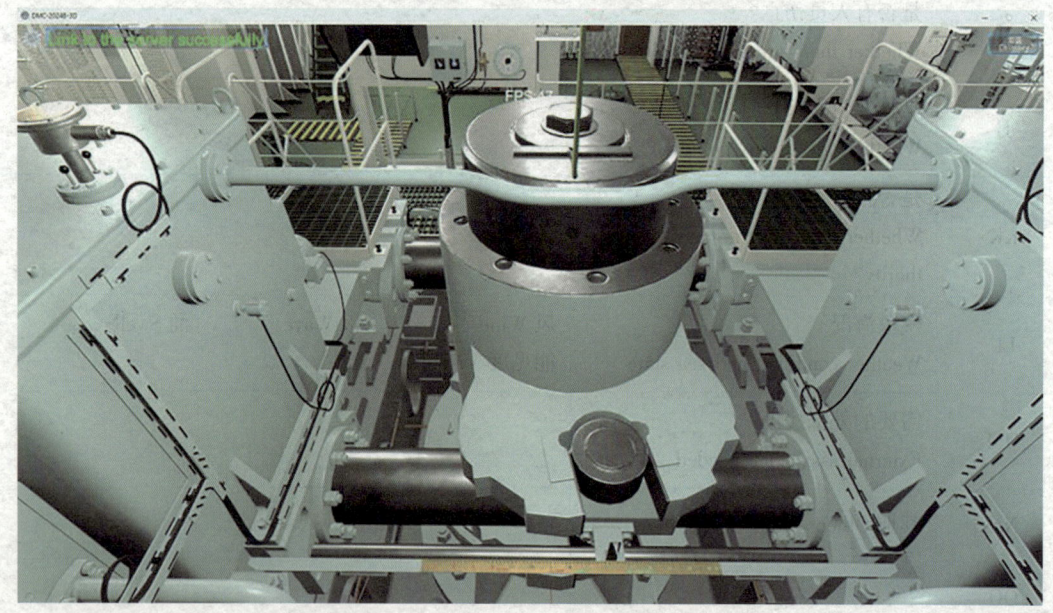

图 3-6-2　全任务轮机模拟器三维场景:舵机失灵

● 舵机失灵采取的措施

机舱有一名值班轮机员(三管轮)值班。此时,评估员电话通知机舱值班轮机员,舵机失灵,无法操纵。

**三管轮——值班人员**(电话回复驾驶台):好的,收到。舵机失灵,无法操纵,请通知船长,到驾驶台。【评估员回复,船长已到达。】

**三管轮**(电话通知大管轮):报告大管轮。舵机失灵,无法操纵,请立即到舵机房。

**大管轮**(电话回复三管轮):好的,收到。舵机失灵,无法操纵,请立即通知船长和轮机长;

启动一台发电机并电。【接到通知后,大管轮立即行动。】

　　**三管轮**(电话回复大管轮):明白。

　　**三管轮**(电话通知轮机长):报告轮机长,舵机失灵,无法操纵,请立即到舵机房。【通知轮机长后,三管轮在集控室启动发电机并电。】

　　**轮机长**:好的,收到。【接到通知后,轮机长立即行动。】

　　**轮机长**:大管轮,通知值班轮机员,要求驾驶台将舵机转换到"应急"操纵系统操舵。二管轮,巡视机舱。

　　**大/二管轮**:明白。【接到指令后,二管轮立即行动。此时,三管轮完成并电,向大管轮报告。】

　　**三管轮**:报告大管轮,发电机已启动,并电。

　　**大管轮**:好的,收到。通知驾驶台,将舵机控制面板上的转换开关转至"应急"位置;通过舵机控制面板上的应急操纵手柄进行单动操舵。

　　**三管轮**:明白。

　　**三管轮**(电话通知驾驶台):驾驶台,将舵机控制面板上的转换开关转至"应急"位置;通过舵机控制面板上的应急操纵手柄进行单动操舵。【驾驶台回复,已转换,还是不能操舵。】

　　**三管轮**(电话回复驾驶台):好的,明白。

　　**三管轮**:报告大管轮,驾驶台回复,已经转换至"应急"位置操舵,但依然无法操纵。现在主机负荷明显增加,增压器转速明显上升,主机需要减速运行。

　　**大管轮**:好的,明白。通知驾驶台,主机需要适当减速,或暂时停车。

　　**三管轮**:明白。

　　**三管轮**(电话通知驾驶台):驾驶台,主机负荷增大,需要适当减速,或暂时停车。【驾驶台回复停车,并将车钟手柄推至停车位置,三管轮应答车钟,停车。同时大管轮向轮机长报告。】

　　**大管轮**:报告轮机长,驾驶台回复,已经转换至"应急"位置操舵,但依然无法操纵。

　　**三管轮**:报告轮机长,主机按驾驶台的要求停车。

　　**二管轮**:报告轮机长,机舱状况正常。

　　**轮机长**:好的,收到。

　　大管轮,安排二管轮值守集控室,指派一名机工协助值班;通知三管轮,到舵机房协助处理故障。

　　**大管轮**:明白。

　　**大管轮**:二管轮值守集控室,0~4班机工协助值班;通知三管轮,到舵机房协助处理故障。

　　**二管轮**:明白。

　　**二管轮**:三管轮,大管轮安排,我值守集控室,机工值班;你到舵机房协助处理故障。

　　**三管轮**:好的,收到。【接到通知后,三管轮立即行动。】

　　**轮机长**:大管轮,请船长安排一名驾驶员和水手到舵机房,配合三管轮在舵机房操舵。

　　**大管轮**:明白。

　　**大管轮**(电话通知驾驶台):驾驶台,请船长安排一名驾驶员和水手到舵机房操舵。【驾驶台回复同意。】

　　**大管轮**:三管轮,指导水手,将舵机控制箱上的"遥控/机旁"转换开关转至"机旁"位置;通过控制箱上的"左舵"和"右舵"按钮操舵。

**三管轮**：明白。【接到指令后，三管轮立即行动。】

**三管轮**：报告大管轮，已将舵机控制箱上的"遥控/机旁"转换开关转至"机旁"位置；通过控制箱上的"左舵"和"右舵"按钮操舵成功。水手已掌握操舵方法。

**大管轮**：好的，明白。

**大管轮**：报告轮机长，机旁操舵正常。

**轮机长**：好的，收到。

大管轮通知驾驶台，应急操舵，主机可以启动正常航行。

**大管轮**：明白。

**大管轮**（电话通知驾驶台）：驾驶台，应急操舵，主机可以启动正常航行。【驾驶台接到通知后，推动车钟启动主机至正常运行状态。】

**大管轮**：报告轮机长，船舶已正常航行。

**轮机长**：好的，收到。

大/三管轮，立即排查故障。

**大/三管轮**：明白。【接到指令后，大/三管轮立即行动。】

**大管轮**：报告轮机长，舵机失灵的主要原因通常包括：

①船舶失电导致舵机无法正常工作。

②舵机控制系统故障。

③液压动力系统故障导致舵机无法正常工作。

④轴承故障导致舵机无法正常转动。

⑤船舶擦底或搁浅等导致舵机、舵叶损坏故障。

根据本次故障现象，舵机遥控操纵失效、机旁操作正常的情况分析，原因可能是：舵机控制系统故障。经排查，发现控制系统内部一块电路板损坏，已将电路板换新。可以转驾控模式测试一下。

**轮机长**：好的，收到。安排驾驶台测试。

**大管轮**：明白。

**轮机长**：三管轮，将舵机控制箱上的"遥控/机旁"转换开关转至"遥控"位置，通知驾驶台将舵机控制面板上的转换开关分别转至"应急/随动/自动"位置；通过单动手柄/舵轮/自动操舵，检查舵效。

**三管轮**：明白。

**三管轮**（电话通知驾驶台）：驾驶台，将舵机控制箱上的"遥控/机旁"转换开关转至"遥控"位置，通知驾驶台将舵机控制面板上的转换开关分别转至"应急/随动/自动"位置；通过单动手柄/舵轮/自动操舵，检查舵效。【驾驶台回复，操舵正常。】

**三管轮**（电话回复驾驶台）：好的，收到。

**三管轮**：报告大管轮，驾驶台测试舵机正常。

**大管轮**：报告轮机长，驾驶台测试舵机正常。

**轮机长**：好的，收到。


◎舵机失灵处理后的工作

**轮机长**：大管轮，安排三管轮继续值班，其他人员继续原先的工作；将今天的故障情况记入轮机日志,写一份详细的舵机失灵事故报告,把舵机发生故障的时间、海况、地点、原因、抢修经过和采取的措施等情况记录清楚。

**大管轮**:明白。

**大管轮**:三管轮,继续值班。将舵机失灵故障的时间、海况、地点、原因、所采取的措施、处理结果等情况记入轮机日志。

其他人员继续原先的工作。

**各轮机员**:明白。【接到指令后,三管轮立即行动。】

**三管轮**:报告大管轮,将舵机失灵故障的时间、海况、地点、原因、所采取的措施、处理结果记入轮机日志。

**大管轮**:好的,收到。

**轮机长**:报告考官,舵机失灵演习结束。

【演习结束。】

# 第七节　☆CE/2E/3E/4E 机舱火灾（实操+口述）

## 一、评估目的

适用于☆CE/2E 的评估:

通过实践训练,旨在帮助考生熟悉船舶机舱火灾时的领导力与管理技能应用。重点培养考生对机舱资源管理原则的理解与实践能力,包括但不限于团队管理、资源配置、集体协作意识、态势感知及跨文化认知等核心要素。要求考生能够胜任分组研讨、模拟演练、任务分工等评估项目,形成有效沟通、资源协调、团队协作、态势把控、决策指挥等综合能力。

适用于☆3E/4E 的评估:

通过实践操作,确保轮机值班人员能够在船舶机舱火灾时具备资源优先级分配的能力,建立与机舱值班团队及驾驶台人员的精准沟通机制。重点培养带领团队快速响应驾驶台/轮机长指令的核心能力,以及持续监控设备状态与环境变化的专业素养。能够有效协调与规划、合理进行人员配置、识别生理与心理极限、统筹时间与资源限制、考量人员资质水平、建立优先级体系、优化工作负荷分配、关注作息与疲劳管理、应对挑战与反馈机制。

## 二、评估内容及要求

(1)快速切断火场区域电力供应,启动固定灭火系统预备程序,监测相邻舱室温度变化。

(2)使用防火防爆通信设备,建立火情发展动态通报机制,实施关键操作的双人确认制度。

(3)决策灭火系统启动时机与范围,组织人员撤离,制定搜救路线,协调设备冷却与电力保障。

## 三、评估组织与标准

### 1.评估方式
使用全任务轮机模拟器(或自动化机舱)进行评估实操加口述的方式。

### 2.任务（场景）描述
(1)人员情况:三管轮在集控室值班,轮机部其他人员不在机舱。

(2)设备情况:船舶处于正常航行状态,值班人员突然发现主机着火,事故是由于主机高压油管泄漏,燃油滴落至高温排烟管引起自燃,轮机部团队成员对该应急情况进行处置。

### 3.评估程序
被评估人员(考生)到位,按照要求进行处理。

### 4.分组方式
(1)成员组成:2 名评估教师组成评估团队;4 名考生组成机舱团队(分别模拟轮机长、大管轮、二管轮、三管轮)。

(2)岗位分布:分别在驾驶台、集控室或机舱各安排 1 名实训教师。其中各轮机员分别代表探火组、隔离组、救护组;一人可分别扮演不同角色。

### 5.评估时间
不超过 20 min。

### 6.评估要求
能够正常处理评估员发出的各种指令,并口头回答评估员的相关问题。机舱火灾评估标准表见表 3-7-1。

**表 3-7-1 机舱火灾评估标准表( ☆CE/2E/3E/4E) (供参考)**

| 序号 | 评估要素 | 情景 | 评价标准 | 考核要点 |
|---|---|---|---|---|
| 第一阶段 | ●机舱发生火灾 | 1.船舶在正常航行;<br>2.轮机员发现机舱失火 | **轮机长/大管轮:**<br>①收到警报,按照应变部署表的要求采取行动;<br>②命令停掉相关设备,通知人员撤离,清点人数;<br>③停止机舱和生活区通风,关闭机舱天窗、烟囱通风闸门,切断电源、关闭速闭阀,按下风油切断;<br>④开启应急发电机和应急消防泵;<br>⑤在对火情做出分析后,组织二人一组消防员对火场采取灭火行动,同时用低压水雾枪对火场附近的甲板、舱壁和油舱进行冷却;<br>⑥报告驾驶台做释放固定式二氧化碳灭火系统准备,若决定使用该系统,在释放前再确认所有人员已从机舱撤离,在模拟器消防控制站完成一次性释放所有二氧化碳钢瓶到机舱的操作;<br>⑦持续监测机舱舱壁温度,检查隔离效果 | 1.具有情景意识;<br>2.充分利用机舱资源;<br>3.懂得应急操作程序和要求;<br>4.具备团队合作意识 |

| 序号 | 评估要素 | 情景 | 评价标准 | 考核要点 |
|---|---|---|---|---|
| | | | **轮机长**：<br>①充分冷却之后,轮机长安排二次探火,命令探火组发现小火,使用现场灭火器继续补充灭火;<br>②如扑救无效,报告船长。<br>**二/三管轮**：<br>①确认(机舱)报警地点;<br>②按下就地报警按钮;<br>③报警后,该船员应立即就近寻找灭火器材进行灭火,同时关闭失火舱室内的通风筒及防火板(如有)报告驾驶台火警情况;<br>④火灾无法扑灭时,驾驶台发出消防警报信号;<br>⑤全体船员按应变部署表上的分工要求,携带有关消防器材到集合站;<br>⑥按照应变部署表履行自己的职责 | |
| 第二阶段 | ◎火灾解除后的工作 | 1.二次探火;<br>2.通风;<br>3.清理检查 | **轮机长及所有轮机员**：<br>①现场损失清点;<br>②事故报告;<br>③事后总结 | 1.具有情景意识和判断能力;<br>2.具有沟通与协调能力;<br>3.具有团队合作意识与沟通技巧;<br>4.在处理过程中适当表现对于安全、疲劳的预防意识 |

## 四、评估基本知识要点

### 1.船舶消防知识须知

船舶作为水上运输工具,由于其所装载货物中可燃易燃货物较多,船舶起居处所内装修和船员日常生活用具大量采用木材、化纤等可燃易燃材料,以及船舶机器中的电力、动力设备中储油柜及输油管内存有大量燃滑油,尤其是油船,其本身就是储运易燃易爆物的载体,其潜在的火灾危险更大。船舶一旦发生火灾,由于船舶内部结构复杂、分舱多、通道狭窄、回旋余地小、有效扑救设施有限,以及很难得到外部援助等因素,使火灾的施救工作范围受到影响和限制,所以火灾对船舶的安全威胁很大,易造成重大损失,甚至严重影响海洋环境。

为了有效地预防和控制火灾,应了解以下几点:

(1)燃烧条件

燃烧必须同时具备三个条件,缺一不可,即可燃物、助燃物和着火源。可燃物是能在空气中或其他氧化剂中发生燃烧反应的物质,可分为固体、液体和气体,如原油、含油棉纱等。助燃物是与可燃物相互结合能导致燃烧的物质,如氧气等。没有助燃物,任何物质都烧不起来。油船油舱惰化就是应用减少助燃物的方法来降低火灾危险。空气中含氧量降低至11%以下,一般物质的燃烧就会熄灭。能引起可燃物燃烧的热能源都叫作着火源,最常见的着火源有明火焰、炽热体、火星和电火花等。

（2）防火控制

船舶在营运中发生火灾,由于灭火难度比陆地上大,因此为了保障船舶安全营运,必须认真贯彻消防"预防为主,防消结合"的原则,充分利用现代船舶装备的各种消防设备器材,有的放矢地做好船舶防火控制。

控制可燃物品,即在营运过程中有效地隔离、冷却及及时处理各种含油及可燃物,能有效降低可燃物与其他燃烧因素接触的机会。通风控制,在船舶火灾中,空气可以起助燃作用,当发生火灾后,应该迅速切断通向火灾现场的所有通风管道和通风设备,对通风设备按国际公约和国内法规的要求,装有可靠、能迅速关闭的装置。热源(货源)控制,船上热源较多且温度高,尤其对机舱的热表面要采取包扎绝热层,高压高温容器及装置应装有安全阀,以及在船员起居舱室设置专用吸烟室及禁止在其他地方吸烟、使用电炉等措施来减少热源,以防止火灾。

（3）火灾的蔓延

一切可燃物的燃烧,除了必须有空气外,周围温度达到该可燃物的燃点才会燃烧。所以可燃物质从不燃烧到燃烧从而导致火灾,首先是热量的传播,热传播是火灾蔓延的重要因素。热传播有三种形式:传导、辐射、对流。

（4）灭火程序

任何船员在船上发现火灾后,应迅速采取措施,如一般可燃物起火或火灾范围不大,应一面呼救,一面使用火场附近的灭火器材,针对火的类别进行施救,力争控制火灾蔓延以至扑灭;如是大范围火灾,首先向驾驶台报告起火的地点、火的种类和范围、已采取的措施及结果,同时应尽可能关闭所有门窗、通风筒及系统,疏散易燃可燃物质,用水冷却舱壁及甲板,防止热量传播。

驾驶台在接到报告后应立即发出救火紧急信号,船长为防止火灾的蔓延应采取减速或倒车的措施,使着火点位于下风,以利于风力将火焰吹向舷外。所有船员均应按应变部署表上所规定携带的消防器材迅速到达现场,听船长命令决定是否使用固定式灭火系统,大副为现场总指挥(机舱内轮机长为现场总指挥),根据现场火情采取相应措施,有效扑灭火灾。

（5）火的分类

甲类火:普通可燃固体着火,主要是用水来施救。

乙类火:可燃液体或可溶固体,此类火限于表面燃烧,但有爆炸危险。乙类火多采用干粉、泡沫、二氧化碳等来施救。

丙类火:可燃气体着火,宜用卤代烷及干粉来扑灭。

丁类火:可燃金属引起的火灾。

电气火:并不属于哪一类,其灭火原则,首先切断电源再按甲类火扑灭,如无法断电应用不导电卤代烷、干粉和二氧化碳加以扑灭。

（6）灭火方法

隔离法:即切断可燃物与火源或助燃物的接触,使其失去着火条件而熄灭。

窒息法:使可燃物与空气隔绝,因缺氧而窒息,达到灭火目的。

冷却法:降低燃烧物的温度,使燃烧温度低于燃烧物的燃点温度而熄灭。

抑制法:即化学中断法。

### 2.灭火系统和设备的操作和使用

(1)$CO_2$ 灭火系统

$CO_2$ 灭火系统保护区域:机舱、泵舱、分油机房、惰气间。

当火灾无法用手提式灭火器扑灭时:确认所有工作人员已撤离火灾现场,将所有通往机(泵)舱的开口和通风口关闭,关闭该处所的通风机。去消防控制站,按铭牌打开着火处所的释放箱,此时着火处所内的 $CO_2$ 释放报警响起,着火处所内的通风机及燃油装置自动关闭。拉下释放阀箱内的两个球阀手柄,然后取钥匙去打开供气瓶箱门以逆时针方向把 $CO_2$ 引导瓶的阀门打开,系统开始启动,此时延时器开始动作。$CO_2$ 钢瓶瓶头阀将在预设的一段延时时间后打开,$CO_2$ 气体放入着火场所。进入 $CO_2$ 室,检查所需的钢瓶是否已全部自动打开,如仍有钢瓶未自动打开,则须用手柄手动开启未开的瓶头阀。

应急操作顺序:在无法从释放箱操作的情况下,$CO_2$ 系统可以按照下列步骤在 $CO_2$ 室内进行操作:确认所有工作人员已撤离火灾现场,所有通往火场的开口和通风口已关闭,进入 $CO_2$ 室,按铭牌指示手动打开相应着火处所的主阀。此时,着火处所内的 $CO_2$ 释放报警响起,着火处所内的通风机及燃油装置自动关闭。

(2)甲板泡沫灭火系统

当货油甲板发生火灾时,须按下列程序进行操作:发现火情时,立即通知值班驾驶员,打开相应甲板泡沫炮底下的阀门,打开泡沫站室中的阀门,启动机舱消防水泵和泡沫液泵,令整个泡沫系统投入工作。用泡沫扑灭油类火灾时,严禁将泡沫直接喷射在燃烧的液体上,喷射泡沫时,须使得泡沫液流至燃烧的液体并将其覆盖,最多同时使用 2 门炮或 1 门炮及 2 具手提式泡沫枪,如果泡沫管损坏或泄漏,则关闭损坏管路前一段的阀门。

注意事项:在演习时要打开所有泡沫炮,在规定时间内出水,不能打开泡沫柜出口阀。泡沫液贮罐泡沫有效期为 2 年。一旦使用后,液体泡沫泵应清洗,贮罐要补足全部数量的泡沫液。

(3)水灭火系统

水灭火系统用于扑灭一般固体物质的火灾,喷雾水枪喷出水雾能罩住燃烧物,吸热后形成蒸汽窒息火焰,可用于扑灭原油的火灾。水柱或水雾能对油舱壁、甲板等进行冷却和保护消防人员免受火辐射热的灼伤,使消防人员更能接近火场。

注意事项:对于闪点低于 60 ℃的油类火灾,采用水灭火系统灭火效果极差;不能用于扑灭未断电的电气设备的火灾。

应急消防泵操作:检查泵进排阀处于开启状态;无影响运行故障;检查自吸装置是否正常,停泵时自吸装置传动轮与泵轴传动轮应紧密接触,当泵建立起压力时自动脱开;按启动按钮进行启动,并观察压力、泵的工作工况。

(4)压力水雾喷淋系统

在阀控板处手动释放,在阀控板上按下指定区域的水雾释放按钮,高压水泵就会启动,同时对应区域的电磁阀会打开。当火被扑灭后,在阀控板上进行停泵和关阀操作。

（5）灭火器的操作和使用方法

①$CO_2$ 手提式灭火器的使用方法：拔掉安全销；将喷射管对着火焰底部；压下释放扳杆，释放 $CO_2$。注意：一定要防止人员冻伤及缺氧，且离火焰 $2\sim3$ m。

②干粉灭火器的使用方法：拔掉安全销；将喷嘴对着火焰；压下释放扳杆；在火焰前部 $15$ cm 处左右来回覆盖喷射。

③水成膜泡沫灭火器的使用方法：拔掉插销；压下安全销；将喷射管对着火焰喷射，使泡沫覆盖火焰。

④轻水泡沫灭火器的使用方法：拔掉插销；压下安全销；将喷嘴对着火焰喷射。

⑤推车式泡沫灭火器的使用方法：将灭火器推到火场附近；把软管（水带）拉出，将泡沫枪对准火焰边缘；打开气瓶，泡沫喷出，覆盖火焰。

⑥可携式泡沫灭火装置的使用方法：启动消防泵；消防水带与消防管系，以及消防水带与泡沫枪接妥；背上 $20$ L 泡沫液背桶或将泡沫桶放置在地上，将吸管插入泡沫桶；开启消火栓，打开泡沫枪出口阀；将泡沫枪对准火源灭火。

### 3.消防演习

消防演习记录表如表 3-7-2 所示。

表 3-7-2　消防演习记录表(仅供参考)

M/V( 船舶 )：_____

1. Abandon ship & fire drills（state date of drill）弃船演习和消防演习(演习日期)

|  |  |  |  |  |
| --- | --- | --- | --- | --- |
|  |  |  |  |  |

2.SOPEP drill（state date of drill）船舶防油污演习

|  |  |  |  |  |
| --- | --- | --- | --- | --- |
|  |  |  |  |  |

3.Recovery of persons from the water at sea/MOB drill or exercise（state date of drill or exercise）
　营救海上落水人员/人落水演习或训练（演习或训练日期）

| Recovery of persons from the water at sea 营救海上落水人员 |  | MOB 人落水 |  |
| --- | --- | --- | --- |
|  |  |  |  |

4.Lifeboat/Rescue boat lower in water with hooks off and maneuvering（state date of drill）
　放艇入水,脱钩和操作(操练日期)

| Davit launching lifeboat（Starboard）架放式右救生艇 |  | Davit launching lifeboat（Portside）架放式左救生艇 |  |
| --- | --- | --- | --- |
| Free fall launching boat 自由降落式救生艇 |  |  |  |
| Rescue boat 救助艇 |  |  |  |

5.Enclosed spaces entry and rescue drill or exercise（state date of drill or exercise）

封闭舱室的进入和救助演习或训练（演习或训练日期）

| | | | | |
|---|---|---|---|---|
| | | | | |

6.Other drills or exercises in the month as required（state category and date）

本月其他演习/训练(名称和日期)

| | | |
|---|---|---|
| | | |
| | | |

## 4.事故报告

火灾事故报告格式如表 3-7-3 所示。

**表 3-7-3　火灾事故报告格式(仅供参考)**

船舶火灾事故报告

(一)本船概况

| 船名 | | 国籍 | | 船籍港 | |
|---|---|---|---|---|---|
| 船舶所有人/经营人 | | | | | |
| 地址 | | | 电话 | | |
| 船舶代理人/租船人 | | | | | |
| 地址 | | | 电话 | | |
| 出发港 | | 目的港 | | 载货种类/数量 | |
| 总长 | | 型宽 | | 型深 | 船质 |
| 总吨 | | 净吨 | 载重吨/箱位 | | 船龄 |
| 船舶种类 | | | 满载吃水 | 前：后： | |
| 发生事故时的吃水 | | 前：后： | 抵港吃水 | 前：后： | |
| 最小冲程 | | 最小旋回半径 | | 最大航速 | |
| 主机类型 | | 功率 | | 货舱数 | |
| 雷达 | 型号 | 最大射距 | 最小射距 | 方位误差 | 距离误差 |
| | | | | | |
| GPS 型号 | | 陀螺罗经型号/误差 | / | 磁罗经型号/误差 | / |

| 值班船员 | 姓名 | 适任证书号码 | 类别 | 等级 | 职务 |
|---|---|---|---|---|---|
| 值班驾驶员 | | | | | |
| 值班轮机员 | | | | | |

(二)火灾事故的详细经过

| |
|---|
| |

（三）损失情况

（四）火灾事故原因分析

（五）经验教训和措施

（六）事故责任认定和处理

## 五、实训案例（以某模拟器实操为例）

**实训场景**：船舶在正常航行中，主机操纵位置在驾驶台。机舱无人值班状态。值班轮机员（三管轮）正在巡视机舱。

**模拟器设置**：使用状态船舶定速进行评估，船舶定速航行，电站处于自动模式，3号副机运行，应急发电机自动状态。在界面端点击任意水雾保护区域内的Fire Set按钮激活机舱失火场景，界面端如图3-7-1所示。三维模拟器中主机着火场景如图3-7-2所示。

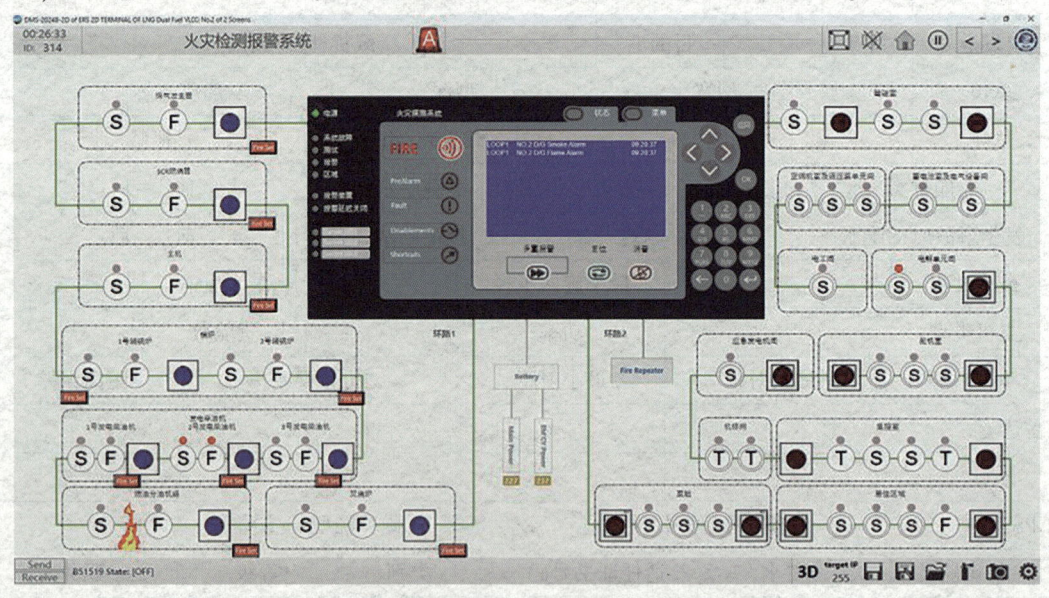

图3-7-1　全任务轮机模拟器二维场景：火灾检测报警系统

●机舱发生火灾（CE/2E/3E/4E）

【三管轮(值班轮机员)，发现主机排气管处有火情。三管轮迅速按下机舱手动火灾报警按钮，同时呼喊主机排气管着火了。然后，三管轮从机舱跑进集控室电话通知驾驶台。】

**三管轮——值班人员**（电话通知驾驶台）：驾驶台，主机舱有火情，火势不大，主机舱风机已停止，通风筒，防火板已关闭。已用手提式灭火器灭火，但火势没有减小。请发出全船火灾报警。

图 3-7-2　全任务轮机模拟器三维场景：主机着火

【驾驶台(评估员)回复后,发出火灾警报(警铃 1 min 后四长声)或广播通报主机着火。全体人员听到火灾报警后,立即到达指定地点。】

**轮机长**(电话联系船长):报告船长,主机排气管处发生火灾,请求启动火灾应急程序。【船长(评估员)表示同意。】

**轮机长**(电话回复船长):好的,收到。

**轮机长**(对全体人员):主机排气管发生火灾,现在启动火灾应急程序。

**轮机长**:大管轮,清点人数。【接到指令后,大管轮立即行动。】

**大管轮**:报告轮机长,人员全部到齐。

**轮机长**:好的,收到。

**轮机长**:二/三管轮,按照应变部署,带领相关人员切断除主机以外的其他设备电源,关闭主机舱舱门;启动应急消防泵,安排相关人员冷却主机舱周边舱壁、甲板、油舱;进入分油机间探明火情。

**二/三管轮**:明白。【接到指令后,各轮机员立即行动。】

**三管轮**:报告轮机长,主机舱设备电源已切断,舱门已关闭;应急消防泵已启动,正在冷却主机舱周边舱壁、甲板、油舱。经探火发现主机舱因油棉纱自燃导致火灾,带入的手提式灭火器已用完,火势蔓延。

**轮机长**:好的,收到。

**轮机长**(电话联系驾驶台):报告船长,主机舱设备电源已切断,舱门已关闭;应急消防泵已启动,正在冷却主机舱周边舱壁、甲板、油舱。经探火发现主机舱因高压油管泄漏,燃油滴落至排气管高温自燃,导致火灾,带入的手提式灭火器已用完,火势蔓延。请求主机停车,封闭机舱,使用固定式二氧化碳灭火系统灭火。【船长(评估员)回复同意,然后停止主机。】

**轮机长**(电话回复船长):好的,收到。

**轮机长**(对全体人员):火势蔓延,准备使用固定式二氧化碳灭火系统灭火。

**轮机长**:二/三管轮,立即停止机舱和生活区通风,关闭机舱天窗、烟囱通风闸门,切断主电源、关闭速闭阀,按下风油切断;启动应急发电机供电。

**二/三管轮**:明白。【接到指令后,各轮机员立即行动。】

**三管轮**:报告轮机长,机舱和生活区通风已停止,机舱天窗、烟囱通风闸门已关闭,主电源已切断、速闭阀已关闭,风油切断已按下;应急发电机已启动供电。

**轮机长**:好的,收到。

**轮机长**:二/三管轮,开启固定式二氧化碳释放控制箱的门,释放二氧化碳报警。

**二/三管轮**:明白。【接到指令后,各轮机员立即行动。】

**三管轮**:报告大管轮,固定式二氧化碳释放控制箱的门已开启,二氧化碳报警已释放。

**大管轮**:好的,收到。【听完三管轮汇报后,大管轮做清点人数的动作。】

**大管轮**:报告轮机长,固定式二氧化碳释放控制箱的门已开启,二氧化碳报警已释放;人员已清点完毕,所有人员都已撤离机舱。

**轮机长**:好的,收到。

**轮机长**(电话联系驾驶台):报告船长,机舱固定式二氧化碳释放准备工作已完成,二氧化碳报警已释放。人员已清点完毕,所有人员都已撤离机舱。请求立即释放二氧化碳至机舱灭火。【船长(评估员)表示同意。】

**轮机长**(电话回复船长):好的,收到。

**轮机长**:大管轮,立即组织人员将二氧化碳一次性足量释放至机舱。注意操作步骤:首先,开启通往机舱支管上的释放阀;其次,开启释放总管上的释放阀;最后,开启二氧化碳钢瓶的瓶头阀。

**大管轮**:明白。

**大管轮**:二/三管轮,将二氧化碳一次性足量释放至机舱。注意操作步骤:首先,开启通往机舱支管上的释放阀;其次,开启释放总管上的释放阀;最后,开启二氧化碳钢瓶的瓶头阀。

**二/三管轮**:明白。【接到指令后,各轮机员立即行动。】

**三管轮**:报告大管轮,按照先开支管释放阀;再开总管释放阀;最后开瓶头阀的顺序,已将二氧化碳一次性足量释放至机舱。

**大管轮**:好的,收到。

**大管轮**:报告轮机长,二氧化碳已一次性足量释放完毕。

**轮机长**:好的,收到。

【舱壁温度正常、二氧化碳浓度下降至安全范围后。】

**三管轮**:报告大管轮,主机舱舱壁温度已恢复正常、二氧化碳浓度已下降至安全范围。

**大管轮**:好的,收到。

**大管轮**:报告轮机长,主机舱舱壁温度已恢复正常、二氧化碳浓度已下降至安全范围。

**轮机长**:好的,收到。

**轮机长**:大管轮,安排人员进入主机舱探火。

**大管轮**:明白。

**大管轮**:二/三管轮,进入主机舱探火。

**二/三管轮**:明白。【接到指令后,各轮机员立即行动。】

**三管轮**:报告大管轮,经探火发现,主机舱尚有一处小火未完全熄灭。

**大管轮**:好的,收到。

**大管轮**:报告轮机长,经探火发现,主机舱尚有一处小火未完全熄灭。

**轮机长**:好的,收到。

**轮机长**:大管轮,立即组织人员用手提式泡沫灭火器将其扑灭。

**大管轮**:明白。

**大管轮**:二/三管轮,用手提式泡沫灭火器将其扑灭。

**二/三管轮**:明白。【接到指令后,各轮机员立即行动。】

**三管轮**:报告大管轮,探火人员已进入主机舱用手提式泡沫灭火器将小火完全扑灭。

**大管轮**:好的,收到。

**大管轮**:报告轮机长,主机舱的小火已被扑灭。

**轮机长**:好的,收到。

**轮机长**:大管轮,保持主机舱继续冷却,持续检测舱壁温度。

**大管轮**:明白。

**大管轮**:二/三管轮,保持主机舱继续冷却,持续检测舱壁温度。

**二/三管轮**:明白。【接到指令后,各轮机员立即行动。】

**三管轮**:报告大管轮,主机舱继续冷却 5 h,舱壁温度正常。

**大管轮**:好的,收到。

**大管轮**:报告轮机长,主机舱继续冷却 5 h,舱壁温度正常。

**轮机长**:好的,收到。

**轮机长**:大管轮,安排人员进入主机舱探火。

**大管轮**:明白。

**大管轮**:二/三管轮,进入主机舱探火。

**二/三管轮**:明白。【接到指令后,各轮机员立即行动。】

**三管轮**:报告大管轮,经探火发现,主机舱火已熄灭,火场温度恢复正常,无复燃可能。

**大管轮**:好的,收到。

**大管轮**:报告轮机长,经探火发现,主机舱火已熄灭,火场温度恢复正常,无复燃可能。

**轮机长**:好的,收到。

**轮机长**(电话联系船长):报告船长,主机舱火已熄灭,火场温度恢复正常,无复燃可能。请求通风。【船长(评估员)表示同意。】

**轮机长**(电话回复船长):好的,收到。

**轮机长**:大管轮,立即组织人员开启机舱天窗、烟囱通风闸门、防火挡板;启动机舱通风机充分通风。3 h 以后测氧测爆。

**大管轮**:明白。

**大管轮**:二/三管轮,开启机舱天窗、烟囱通风闸门、防火挡板;启动机舱通风机充分通风。3 h 以后测氧测爆。

**二/三管轮**:明白。【接到指令后,各轮机员立即行动。】

**三管轮**:报告大管轮,机舱天窗、烟囱通风闸门、防火挡板已开启;机舱通风机已启动通风 3 h。经测氧测爆,机舱能见度良好,氧气含量已达 21%,可燃气体浓度在爆炸下限的 1%以下,人员可以进入。

**大管轮**:好的,收到。

**大管轮**:报告轮机长,机舱已通风 3 h。经测氧测爆,机舱能见度良好,氧气含量已达 21%,可燃气体浓度在爆炸下限的 1%以下,人员可以进入。

**轮机长**:好的,收到。

**轮机长**(电话联系船长):报告船长,机舱已通风 3 h。经测氧测爆,机舱能见度良好,氧气含量已达 21%,可燃气体浓度在爆炸下限的 1%以下。请求解除火警,清理火灾现场,恢复航行。【船长(评估员)表示同意。】

**轮机长**(电话回复船长):好的,收到。

◎ 火灾解除后的工作(CE/2E/3E/4E)

**轮机长**:大管轮,解除火警,组织人员清理火场,恢复机舱正常供电,启动风油设备,主机备车。

**大管轮**:明白。

**大管轮**:二/三管轮,清理火场,恢复机舱正常供电,启动风油设备,主机备车。

**二/三管轮**:明白。【接到指令后,各轮机员立即行动。】

**三管轮**:报告大管轮,火场已清理,机舱恢复正常供电,风油设备已启动,主机已备妥。

**大管轮**:好的,收到。

**大管轮**:报告轮机长,火场已清理,机舱恢复正常供电,风油设备已启动,主机已备妥。

**轮机长**(电话联系船长):报告船长,主机已备妥,可恢复航行。【船长(评估员)表示同意,并要求做好善后工作。同时,将驾驶台车钟推至主机运行位置。】

**轮机长**(电话回复船长):好的,收到。

**轮机长**(对所有轮机员):大管轮、二/三管轮,清点火灾损失;请各轮机员合作根据公司体系和相关法规的规定,完成火灾事故的报告和总结。事故报告的内容应包括:船舶概况、火灾事故经过、事故原因与分析、损失情况、责任与教训等。

**各轮机员**:明白。【接到指令后,各轮机员立即行动。】

**三管轮**:报告大管轮,火场损失清点完毕。我的事故报告已完成,已将船舶概况、火灾事故经过、事故原因与分析、损失情况、责任与教训等内容写清楚。此次火灾事故中,我主要负责协助切断相关设备电源、油路、通风及使用二氧化碳灭火器进行灭火操作。火灾发生时,我迅速响应,第一时间报警,并采取了基本的灭火措施。今后,我会加强应急演练,提升心理素质,确保在紧急状况下能迅速、准确取用消防设备;同时,增进与团队成员的沟通协作,明确各自职责,使应急行动更加顺畅高效,保障船舶安全运营。

**大管轮**:好的,收到。

**大管轮**:报告轮机长,火场损失清点完毕。各轮机员已完成事故报告。已将船舶概况、火灾事故经过、事故原因与分析、损失情况、责任与教训等内容写清楚。

作为大管轮,在本次火灾扑救中,我主要负责组织协调现场灭火工作。火灾警报响起,我即刻奔赴现场,一方面指挥二/三管轮切断电源、油路、通风。另一方面组织人员准备各类灭火器材扑救火灾。后续我会根据本次火灾演习工作的情况,完善应急预案中的人员分工细则;督促轮机员对消防设备的日常巡检维护,确保关键时刻设备能正常运行,提升应对火灾等突发事件的能力,保障船舶轮机设备安全。

**轮机长**:好的,收到。

**轮机长**(对所有轮机员):我将综合各位的报告内容,整理完善后交船长发往公司。本次船舶机舱火灾事故为我们敲响警钟,安全管理工作容不得丝毫懈怠。今后要牢固树立安全第一的理念,将隐患排查治理、人员培训、制度执行等工作落到实处,避免类似事故再次发生,保障船舶运营安全与人员生命财产安全。

**各轮机员:**明白。

**轮机长:**报告考官,机舱火灾事故处理完毕。

【演习结束。】

# 第八节 ☆CE/2E/3E/4E 机舱进水(实操+口述)

## 一、评估目的

适用于☆CE/2E 的评估:

通过实践训练,旨在帮助考生熟悉机舱进水时的领导力与管理技能应用。重点培养考生对机舱资源管理原则的理解与实践能力,包括但不限于团队管理、资源配置、集体协作意识、态势感知及跨文化认知等核心要素。要求考生能够胜任分组研讨、模拟演练、任务分工等评估项目,形成有效沟通、资源协调、团队协作、态势把控、决策指挥等综合能力。

适用于☆3E/4E 的评估:

通过实践操作,确保轮机值班人员能够在机舱进水时具备资源优先级分配的能力,建立与机舱值班团队及驾驶台人员的精准沟通机制。重点培养带领团队快速响应驾驶台/轮机长指令的核心能力,以及持续监控设备状态与环境变化的专业素养。能够有效协调与规划、合理进行人员配置、识别生理与心理极限、统筹时间与资源限制、考量人员资质水平、建立优先级体系、优化工作负荷分配、关注作息与疲劳管理、应对挑战与反馈机制。

## 二、评估内容及要求

(1)模拟机舱进水时轮机部团队恢复船舶正常运行的工作过程,要求实训流程正确,具备正常航行中机舱进水时的情景意识。

(2)机舱与驾驶台、轮机长与轮机员之间沟通时使用正确的通信工具;语言交流清楚无歧义,使用标准的航海通信用语;对有疑问的决定和(或)行动适当询问和回复;沟通方式合理。

(3)团队领导能按正确的优先顺序进行资源分配,合理分配团队成员任务;有领导力和决断力;机舱与驾驶台、轮机长与轮机员之间配合良好。

## 三、评估组织与标准

### 1.评估方式

使用全任务轮机模拟器(或自动化机舱)进行评估实操加口述的方式。

## 2.任务（场景）描述

（1）人员情况：三管轮在集控室值班，轮机部其他人员不在机舱。

（2）设备情况：船舶处于正常航行状态，值班人员突然发现污水井高位报警，事故是由于主海水泵出口一段管路锈蚀烂穿，轮机部团队成员对该应急情况进行处置。

## 3.评估程序

被评估人员（考生）到位，按照要求进行处理。

## 4.分组方式

（1）成员组成：2 名评估教师组成评估团队；4 名考生组成机舱团队（分别模拟轮机长、大管轮、二管轮、三管轮）。

（2）岗位分布：分别在驾驶台、集控室或机舱各安排 1 名实训教师。轮机长在集控室负责总体指挥，大管轮在机舱现场处理，二管轮管理船舶电站和辅机部分，三管轮负责值班及管理锅炉。

## 5.评估时间

不超过 20 min。

## 6.评估要求

考生能够协作配合处理机舱进水应急工况，并口头回答评估员的相关问题。机舱进水评估标准表见表 3-8-1。

表 3-8-1　机舱进水评估标准表（☆CE/2E/3E/4E）

| 序号 | 评估要素 | 情景 | 评价标准 | 考核要点 |
|---|---|---|---|---|
| 第一阶段 | ●发生进水时的应急措施 | 1.船舶在正常航行；2.轮机员发现机舱进水 | **轮机长/大管轮：**<br>①接到报告后立即到机舱进水现场确认。<br>②迅速报告驾驶台机舱进水情况；轮机部所有人员下机舱。<br>③注意主机、副机状况，根据情况降速或停车，并报告驾驶台。<br>④安排人员注意采取堵漏和排水措施。<br>**轮机长：**<br>将情况及时通报船长。<br>**二/三管轮：**<br>①机舱值班人员迅速现场确认，确认进水量及进水部位；<br>②迅速报告驾驶台、轮机长机舱进水情况，通知轮机部所有人员下机舱；<br>③机舱值班人员注意主机、副机状况，适时降速运行，并告知驾驶台；<br>④听从轮机长安排，采取堵漏措施；<br>⑤发现问题及时处理或上报轮机长 | 1.具有情景意识；2.充分利用机舱资源；3.任务分配明确，命令下达清楚果断，执行干脆，效果良好，反馈及时准确；4.具备团队合作意识 |

| 序号 | 评估要素 | 情景 | 评价标准 | 考核要点 |
|---|---|---|---|---|
| 第二阶段 | ◎发生进水时的应急处理 | 排水与堵漏操作 | **轮机长/大管轮**：<br>依据堵漏、进水量等情况及时安排：<br>①如进水量不大，且进水速度较慢，可以启动污水泵将舱底水排入污水柜，再通过油水分离器排放入海，同时采取堵漏措施；<br>②如进水量较大，且进水速度较快，不可控时，立即停止主机，操作相关阀门，开启应急吸入阀，启动泵浦向舷外排水；<br>③如堵漏正常，适时安排对破洞处的修理。<br>**轮机长**：<br>如果事态进一步恶化，大破口进水无法控制，有可能发生船舶沉没危险时，报告船长，按照船长的指令进行。<br>**二/三管轮**：<br>依据堵漏、进水量等情况，听从轮机长的安排完成以下任务：<br>①如进水量不大，且进水速度较慢，可以启动污水泵将舱底水排入污水柜，再通过油水分离器排放入海；<br>②如进水量大且进水速度很快，可通过机舱应急吸入阀，使用压载泵或主海水泵向舷外排水；<br>③如堵漏正常，适时安排对破洞处的修理；<br>④如果事态进一步恶化，大破口进水无法控制，有可能发生船舶沉没危险时，及时告知船长，按照船长的指令执行弃船 | 1.具有失误链判断技巧，具有团队合作意识，具有领导决断能力；<br>2.懂得应急操作程序和要求；<br>3.具有必要的通信知识，具有一定的沟通技巧，理解及时、充分沟通的重要性 |
| 第三阶段 | ◎进水事故处理完毕后的安排 | 1.没有继续进水；<br>2.排水结束；<br>3.维修安排 | **轮机长及所有轮机员**：<br>①堵漏工作顺利，轮机长安排后续的检修工作，如需岸基支持，提前安排；<br>②事故的详细记录；<br>③加强机舱管系的检查，及早发现问题以便及时处理 | 1.具有情景意识和判断能力；<br>2.具有沟通与协调能力；<br>3.具有团队合作意识与沟通技巧；<br>4.在处理过程中适当表现对于疲劳的预防意识 |

## 四、评估基本知识要点

机舱进水是指海水或淡水因船体破损、阀门/管路泄漏、密封失效或外部冲击（如碰撞、触礁）等涌入船舶动力舱室，导致设备浸水短路、浮力损失或稳性恶化的紧急状况。此类事故可能由船壳腐蚀、人为操作失误、极端海况或设备老化引发，若未及时控制，轻则损毁主机、发电机等关键设备，重则引发倾斜、沉没或环境污染，严重威胁船员安全与船舶生存能力。

机舱进水的应急处理需分秒必争：立即触发全船警报并关闭水密门、通风口以限制进水扩散，启动所有可用排水泵（包括应急泵）全力排水，同时组织人员查找漏点（如船体裂缝、破损管阀),使用堵漏毯、木楔、速凝水泥等临时封堵;若漏点位于水线以下且无法内堵,需调整压载水或转移燃油以平衡船体姿态,必要时申请外部救援或抢滩。进水控制后,须全面检查机舱设备受损情况,修复船体结构并测试系统功能,向船级社及海事部门提交事故报告,强化日常船体巡检、水密设施维护及船员堵漏演练,确保符合 SOLAS 公约对船舶稳性与破损控制的要求,避免类似险情复发。

### 1. 机舱进水时的应急排水措施

(1)一旦发现机舱进水,值班人员应立即发出警报并报告值班轮机员或轮机长,同时应迅速采取措施,不得擅离机舱。

(2)轮机长或值班轮机员接到报告后,应立即进入机舱现场检查并按应变部署组织抢救。

(3)尽力保持船舶电站正常供电,必要时启动应急发电机。

(4)根据进水情况使用舱底水系统或应急排水系统,若机舱大量进水时应做好应急吸入阀及其海水泵系的应急操作。

(5)根据进水部位、进水速率判断排水措施的有效性,进一步采取相应措施。

### 2. 机舱进水时的应急堵漏措施

(1)执行机舱进水时的应急排水措施,同时船长和轮机长立即组织人员摸清破损部位、进水流量,拟定有效的堵漏措施。

(2)风浪天应关好水密门窗及通风口。

(3)尾轴管及其密封装置破损,应酌情关闭轴隧水密门。

(4)如海底阀及阀箱、出海阀或应急吸入阀等破损,则应关闭相应的阀件,并选用有效的堵漏器材封堵。

(5)冷却器、海水滤器或管路等破损,应关闭相应的阀件,组织修复或堵漏。

### 3. 机舱进水事故报告

(1)值班人员立即将现场情况报告轮机长,轮机长立即报告船长。报告内容:

①破损的部位、程度与原因。

②已经采取的应急措施。

③机舱水位与排水情况。

(2)轮机长将抢修、抢救情况报告船长。报告内容:

①人员安排情况。

②堵漏措施及堵漏效果。

③机舱进、排水量。

④所需要的支援与要求。

(3)船长向海事局和公司报告的内容:

①机舱进水的时间、船位与海况。

②破损的部位、程度与原因。

③应急排水和堵漏的效果。

④所需要的支援与要求。

(4)事后应向海事局和公司报告的内容:

①进水的原因与性质。

②采取的应急措施及效果。

③进水对船舶营运的影响、损失估计。

## 五、实训案例（以某模拟器实操为例）

**实训场景:**船舶处于正常航行中,主机操纵位置在驾驶台。机舱有一名值班轮机员(三管轮)值班。

**模拟器设置:**使用状态船舶定速进行评估,船舶定速航行,电站处于自动模式,3 号副机运行,应急发电机自动状态。进水场景为机舱海水管路泄漏。在模型端变量设置中选择"舱底水 & 渣油系统–舱底水系统–管道泄漏及海水侵入系数"设置海水进入机舱的速率,在模型端故障设置中选择"舱底水 & 渣油系统–舱底水系统–管道泄漏及海水侵入"激活机舱进水场景。模型端设置如图 3-8-1 和图 3-8-2 所示。三维模拟器中机舱进水场景如图 3-8-3 所示。

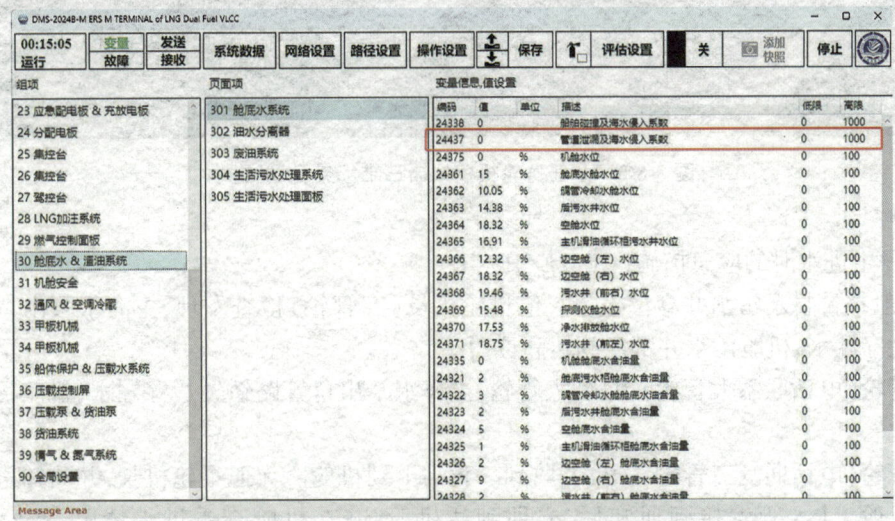

图 3-8-1 全任务轮机模拟器模型端:机舱进水(1)

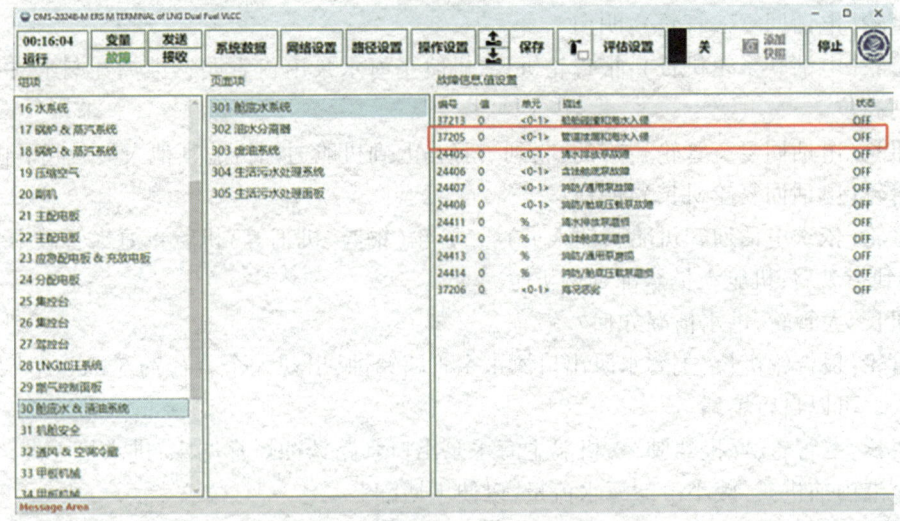

图 3-8-2 全任务轮机模拟器模型端:机舱进水(2)

图 3-8-3　全任务轮机模拟器三维场景:机舱进水

● 发生进水时的应急措施(CE/2E/3E/4E)

【机舱报警显示污水井高位报警。值班轮机员(三管轮)检查发现,主海水泵出口一段管路锈蚀烂穿漏水,机舱污水井都已到达高位。】

**三管轮**(电话联系大管轮):报告大管轮,主海水泵出口管路锈蚀烂穿漏水,机舱污水井都到达高位。

**大管轮**(电话回复三管轮):好的,收到。我马上到机舱。你通报轮机长,并通知机舱其他人员下机舱。【大管轮接到通知后,立即到达机舱,并在机舱查看进水情况,然后到达集控室。】

**三管轮**(电话回复三管轮):明白。

**三管轮**(电话联系轮机长):报告轮机长,机舱主海水泵出口管路锈蚀烂穿漏水,机舱污水井都到达高位。

**轮机长**(电话回复三管轮):好的,收到。我马上到机舱通知机舱其他人员一起下机舱。

**三管轮**(电话回复轮机长):明白。

**三管轮**(依次电话通知机舱其他人员):二管轮(铜匠、机工等)机舱主海水管破损,请到机舱。【接到指令后,机舱人员全部到达机舱。】

**轮机长**:大管轮,进水情况如何?

**大管轮**:报告轮机长,主海水泵出口海水主管路锈蚀,出现一个直径约 5 mm 的小破洞,漏水量不大。可以自行堵漏。

**轮机长**:三管轮,通报驾驶台,机舱主海水泵出口管路锈蚀烂穿漏水,进水量不大。主机需要降速至港内前进三,减小冷却海水流量,以便于堵漏。

**三管轮**:明白。

**三管轮**(电话联系驾驶台):驾驶台,机舱主海水泵出口管路锈蚀烂穿漏水,进水量不大。主机需要降速至港内前进三,减小冷却海水流量,以便于堵漏。【驾驶台回复后,将主机降速至港内前进三。】

◎ 发生进水时的应急处理(CE/2E/3E/4E)

**轮机长**:大管轮,立即派人对漏水点附近的电气设备进行隔离;启动一台备用发电机并电;适当关小主海水泵进口阀,保持必要的冷却量;准备堵漏器具堵漏;用污水泵将污水井的水拨入污水柜。

**大管轮**:二/三管轮,立即带人对漏水点附近的电气设备进行隔离;启动一台备用发电机并电;适当关小主海水泵进口阀,保持必要的冷却量;启动污水泵将污水井污水拨入机舱污水柜。做好以后协助我堵漏。

**二/三管轮**:明白。【接到指令后,大管轮、二/三管轮立即行动。】

**三管轮**:报告轮机长,漏水点附近的电气设备已隔离;备用发电机已并电;主海水泵进口阀已关小,漏水点压力减小,机舱污水正在拨入污水柜。漏水点已堵住。

**轮机长**:好的,收到。

**轮机长**:大管轮,派人检查漏水点和污水柜水位。

**大管轮**:明白。

**大管轮**:二/三管轮,带人检查漏水点状况和测量污水柜水位。

**二/三管轮**:明白。【接到指令后,大管轮、二/三管轮立即行动。】

**三管轮**:报告轮机长,漏水点正常无泄漏;污水柜水位接近高位。

**轮机长**:好的,收到。

**轮机长**:大管轮,派人协助停止污水泵,用油水分离器将污水柜的污水排出舷外;慢慢开大主海水泵进口阀,恢复海水系统正常工作。

**大管轮**:明白。

**大管轮**:二/三管轮,立即带人停止污水泵,启动油水分离器将污水柜的污水排出舷外。随后配合我恢复海水系统。

**二/三管轮**:明白。【接到指令后,大管轮、二/三管轮立即行动。】

**三管轮**:报告轮机长,污水泵已停止;正在用油水分离器排污水柜的污水;主海水泵进口阀已全开,漏点正常无泄漏。

**轮机长**:好的,收到。

**轮机长**:大管轮,再次检查主海水管状况。如无异常,通知驾驶台恢复正常航行。

**大管轮**:明白。

**大管轮**:二/三管轮,带人继续检查主海水管状况。

**二/三管轮**:明白。【接到指令后,大管轮、二/三管轮立即行动。此时,机舱报警再次显示污水井高位报警。】

**三管轮**:报告轮机长,主海水管漏水处,突然崩开破口明显扩大很多。海水正在大量灌入机舱,污水已漫过污水井,正在快速上涨。

**轮机长**:好的,收到。

**轮机长**:大管轮,通知驾驶台,机舱大量进水,立即发出进水报警,启动机舱进水应急程序;

立即派人开启压载系统阀件,准备用应急吸口排水。

**大管轮**:明白。

**大管轮**:二/三管轮,通知驾驶台,机舱大量进水,立即发出进水报警。随后配合我开启压载系统阀件,准备用应急吸口排水。

**二/三管轮**:明白。【接到指令后,大管轮、二/三管轮立即行动。】

**三管轮**(电话联系驾驶台):驾驶台,机舱大量进水,轮机长请求立即发出进水报警。【驾驶台回复,机舱进水报警已发出。随后二/三管轮随大管轮一起进入机舱,准备应急排水工作。】

**三管轮**:报告轮机长,应急排水准备已做好。

**轮机长**:好的,收到。

**轮机长**(电话联系驾驶台):报告船长,机舱海水管破裂大量进水,请求使用应急吸口排水。【驾驶台回复同意。】

**轮机长**:大管轮,派人打开应急吸口排水,检查机舱水位变化情况。

**大管轮**:明白。

**大管轮**:二/三管轮,立即随我打开应急吸口排水,检查机舱水位变化情况。

**二/三管轮**:明白。【接到指令后,大管轮、二/三管轮立即行动。】

**三管轮**:报告轮机长,应急吸口已打开,正在排水。但水位还在上涨,约每分钟2 cm。

**轮机长**:好的,收到。

**轮机长**:大管轮,立即按照应变部署派人采取堵漏措施;持续检查主、副机状况及机舱水位变化。

**大管轮**:明白。

**大管轮**:二/三管轮,检查主、副机状况及机舱水位变化;随后配合我堵漏。

**二/三管轮**:明白。【接到指令后,大管轮、二/三管轮立即行动。】

**三管轮**:报告轮机长,破洞太大,无法封堵,进水量未见减少,机舱水位还在上升。主、副机冷却水温度正在缓慢升高。

**轮机长**:好的,收到。

**轮机长**(电话联系驾驶台):报告船长,应急吸口已打开,但机舱进水量太大,水位还在以每分钟2 cm的速度上涨,且海水流量已无法维持主、副机正常运行。根据目前的状况,船舶可能会失去动力,并有沉没的风险。如果海况允许,请求停止主、副机,启用应急发电机供电;关闭主海水系统海底门阀和通海阀,对海水管进行覆板焊补。【船长回复同意,随后停止主机运行。】

**轮机长**(电话回复驾驶台):好的,收到。

**轮机长**(对所有人):根据机舱进水情况,船舶可能失去动力,并有沉没的风险。现已请示船长,停用主发电机,启用应急发电机供电;关闭海水系统,对海水管进行覆板焊补。

**轮机长**:二/三管轮,立即停止油水分离器;停止主发电机运行,启用应急发电机供电;关闭主海水系统海底门阀和通海阀,从应急空压机控制箱接入电焊机电源。我与铜匠准备焊补材料。

**二/三管轮**:明白。【接到指令后,二/三管轮立即行动。】

**三管轮**:报告轮机长,油水分离器已停止;主发电机已停止,应急发电机已供电;电焊机已接入应急空压机控制箱电源；主海水系统海底门阀和通海阀已关闭,机舱水位不再上涨。

　　**轮机长**:好的,收到。

　　**大管轮**:报告轮机长,焊补材料已备妥。

　　**轮机长**:好的,收到。

　　**轮机长**:大管轮,立即派人协助铜匠焊补主海水管,注意防火安全;加强对应急发电机的检查。

　　**大管轮**:明白。

　　**大管轮**:二/三管轮,协助铜匠焊补主海水管,注意防火安全。轮流检查应急发电机的状况,确保应急发电机正常运行。

　　**二/三管轮**:明白。【接到指令后,大管轮、二/三管轮立即行动。】

　　**三管轮**:报告轮机长,主海水管路已焊补成功,水压测试正常,无泄漏。应急发电机工况正常。

　　**轮机长**:好的,收到。

　　**轮机长**:大管轮,联系驾驶台,将主机控制位置转至"集控",主机风机转至"手动"停止;派人开启海水系统海底门阀、通海阀;启动主发电机并联供电,恢复主、副机各系统运行;再次检查漏点位置状况。

　　**大管轮**:明白。

　　**大管轮**:二/三管轮,带人开启海水系统海底门阀、通海阀;启动主发电机并联供电,恢复主、副机各系统运行;再次检查漏点位置状况。

　　**二/三管轮**:明白。【接到指令后,大管轮、二/三管轮立即行动。】

　　**大管轮**(电话联系驾驶台):船长,请将主机控制位置转至"集控"。

　　【船长同意后,协助大管轮将主机的操纵位置由驾驶台切换至集控室。大管轮将主机风机转至"手动"停止。完成后,随二/三管轮一起开启海水系统海底门阀、通海阀;启动主发电机并联供电,恢复主、副机各系统运行;检查漏点位置状况。】

　　**大管轮**:报告轮机长,主机控制位置转至"集控",主机风机转至"手动"停止。

　　**轮机长**:好的,收到。

　　**三管轮**:报告轮机长,海水系统海底门阀、通海阀已开启;主发电机已并联供电,工况正常,主、副机各系统已正常运行,漏点位置状况正常无泄漏。

　　**轮机长**:好的,收到。

　　**轮机长**(电话联系船长):报告船长,堵漏已完成,可以解除警报。【船长回复,警报解除。】

　　**轮机长**(电话回复船长):好的。收到。

　　**轮机长**(对所有人):堵漏警报解除。

　　◎ 进水事故处理完毕后的安排(CE/2E/3E/4E)

　　**轮机长**:大管轮,通知轮机员在值班过程中,加强检查,尽早发现问题、及时处理;其余人员清理工作现场。各轮机员完成本次进水事故的处理记录。将进水的原因与性质、采取的应急措施及效果、进水对船舶营运的影响和损失估计等内容整理记录清楚。我汇总整理后,将相关情况记入轮机日志,并上报公司。

　　另外,安排各轮机员,对相关海水管路进行检查,对当前需要彻底修理的管路进行记录,上报公司。

**大管轮**:明白。

**大管轮**:二/三管轮,轮机长要求各轮机员在值班过程中,加强检查,尽早发现问题、及时处理;其余人员清理工作现场。各轮机员完成本次进水事故的处理记录。将进水的原因与性质、采取的应急措施及效果、进水对船舶营运的影响和损失估计等内容整理记录清楚,交轮机长汇总整理后,作为填写轮机日志的参考,并上报公司。

另外,各轮机员,对相关海水管路进行检查,对当前需要彻底修理的管路进行记录,交轮机长上报公司。

**三管轮**:明白。【接到指令后,各轮机员立即行动。】

**三管轮**:报告大管轮,我的事故的处理记录报告已完成。将进水的原因与性质、采取的应急措施及效果、进水对船舶营运的影响和损失估计等内容整理记录清楚。可供轮机长填写轮机日志及上报公司时参考。相关海水管路已进行检查,对当前需要彻底修理的管路已记录。值班时,我将对海水管路加强检查,及时排除漏水隐患。

**大管轮**:好的,收到。

**大管轮**:报告轮机长,各轮机员已完成事故报告。将进水的原因与性质、采取的应急措施及效果、进水对船舶营运的影响和损失估计等内容整理记录清楚。可作为填写轮机日志及报告公司的参考。相关海水管路已进行检查,对当前需要彻底修理的管路已记录。值班时,我们将对海水管路加强检查,及时排除漏水隐患。

**轮机长**:好的,收到。

**轮机长**(对所有轮机员):本次机舱进水事故已处理完毕,我将综合各位的事故记录报告内容,整理完善后交船长发往公司。本次船舶机舱进水事故为我们敲响警钟,安全管理工作容不得丝毫懈怠。今后要牢固树立安全第一的理念,将隐患排查治理、人员培训、制度执行等工作落到实处,避免类似事故再次发生,保障船舶运营安全与人员生命财产安全。

**各轮机员**:明白。

**轮机长**:报告考官,机舱进水险情处理完毕。

【演习结束。】

# 第九节 ☆CE/2E/3E/4E 船舶碰撞(实操+口述)

## 一、评估目的

适用于☆CE/2E 的评估:

通过实践训练,旨在帮助考生熟悉船舶碰撞时的领导力与管理技能应用。重点培养考生对机舱资源管理原则的理解与实践能力,包括但不限于团队管理、资源配置、集体协作意识、态势感知及跨文化认知等核心要素。要求考生能够胜任分组研讨、模拟演练、任务分工等评估项目,形成有效沟通、资源协调、团队协作、决策指挥等综合能力。

适用于☆3E/4E的评估:

通过实践操作,确保轮机值班人员能够在船舶碰撞时具备资源优先级分配的能力,建立与机舱值班团队及驾驶台人员的精准沟通机制。重点培养带领团队快速响应驾驶台/轮机长指令的核心能力,以及持续监控设备状态与环境变化的专业素养。能够有效协调与规划、合理进行人员配置、识别生理与心理极限、统筹时间与资源限制、考量人员资质水平、建立优先级体系、优化工作负荷分配、关注作息与疲劳管理、应对挑战与反馈机制。

## 二、评估内容及要求

(1)立即检查机舱管系密封状况,启动应急排水系统,评估关键设备受损程度。

(2)规范报告机舱进水/漏油数据,建立损害控制指令反馈环,保持与抢险小组的实时联络。

(3)制定机舱设备抢修优先级,协调应急电力分配方案,组织破损管路与设备的临时处理。

## 三、评估组织与标准

### 1.评估方式

使用全任务轮机模拟器(或自动化机舱)进行评估实操加口述的方式。

### 2. 任务(场景)描述

(1)人员情况:三管轮在集控室值班,轮机部其他人员不在机舱。

(2)设备情况:船舶处于正常航行状态,接到驾驶台通知,船舶发生碰撞,轮机部人员需进行应急响应。

### 3.评估程序

被评估人员(考生)到位,按照要求进行手动处理。

### 4.分组方式

(1)成员组成:2名评估教师组成评估团队;4名考生组成机舱团队(分别模拟轮机长、大管轮、二管轮、三管轮)。

(2)岗位分布:分别在驾驶台、集控室或机舱各安排1名实训教师。三管轮负责值班及管理锅炉,轮机长、大管轮、二管轮接到通知后立即下机舱,轮机长在集控室总体指挥,大管轮在机舱现场处理,二管轮管理船舶电站和辅机部分。

### 5.评估时间

不超过20 min。

### 6.评估要求

考生能够正常处理评估员发出的各种指令,并口头回答评估员的相关问题。船舶碰撞评估标准表见表3-9-1。

表 3-9-1　**船舶碰撞评估标准表**( ☆CE/2E/3E/4E)

| 序号 | 评估要素 | 情景 | 评价标准 | 考核要点 |
|---|---|---|---|---|
| 第一阶段 | ◎ 碰撞的危害 | 船舶发生碰撞 | **轮机长及所有轮机员**：<br>①船体破损,引起船身倾斜,甚至沉船;<br>②油舱部位的碰撞,导致燃油泄漏,造成污染事故;<br>③可能会导致火情的发生,危及船舶及人员的安全;<br>④影响机器设备的使用 | 1.具有情景意识;<br>2.充分利用机舱资源;<br>3.任务分配明确,命令下达清楚果断,执行干脆,效果良好,反馈及时准确;<br>4.具备团队合作意识 |
| 第二阶段 | ● 船舶碰撞后的应急措施 | 碰撞后的应急处理 | **轮机长/大管轮**：<br>①碰撞事故发生后,立即进入机舱;<br>②做好备车工作;<br>③机舱所有人员处于待命状态。<br>**二/三管轮**：<br>①碰撞事故发生后,立即通知轮机长下机舱;<br>②船舶处于航行状态时,按要求做好备车工作;<br>③船舶处于停泊状态时,停止甲板作业,按需增开一台发电机;<br>④机舱所有人员处于待命状态 | 1.具有失误链判断技巧,具有团队合作意识,具有领导决断能力;<br>2.懂得应急操作程序和要求;<br>3.具有必要的通信知识,具有一定的沟通技巧,理解及时、充分沟通的重要性 |
| 第三阶段 | ● 针对不同碰撞部位采取的应急措施 | 碰撞后的应急处理 | **轮机长及所有轮机员**：<br>①机舱之外的部位碰撞:<br>(a)切断碰撞部位的油、水、电、气的供给,关闭油柜、舱进出口阀;<br>(b)如发生火情、进水等情况,按照船舶应变部署表开展;<br>(c)反复测量记录碰撞部位及附近的油水舱的液位,必要时采取紧急措施;<br>(d)机舱人员,除值班人员外,参加甲板部组织的抢救工作。<br>②机舱部位碰撞:<br>(a)安排人员在船体四周巡视,检查是否有油外溢;<br>(b)做好应急排水的准备工作;<br>(c)加强值班安排,随时与驾驶台保持联系;<br>(d)各主管轮机员对各自主管设备加强检查,出现问题及时反馈轮机长 | 1.具有情景意识和判断能力;<br>2.具有沟通与协调能力;<br>3.具有团队合作意识与沟通技巧<br>4.在过程中适当表现出对于疲劳的预防意识 |

| 序号 | 评估要素 | 情景 | 评价标准 | 考核要点 |
|------|----------|------|----------|----------|
| 第四阶段 | ◎事故报告及记录 | 碰撞后的处理完毕 | **轮机长及所有轮机员：**<br>做好检查工作、损坏部位、损坏情况的事故记录。<br>**轮机长：**<br>①轮机长及时了解现场情况；<br>②轮机长将现场情况和抢修结果报告船长。<br>**二/三管轮：**<br>值班人员将现场情况报告给轮机长 | 1.具有情景意识和判断能力；<br>2.具有团队合作意识与沟通技巧 |

## 四、评估基本知识要点

船舶碰撞是指船舶在航行、停泊或作业过程中因导航失误、设备故障、能见度不足、违规操作或沟通不畅等与其他船舶、码头、海上设施或漂浮物发生意外接触，导致船体结构损伤、货物损坏、人员伤亡或环境污染的事故。此类事件多发于狭窄航道、交汇区或能见度不良水域，可能引发机舱进水、火灾、倾覆等次生灾害，严重威胁海上人命安全与生态安全，需立即启动应急响应机制。

处理时首要确保人员安全与污染防控：迅速评估碰撞位置与损伤程度，关闭水密门并启动排水系统防止进水，检查燃油舱是否泄漏并布设围油栏；救助受伤船员，向沿岸国搜救中心及船公司通报事故详情，协调对方船舶联合应急处置。若船体破损严重，需调整压载维持稳性，必要时弃船或申请拖船协助；事后须与对方交换碰撞报告并配合海事调查，留存航行数据记录仪（VDR）及通信记录，修复船体后经船级社检验方可复航，同时强化船员避碰规则（COLREGs）培训、雷达与 AIS 设备维护及航行值班纪律，最大限度地降低未来碰撞风险。

### 1.船舶碰撞后的应急安全措施

（1）发生碰撞后，轮机长应立即进入机舱。

（2）迅速备车，使主机处于随时可操纵状态。如碰撞发生在机舱或机舱以后的部位，且有进水现象，应按机舱进水处理。如机舱破损面积较大，危及主、副机安全，应及时报告船长。

（3）视情况切断碰撞部位的油、水、电、气源，关闭有关油水柜的进出口阀，尽量减轻油水污染并为抢救工作创造一个安全的现场。

（4）如有火情、进水现象发生，应按应变部署表进入岗位。

（5）反复测量受损部位及其附近油、水舱的液位高度有无变化。如发现有进水现象应关闭该油、水舱的进出口阀以切断舱柜之间通道。对于油舱还应封闭该舱的透气管，尽量减少污染。

### 2.做好事故记录和临时修理

（1）对轮机部所辖范围进行检查，将损坏部位和损坏情况记入轮机日志。

（2）详细检查记录机电设备以及附属设备因碰撞而造成的直接或间接损失、发生时间和抢救措施，尤其是损坏部位和损坏状况，为海事处理提供正确和必要的法律依据。

（3）为了维持临时的生产和生活上的需求，在力所能及的条件下，进行临时性修理或采取临时性的可行措施，并按公司指示开往指定的地点或港口。

### 五、实训案例（以某模拟器实操为例）

**实训场景**：船舶处于正常航行中，主机操纵位置在驾驶台。机舱有一名值班轮机员（三管轮）值班。

**模拟器设置**：船舶定速航行，电站处于自动模式，3号副机运行，应急发电机自动状态。碰撞场景为碰撞至机舱后部船体破损机舱进水。在模型端变量设置中选择"舱底水 & 渣油系统–舱底水系统–船舶碰撞及海水侵入系数"设置海水进入机舱的速率。在模型端故障设置中选择"舱底水 & 渣油系统–舱底水系统–船舶碰撞及海水入侵"激活机舱进水场景。模型端设置如图3-9-1和图3-9-2所示，三维模拟器中机舱碰撞进水场景如图3-9-3所示。

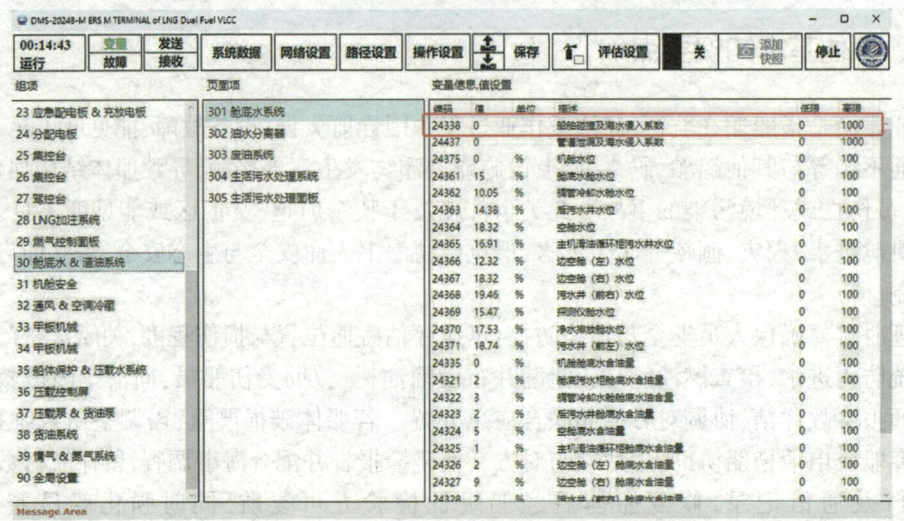

图3-9-1　全任务轮机模拟器模型端：机舱碰撞（1）

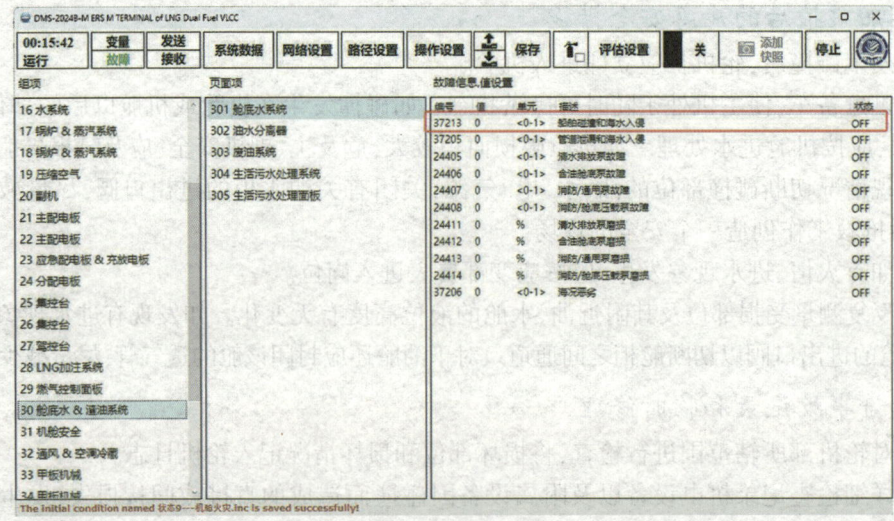

图3-9-2　全任务轮机模拟器模型端：机舱碰撞（2）

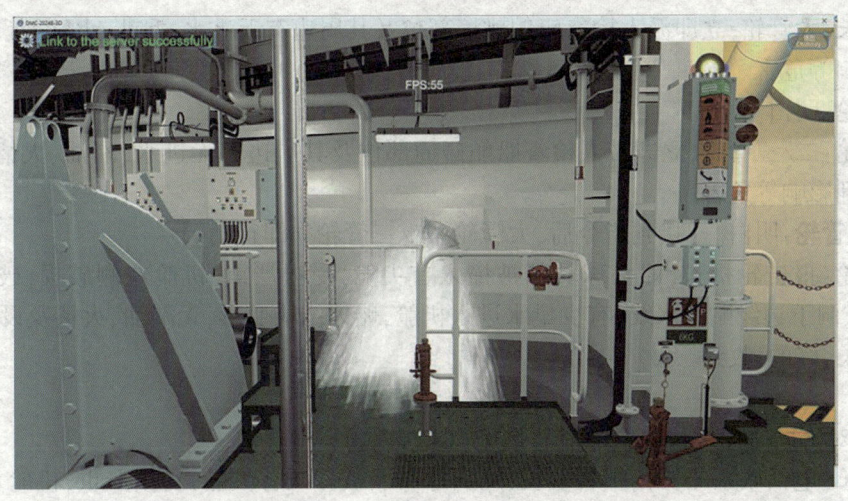

图 3-9-3　全任务轮机模拟器三维场景:机舱碰撞进水

◎ 碰撞的危害(CE/2E/3E/4E)

【驾驶台电话通知机舱:船舶与他船发生碰撞,首尖舱前部和机舱左侧受损,立即通知轮机部所有人员,到机舱集合,同时停止主机运行。】

**三管轮**(电话回复驾驶台):明白。

**三管轮**(电话通知轮机长):报告轮机长,驾驶台通知,船舶与他船发生碰撞,首尖舱前部和机舱左侧受损。有无进水、漏油、火情及设备运转是否受到影响等危害尚不明确。船长要求机舱人员立即到机舱集合。

**轮机长**(电话回复三管轮):好的,收到。广播通知机舱其他人员到集控室集合。【接到通知后,轮机长立即到集控室。】

**三管轮**(电话回复轮机长):明白。

**三管轮**(电话广播):船舶与他船发生碰撞。机舱人员立即到机舱集合。【接到通知后,机舱所有人员立即到达集控室。】

**轮机长**(对机舱所有人员):船舶与他船发生碰撞,首尖舱前部和机舱左侧受损。有无进水、漏油、火情及设备运转是否受到影响等危害尚不明确。

**轮机长**:大管轮,立即派人启动一台备用发电机,并电运行,备妥主机,确保机动操车。

**大管轮**:明白。

**大管轮**:二/三管轮,立即启动一台备用发电机,并电运行,备妥主机,确保机动操车。

**三管轮**:明白。【接到指令后,大管轮、二/三管轮立即行动。】

**三管轮**:报告轮机长,备用发电机已并电运行,主机已备妥,可以机动操车。

**轮机长**:好的,收到。

● 船舶碰撞后的应急措施(CE/2E/3E/4E)

**轮机长**(电话联系船长):报告船长,主机已备妥,可以机动操车。准备安排人员检查船舶碰撞部位及其周边有无进水、漏油、火情及设备运转是否受到影响等危害。必要时请大副协助。【驾驶台表示同意。】

**轮机长**(电话回复船长):好的,明白。

**轮机长**:大管轮,立即派人检查船舶碰撞部位及其周边有无进水、漏油、火情及设备运转是否受到影响等危害。

**大管轮**:明白。

**大管轮**:二/三管轮,立即带人检查船舶碰撞部位及其周边有无进水、漏油、火情及设备运转是否受到影响等危害。

**二/三管轮**:明白。【接到指令后,大管轮、二/三管轮立即行动。】

**三管轮**:报告轮机长,船头球鼻艏被撞入首尖舱,受损严重,机舱左侧破损,破洞面积约0.05 $m^2$,破洞下边缘贴近水线,有少量水进入机舱,船体结构变形,无漏油、火情及设备受损。

**轮机长**:好的,收到。

● 针对不同碰撞部位采取的应急措施(CE/2E/3E/4E)

**轮机长**(电话联系船长):报告船长,船头球鼻艏被撞入首尖舱,受损严重,机舱左侧破损,破洞面积约0.05 $m^2$,破洞下边缘贴近水线,有少量水进入机舱,船体结构变形,无漏油、火情及设备受损。下一步准备启动两台压载泵,将首尖舱的水排出;用木楔堵住机舱漏水破洞,再用堵漏箱封住破洞;进一步做好碰撞部位的检查和隔离工作;安排机舱加强值班,与驾驶台保持联系,并分配部分人员参加甲板的抢救工作。【船长表示同意。】

**轮机长**(电话回复船长):好的,明白。

**轮机长**:二/三管轮,立即带人启动压载泵,双泵排首尖舱。切断船头电气设备和舱室的供电;关闭首排水系统各阀门;关闭通往船首的压缩空气及各燃油舱进出口阀;用木楔堵住机舱漏水破洞,再用堵漏箱封住破洞;反复测量所有油水舱,反复巡查机舱和船舶四周有无漏水、漏油现象。

**二/三管轮**:明白。【接到指令后大管轮,二/三管轮立即行动。】

**二/三管轮**:报告大管轮,压载泵已启动,双泵排首尖舱。船头电气设备和舱室的供电已切断;首排水系统各阀门、通往船首的压缩空气及各燃油舱进出口阀已关闭;已用木楔堵住机舱漏水破洞,并用堵漏箱将破洞完全封住;各油水舱液位无异常变化,机舱和船舶四周有无漏水、漏油现象。

**轮机长**:好的,收到。

**轮机长**:大管轮,安排机舱加强值班,与驾驶台保持联系;密切关注首尖舱排水情况;反复测量各油水舱液位;做好机舱应急排水准备;将漏入机舱的水用小污水泵排入污水柜;一旦发现火情,立即通知驾驶台,按应变部署行动;主管轮机员排查主管设备状况;其余人员参加甲板的抢救工作。

**大管轮**:明白。

**大管轮**:二/三管轮,在机舱一起加强值班,与驾驶台保持联系;密切关注首尖舱排水情况;反复测量各油水舱液位;做好机舱应急排水准备;将漏入机舱的水用小污水泵排入污水柜;一旦发现火情,立即通知驾驶台,按应变部署行动;主管轮机员排查主管设备状况;其余人员参加甲板的抢救工作,听从大副安排。

**二/三管轮**:明白。【接到指令后,机舱人员立即行动。】

**三管轮**:报告大管轮,主管设备状况正常;各油水舱液位正常;漏入机舱的水已排入污水柜机舱;应急排水系统随时可用;经反复确认碰撞部位无火情,无须启动应变预案。联系驾驶台得知,首尖舱水位正在下降,水位在1 m左右,派往甲板的机工正在参加抢救工作。

**大管轮**:好的,收到。

**大管轮**:报告轮机长,主管设备状况正常;各油水舱液位正常;漏入机舱的水已排入污水柜机舱;应急排水系统随时可用;碰撞部位无火情。首尖舱水位正在下降,水位在 1 m 左右。已安排机工去甲板协助抢救工作。

**轮机长**:好的,收到。

◎ 事故报告及记录(CE/2E/3E/4E)

**轮机长**:大管轮,配合大副进一步检查首尖舱破损状况,以便确定堵漏方案。

**大管轮**:明白。【接到指令后大管轮立即行动。】

**大管轮**:报告轮机长,与大副配合对破损部位进行了近距离仔细查看,首尖舱球鼻艏破损变形严重,破口很大,船上力量无法修复,需岸基支持。

**轮机长**:好的,收到。

**轮机长**(电话联系船长):报告船长,首尖舱破洞已完成堵漏,目前排水正常,水位已降至 1 m 以下。船头电气设备和舱室的供电已切断;首排水系统各阀门、通往船首的压缩空气及各燃油舱进出口阀已关闭;机舱破损部位已用堵漏箱封住,漏入机舱的水已排入污水柜;各油水舱液位无异常变化;机舱和船舶四周无漏水、漏油;碰撞位置无火情。机舱已安排加强值班。经再次仔细检查发现首尖舱球鼻艏破损变形严重,破口很大,船上力量无法修复,需岸基支持。目前,只能反复启动压载泵,靠空首排舱,以维持船舶浮态。下一步,准备完成事故报告,上报公司处理。【船长表示同意。】

**轮机长**(对所有人):船舶受损严重,无法修复,需上报公司安排修理。

**轮机长**:大管轮,请各轮机员在值班过程中,加强检查,尽早发现问题、及时处理。各轮机员完成本次碰撞事故的处理记录。将机电设备以及附属设备因碰撞而造成的直接或间接损失、发生时间和抢救措施、损坏部位和损坏状况等内容整理记录清楚。我汇总整理后,将相关情况记入轮机日志,并上报公司。

**大管轮**:明白。

**大管轮**:二/三管轮,轮机长要求各轮机员在值班过程中,加强检查,尽早发现问题、及时处理。各轮机员完成本次碰撞事故的处理记录。将机电设备以及附属设备因碰撞而造成的直接或间接损失、发生时间和抢救措施、损坏部位和损坏状况等内容整理记录清楚,交轮机长汇总整理后,作为填写轮机日志的参考,并上报公司。

**三管轮**:明白。【接到指令后,各轮机员立即行动。】

**三管轮**:报告大管轮,我的事故的处理记录已完成。机电设备以及附属设备因碰撞而造成的直接或间接损失、发生时间和抢救措施、损坏部位和损坏状况等内容已整理记录清楚。可供轮机长填写轮机日志及上报公司时参考。

**大管轮**:好的,收到。

**大管轮**:报告轮机长,各轮机员已完成事故报告。机电设备以及附属设备因碰撞而造成的直接或间接损失、发生时间和抢救措施、损坏部位和损坏状况等内容已整理记录清楚。可作为填写轮机日志及报告公司的参考。

**轮机长**:好的,收到。

**轮机长**(对所有轮机员):继续保持机舱有人值班,加强巡查。待船长与对方船舶交涉结束后,通知开航。

**各轮机员**:明白。

**轮机长**:报告考官,船舶碰撞事故处理完毕。

【演习结束。】

# 第十节 ☆CE/2E/3E/4E 应急工况团队评估题卡

## 一、适用于☆CE 轮机长的应急工况团队评估题卡

注:考生从常规工况(见第二章)和应急工况团队评估任务中抽取一项,评估过程按照团队方式(不超过四人)进行,每名考生需担任轮机长角色完成团队任务,其余角色由考生或评估员担任。

| 考生姓名 | | 准考证号 | 考生序号(组号) | | |
|---|---|---|---|---|---|
| 评估任务 | 评估要素 | | 表现记录 | 评价结果 | |
| **任务一**<br>全船失电 | ●全船失电的处理过程 | | | □合格 | □不合格 |
| | ◎全船失电后的分析总结 | | | □合格 | □不合格 |
| **任务二**<br>恶劣海况 | ●大风浪来临前的准备工作 | | | □合格 | □不合格 |
| | ●大风浪时机舱的工作 | | | □合格 | □不合格 |
| | ◎大风浪后的检查工作 | | | □合格 | □不合格 |
| **任务三**<br>船舶搁浅 | ●搁浅后的应急措施 | | | □合格 | □不合格 |
| | ◎主机在运转时的检查 | | | □合格 | □不合格 |
| | ◎主机停止后的检查 | | | □合格 | □不合格 |
| | ◎船舶脱浅后的安排 | | | □合格 | □不合格 |
| **任务四**<br>加油溢油 | ●溢油事故的处理 | | | □合格 | □不合格 |
| | ◎溢油事故后的措施 | | | □合格 | □不合格 |
| **任务五**<br>机舱火灾 | ●机舱发生火灾 | | | □合格 | □不合格 |
| | ◎火灾解除后的工作 | | | □合格 | □不合格 |
| **任务六**<br>机舱进水 | ●发生进水时的应急措施 | | | □合格 | □不合格 |
| | ◎发生进水时的应急处理 | | | □合格 | □不合格 |
| | ◎进水事故处理完毕后的安排 | | | □合格 | □不合格 |
| **任务七**<br>船舶碰撞 | ◎碰撞的危害 | | | □合格 | □不合格 |
| | ●船舶碰撞后的应急措施 | | | □合格 | □不合格 |
| | ●针对不同碰撞部位采取的应急措施安排 | | | □合格 | □不合格 |
| | ◎事故报告及记录 | | | □合格 | □不合格 |

## 二、适用于☆2E 大管轮的应急工况团队评估题卡

注:考生从常规工况(见第二章)和应急工况团队评估任务中抽取一项,评估过程按照团队方式(不超过四人)进行,每名考生需担任大管轮角色完成团队任务,其余角色由考生或评估员担任。

| 考生姓名 | | 准考证号 | | 考生序号(组号) | |
|---|---|---|---|---|---|
| 评估任务 | 评估要素 | | 表现记录 | 评价结果 | |
| **任务一**<br>全船失电 | ●全船失电的处理过程 | | | □合格 | □不合格 |
| | ◎全船失电后的分析总结 | | | □合格 | □不合格 |
| **任务二**<br>恶劣海况 | ●大风浪来临前的准备工作 | | | □合格 | □不合格 |
| | ●大风浪时机舱的工作 | | | □合格 | □不合格 |
| | ◎大风浪后的检查工作 | | | □合格 | □不合格 |
| **任务三**<br>船舶搁浅 | ●搁浅后的应急措施 | | | □合格 | □不合格 |
| | ◎主机在运转时的检查 | | | □合格 | □不合格 |
| | ◎主机停止后的检查 | | | □合格 | □不合格 |
| | ◎船舶脱浅后的安排 | | | □合格 | □不合格 |
| **任务四**<br>加油溢油 | ●溢油事故的处理 | | | □合格 | □不合格 |
| | ◎溢油事故后的措施 | | | □合格 | □不合格 |
| **任务五**<br>舵机失灵 | ●舵机失灵采取的应急措施 | | | □合格 | □不合格 |
| | ●舵机失灵处理后的工作 | | | □合格 | □不合格 |
| **任务六**<br>机舱火灾 | ●机舱发生火灾 | | | □合格 | □不合格 |
| | ◎火灾解除后的工作 | | | □合格 | □不合格 |
| **任务七**<br>机舱进水 | ●发生进水时的应急措施 | | | □合格 | □不合格 |
| | ◎发生进水时的应急处理 | | | □合格 | □不合格 |
| | ◎进水事故处理完毕后的安排 | | | □合格 | □不合格 |
| **任务八**<br>船舶碰撞 | ◎碰撞的危害 | | | □合格 | □不合格 |
| | ●船舶碰撞后的应急措施 | | | □合格 | □不合格 |
| | ●针对不同碰撞部位采取的应急措施安排 | | | □合格 | □不合格 |
| | ◎事故报告及记录 | | | □合格 | □不合格 |

### 三、适用于☆3E/4E 二/三管轮的应急工况团队评估题卡

注:考生从常规工况(见第二章)和应急工况团队评估任务中抽取一项,评估过程按照团队方式(不超过四人)进行,每名考生需担任二/三管轮角色完成团队任务,其余角色由考生或评估员担任。

| 考生姓名 | | 准考证号 | | 考生序号(组号) | |
|---|---|---|---|---|---|
| 评估任务 | 评估要素 | | 表现记录 | 评价结果 | |
| **任务一**<br>全船失电 | ●全船失电的处理过程 | | | □合格 | □不合格 |
| | ◎全船失电后的分析总结 | | | □合格 | □不合格 |
| **任务二**<br>恶劣海况 | ●大风浪来临前的准备工作 | | | □合格 | □不合格 |
| | ●大风浪时机舱的工作 | | | □合格 | □不合格 |
| | ◎大风浪后的检查工作 | | | □合格 | □不合格 |
| **任务三**<br>船舶搁浅 | ●搁浅后的应急措施 | | | □合格 | □不合格 |
| | ◎主机在运转时的检查 | | | □合格 | □不合格 |
| | ◎主机停止后的检查 | | | □合格 | □不合格 |
| | ◎船舶脱浅后的安排 | | | □合格 | □不合格 |
| **任务四**<br>加油溢油 | ●溢油事故的处理 | | | □合格 | □不合格 |
| | ◎溢油事故后的措施 | | | □合格 | □不合格 |
| **任务五**<br>舵机失灵 | ●舵机失灵采取的应急措施 | | | □合格 | □不合格 |
| | ◎舵机失灵处理后的工作 | | | □合格 | □不合格 |
| **任务六**<br>机舱火灾 | ●机舱发生火灾 | | | □合格 | □不合格 |
| | ◎火灾解除后的工作 | | | □合格 | □不合格 |
| **任务七**<br>机舱进水 | ●发生进水时的应急措施 | | | □合格 | □不合格 |
| | ◎发生进水时的应急处理 | | | □合格 | □不合格 |
| | ◎进水事故处理完毕后的安排 | | | □合格 | □不合格 |
| **任务八**<br>船舶碰撞 | ◎碰撞的危害 | | | □合格 | □不合格 |
| | ●船舶碰撞后的应急措施 | | | □合格 | □不合格 |
| | ●针对不同碰撞部位采取的应急措施安排 | | | □合格 | □不合格 |
| | ◎事故报告及记录 | | | □合格 | □不合格 |

# 第四章

# 个人评估任务

教材中的"☆"标记是指该部分内容适配 500 总吨以上或 750 kW 及以上船舶的船员培训,而"★"是指该部分内容适配未满 500 总吨或未满 750 kW 船舶的船员培训。CE 指轮机长,2E 指大管轮,3E 指二管轮,4E 指三管轮。

## 第一节　☆CE/2E 不同人文背景下的轮机部船员管理（口述）

### 一、◎ 跨文化沟通

船员在船上工作时,不仅仅航行于世界不同水域和港口,而且和来自不同国家的船员共同工作越来越司空见惯。据调查,世界上 70%~80% 的商船船队是跨文化船员混派。近年来,随着专业技能、供需比例和人力成本等因素的变化,国际航行船舶上跨文化船员混派更加普遍。人是文化的产物,人的意识和行为会打上某种文化的烙印,民族文化是影响沟通的一个重要方面。船员尤其是混派船员,需要理解不同文化范畴对人的影响,克服跨文化沟通障碍,能够进行有效的跨文化沟通。

#### 1.文化范畴

美国社会心理学者吉尔特·霍夫斯泰德(Geert Hofstede)和人类学家爱德华·T·霍尔(Edward Twitchell Hall Jr)划分了几种重要的文化范畴,这些开创性的研究有助于人们对他人的理解。霍夫斯泰德将跨文化范畴解释为"可以被其他相关文化所衡量的文化层面",他关注文化的多样性所形成的诸多范畴,这些范畴确立了文化群体的特征。在这里,我们可以看到其中三个范畴:个人主义/集体主义、权力距离,以及男性的价值观/女性的价值观,它们比其他范畴获得更多的关注和支持。霍尔增加了第四个和第五个范畴:高语境/低语境和单线性时间模式/多线性时间模式。

（1）个人主义/集体主义

个人主义/集体主义可能是区别一种文化与另一种文化最重要的因素。个人主义是追求独立自主的一种文化信仰，他认为个人成就应该获得酬劳，个人的独特性是最重要的价值。跟注重个人相比，集体主义是更强调团队的观点、需求和目标的一种文化信仰。依据霍夫斯泰德和许多当代研究学者的调查，虽然绝大多数生活在北美地区的人的传统价值观是个人主义的，但是世界人口的70%持相互合作或集体主义的价值观。举例来说，在美国，当孩子完成中学学业或更高等的教育后，很多家长会鼓励他们离开家庭独立生活，去追求自己的事业并找到自己的居所。而在中国，家长鼓励他们的孩子留在家里居住，直到他们结婚，他们认为只有这样做才是为家庭的直接和长远利益考虑。

尽管美国排在主张个人主义的榜首，但并非所有的美国人都是个人主义者。事实上，在很多非裔美国人、亚裔美国人、西班牙/拉丁裔美国人的文化群体中，有着集体主义社会的特性。因此，在美国，强调个人成就和个人奖励的人跟来自集体主义和共同文化背景的人沟通起来可能很困难。美国人的沟通风格和行为可能被普遍认为是傲慢的、敌对的、渴望权力的、无情的和急躁的。然而，有趣的是，贫穷国家为了获得财富，开始转为更具个人主义色彩。

（2）权力距离

权力距离指的是在人际关系、机构和组织中，有权力的人和没有权力的人在身体及心理上的距离。它也呈现为"低权力的人在社会中接受权力的不平等，并认为这是正常的"。根据权力距离的不同，权力距离的文化分为高权力距离的文化和低权力距离的文化。

在高权力距离的文化中，个人接受权力的差别并认为这是常态，且不认为人是生来平等的。在这些文化中，特权阶层有更高的权力并用来引导或控制低权力阶层人民的生活。在高权力距离的文化中，你要接受权威，不能挑战权威。家长对孩子有绝对的控制权。丈夫也可能完全控制妻子。政府官员、社团领导和宗教权威人士可以支配人们的行为，并通过权力确保人们遵守规则。

在低权力距离的文化中，权力差别被降到最低：管理人员跟下属一起工作、教授跟学生一起工作、民选的公务员跟选民们一起工作。尽管美国声称自己是世界上最伟大的民主政治和机会平等的社会，但是它仍排在芬兰、瑞士、英国、德国、哥斯达黎加、澳大利亚、荷兰和加拿大等低权力距离国家的后面，仅位列第16位。

权力距离对沟通者有巨大的影响。例如，在澳大利亚（一个低权力距离的国家），学生和教授之间经常直呼其名，课堂上活跃的讨论也司空见惯。然而，在马来西亚（一个高权力距离的国家），学生在上课前要按时就座，几乎没有迟到的现象；学生对教授很有礼貌并表示感激，很少挑战教授的主张。在高权力距离的文化中，你不能公然反对教师、长辈、上司、执法官员或是政府人员。

通常，集体主义和高权力距离，个人主义和低权力距离之间有着显著的关联。如果你是个人主义者并很有勇气表达自我的观点，你将更愿意挑战权威。换句话说，如果你的文化是集体主义的，而且你的个人意见由他人利益所主导，那么，你将不太可能去挑战你的家庭、雇主或政府的权威。

（3）男性的价值观/女性的价值观

霍夫斯泰德使用"男性的"和"女性的"来描述文化价值判断的男性化或女性化，这两个词更常被用来描述社会的观点，而不仅是个人的观点。

在男性价值观社会中,男性被认为应当刚毅、坚韧并专注于物质上的成功,而女性应当谦恭、温柔并关注生活品质。在女性价值观社会中,性别角色有些重叠:不论男人还是女人,都应当谦逊、亲切并关注生活的品质。根据研究,男性价值观最强的国家依次是:日本、澳大利亚、委内瑞拉、意大利和瑞士。女性价值观最强的国家依次是:瑞典、挪威、荷兰、丹麦、哥斯达黎加。

就男性价值观强度而言,霍夫斯泰德将美国排为第 15 名,略低于澳大利亚、新西兰和希腊。在男性价值观社会中,个人的成功、竞争、魄力以及实力是被赞美的,无私和养育子女可能被看作软弱的或"妇女的工作"。尽管在过去的世纪中,女性已经远离了被固化的角色,但是在男性价值观的文化环境中,要实现真正的平等,她们还有很长的路要走。

(4)高语境/低语境

语境定义为沟通发生的社会心理、逻辑和交互式的环境。人类学家爱德华·T·霍尔将语境理解为围绕在事件周遭的信息,与事件所产生的意义息息相关。他声称,信息的语境——事件自身及其内部特征可能比信息的字面含义更有意义。如同霍尔所述,我们可以将文化从高语境到低语境连续排列。

在高语境文化中,词汇只表达很有限的意思,而手势、沉默、面部表情以及与沟通者之间的关系,则具有真正的意义。在高语境文化中,意义可以通过身份(年龄、性别、教育、家庭背景、头衔和工作关系等)以及个人的朋友、同事的私交关系网传达出来。

在低语境文化中,人们主要通过语言来表达意义。作为低语境文化地区,北美地区的人们总是讲更多的话,讲话更大声且语速更快,远远超过高语境文化地区的人,表现为我们"大声讲""把单词的拼法说出来""直接说而不进行拒绝""说出我们的想法"。

高语境沟通常发生在集体主义文化中,成员之间分享着相似的态度、信仰和价值观。其结果是口头的沟通可能是间接的、含蓄的或是暧昧的,因为每个人都通过语境、非语言行为和沟通者的重要身份来获得信息。

下面这个例子,生动地展示了不同语境国家的人对待同一件事所采取的不同的沟通方式:一位来自肯尼亚的学者获邀到一个美国同事家吃晚餐,尽管他满口大嚼着,并未在盘子里留下丁点食物,美国主人还是不太确信他喜欢这顿晚餐,因为他没有这样说出来。在肯尼亚,客人无须用语言表达,主人如果看到客人很享受地进餐,就知道客人很喜欢这顿晚餐。

(5)单线性时间模式/多线性时间模式

在北欧和北美,时间是非常有价值的。结果,我们通过规划多种事情来填满我们的时间,并过着快节奏的生活。然而,印度、肯尼亚和阿根廷的生活节奏跟美国南部一样,是比较慢的。例如,他们较少被督促"必须把事情做完",而是通过参与事件的感觉来把握他们的节奏。

人类学家爱德华·T·霍尔以沟通的方式划分时间,并认为文化以两种方法中的一种来对待时间:单线性时间模式和多线性时间模式。在单线性时间模式中,事件的进行如同被排列好的单个项目一样,一次只处理一件事情。习惯单线性时间模式的人们,喜欢在转换到别的工作前,将注意力集中在当前的工作项目上,如果某人在会议中提出与会议目的无关的私人话题,会让他们感到生气。

在多线性时间模式中,日程安排不那么重要,并经常得不到落实。多线性时间模式的人们不是时间的奴隶,容易被干扰也容忍这种干扰。习惯多线性时间模式的人们经常约会迟到,甚至约好了时间却不去。如果你习惯多线性时间模式,你可能会发现,同时思考几个不同的问题是件很刺激的事情,同时跟两三个人交谈也处之泰然。

霍尔认为,这两种时间模式的定位是互相矛盾的。当单线性时间模式和多线性时间模式的人们在一起交流的时候,结果往往是无功而返。霍尔注意到,单线性时间模式的北美人对多线性时间模式的人们对待约会的态度感到很苦恼。守时这一简单概念在一些国家中跟美国人的概念并不一样。日程表、承诺和为未来制订的特殊计划都不是牢靠的,甚至很重要的计划也可能在最后 1 min 做出改变。如果你是习惯单线性时间模式的人,可以试着放松和改变对时间和日程安排的态度,不要过于紧张。如果你是习惯多线性时间模式的人,可以尽量去尊重和适应单线性时间模式的人对行程安排的严谨需求。

2.跨文化沟通障碍

学习在地球村中有效地沟通是在 21 世纪生活的特征,也是一个重要挑战。然而,只了解来自其他文化的人们无法使你成为更有效的和更具道德的沟通者,你必须学会跨越五个理解他人的障碍:民族优越感、刻板印象、偏见、歧视和种族主义。

(1)民族优越感

民族优越感是一种认为本民族文化优于其他民族文化的信念。这是一个错误的观念,即认为你的文化高于他人的,具有特殊权利、优越性或可以否定他人的文化。

当有民族优越感的人暗示自己来自更优越的文化环境、更具价值时,他们在沟通中通常会冒犯他人。作为一个对道德和文化敏感的沟通者,你应该审视一下自己的民族优越感。你可以从审视你的文化和他人文化的差异入手。

(2)刻板印象

刻板印象是对某一群体进行过于简化的特征概括。当我们对他人形成刻板印象时,我们会依据偏激的想法判断他人。不幸的是,刻板印象通常被归结为整个群体的消极特征,而在现实中,它可能只是群体中少数人的特征。一项对大学生的研究发现,即使在 20 世纪 90 年代中期,非裔美国人仍被刻板地认为是懒惰的和吵嚷的,而犹太学生被认为是精明的和有才智的。诸如“运动员都是成绩差的学生”“人老招人厌”“西班牙人从不守时”等,都是刻板印象的典型例子。

除了负面的刻板印象,我们也有积极的刻板印象。比如,“女性比男性更富有同情心”“所有的亚洲学生都长于自然科学”等,它们做出了积极的但仍是以偏概全的概括。尽管积极的刻板印象可能看起来没什么害处,但它们还是可能导致不公平的判断。比如,相信“所有的亚洲学生都长于自然科学”,就可能忽视某些学生有艺术的兴趣或天分。

(3)偏见

刻板印象会导致偏见。对某个人或群体并不了解或并非与其直接接触,就对那个人或那个群体持积极或消极的态度。每当你相信或表达一个偏见,就是在了解某人和审视自己的观点或感觉正确与否之前做出判断。大多数的偏见是消极的,比如,“我不希望无能之辈在我们团队项目中工作”“老员工会请更多病假”等,就是基于对不胜任工作者和老员工们的刻板印象形成偏见的实例。

(4)歧视

歧视描述了我们如何实践和表达偏见。当我们产生歧视时,我们排斥某些群体获得他们应该获得的机会,如被聘任、升职、住房、政治表达、平等的权利以及享用教育、娱乐和社会公共资源。

可悲的是,歧视表现为多种形式:对种族、民族、宗教信仰和性别群体的歧视;基于性取向、残障、年龄和体貌的歧视;对来自不同社会阶层和政治意识形态群体的歧视。

(5)种族主义

种族主义形成于民族优越感、刻板印象、偏见和歧视。种族主义者认为,人们的某些遗传特征(通常是一些外表的特征,如肤色)也是负面的特征和能力的体现。种族主义者们还相信,他们的种族优于任何其他的种族。

种族主义通常导致权力的滥用。一旦种族主义者获得权力,他们会肆无忌惮地全力控制、支配、抑制、虐待以及伤害其他种族的人民。其残酷性表现为,种族主义者会折磨、羞辱和灭绝其他种族。美国白人奴隶主对黑人奴隶的虐待;纳粹对待犹太人和其他欧洲少数族群的残忍行径;卢旺达胡图民兵团伙对数十万图西人有计划的种族屠杀等。

广泛的调查显示,世界上根本不存在纯粹的种族,所有人类都属于同一物种——智人,起源于非洲。99.9%的人类基因序列是相同的,种族是一个"在生物学上没有任何意义的"概念,应该是"一种社会构成,而不是科学分类"。那些相信某个种族(基于他们的种族或背景)比其他种族更优秀的观念是错误的、被误导的,是对种族的扭曲观点。如同我们所看到的,种族应当既被视为一种社会结构,被理解为社会和遗传语境下的观念,也应是一个非常中立的概念,被视为人类的自然属性。

## 二、◎ 跨文化管理的发展趋势

### 1.混派模式的深度实践与文化适应机制创新

混派模式从试点到规模化推广:中国船员的混派模式已从早期的船长、实习生混派扩展至操作级船员混派领域。例如,通过某混派试点发现,参与混派的中国船员英语能力显著提升,且跨文化适应力增强,部分船员将混派视为"带薪留学",其职业竞争力提升明显。2025年数据显示,中国船员总数达120万人,其中高级船员占比30%,混派比例突破国际平均水平(80%),尤其在LNG船等高附加值船舶中,多国籍船员协同作业成为常态。

文化适应机制的精细化设计:基于霍夫斯泰德文化维度理论(如权利距离、不确定性规避),混派团队需差异化制定管理策略。例如高权利距离文化船员(如东南亚):强化层级权威,通过明确指令提升执行力;低权利距离文化船员(如北欧):采用协商式决策,鼓励基层参与管理。国际海事组织(IMO)提出的"安全领导力十条准则"被纳入培训体系,要求管理者在跨文化冲突中保持共情能力,如"敏感对待不同文化""清晰沟通"等。

### 2.技术驱动的跨文化管理工具革新

(1)沉浸式培训与智能工具的双轨应用:VR/AR等技术的应用:模拟多文化场景下的非语言沟通训练,例如还原中东船员斋月期间的工作调整场景,帮助学员理解宗教禁忌对团队协作的影响。

(2)AI语言支持系统:如海事专用翻译耳机可实时转换专业术语,但其局限性在于难以捕捉文化语境。因此,培训需结合"海事英语+文化语义"双模块教学,例如区分"safety drill"在东亚文化中的服从性执行与欧美文化中的讨论式参与。

(3)大数据分析:部分企业通过分析船员值班记录与冲突事件数据,预测文化差异引发的管理风险。例如,某公司利用历史数据发现,高权利距离团队在紧急情况下决策延迟率较高,遂针对性优化应急预案。

船员管理系统的智能化升级:船员管理系统集成跨文化管理模块,例如文化背景数据库,记录船员国籍、宗教禁忌及沟通偏好,辅助管理者制定个性化沟通策略;实时反馈系统,通过穿戴设备监测船员的情绪波动,及时介入文化冲突引发的心理问题。

### 3.文化敏感性与心理健康支持体系的标准化建设

(1)模块化文化敏感性课程开发

培训体系从语言学习扩展至"文化认知-冲突调解-心理调适"全链条:

宗教习俗与节日禁忌:如中东船员的斋月作息调整、东南亚船员对特定手势的敏感度。

决策模式差异:欧美船员倾向个体表达,东亚船员注重集体共识。IMO《船员跨文化能力评估指南》被纳入中国认证体系,要求学员通过角色扮演与案例分析掌握适应技能。

(2)心理健康支持机制的制度化

船上心理咨询师:配备多语言心理援助平台,针对文化冲突引发的焦虑提供干预方案,例如基于霍夫斯泰德维度设计调解策略。

非正式交流活动:如"文化共享日"通过国际美食节、节日联欢等活动降低船员孤独感。研究显示,女性化文化氛围(强调关怀与合作)可提升团队凝聚力20%。

### 4.全球化政策协同与 ESG 框架下的产业升级

(1)国际资质互认与标准制定

中国通过参与IMO《船员跨文化能力评估指南》制定,推动国际资质互认。例如,中国船员培训机构的课程已获欧洲海事安全局(EMSA)认证,助力本土船员进入国际高端船员市场。

(2)ESG 框架下的企业责任拓展

航运企业将跨文化管理纳入 ESG(环境、社会、治理)评价体系:

社会维度:通过多元文化包容性指标提升品牌竞争力,如马士基集团将文化冲突调解成功率纳入年度报告;

治理维度:建立跨文化管理委员会,监督船员权益保障与培训质量。

### 5.未来挑战与突破方向

(1)语言能力瓶颈与技术成本优化

尽管 AI 翻译工具普及,但中国船员英语水平参差不齐。需推广"海事英语微证书"制度,将语言能力与职业晋升挂钩。同时,VR/AR 设备的高成本制约中小企业普及,可依托区域性海事培训中心共享资源,降低使用门槛。

(2)文化固化思维的转型与领导力重塑

部分中国船员存在文化优越感,需通过"逆向文化冲击"案例教学(如欧美船员对中国管理方式的反馈)促进认知转变。船长需掌握"文化智商(CQ)",融合霍夫斯泰德理论与 IMO 安全领导力准则,提升跨文化决策效率。

中国若能在混派实践、技术应用与政策协同三方面实现突破,不仅将巩固其全球前五大船员供应国地位,更可能主导国际航运业跨文化管理标准的制定,为全球航运安全与效率注入新动能。

### 三、◎ 跨文化管理的努力方向

作为理解他人观点的一种方法,跨文化沟通的指导者经常敦促学员"尝试通过他人的眼睛来观察这个世界"。理解他人的根本目的——像他人那样看待周围的世界,有助于将误解和偏见降到最低。因而,学习和适应你每天遇到的众多"他人",可能会改变你长期以来养成的思考和行为习惯。

(1)留心

留心是一个既老又新的概念,其历史可以上溯到公元前第一个千年,在喜马拉雅山山麓,人们相信佛祖释迦牟尼通过留心得到开悟。留心的意思是,不仓促判断从而能全面了解当前的情况。留心的沟通者能够体察他们的内在经验(身体、意识、精神、灵魂),并充分注意他们周围发生的事情(人群、自然界、环境、事件)。

在更详细地解释留心的概念之前,我们先来看看它的对立面:不留心、无心,后者产生于人们任由死板的分类和错误的辨别方式主导其思维或行为习惯。例如,你走到销售柜台前会先对售货员说声"打扰了",你为什么这么说?你是因为觉得打扰了那个本应先注意你的人而抱歉吗?我们每个人都会以某种不留心的方式做事,并不会带来什么严重后果。但是当无心的状况发生在某个敏感的环境中,其结果可能损害某些关系或破坏重要项目。如果你是一个无心之人,你会因为相信自己的信仰总是正确的、最好的,而被困在一个僵化、偏执的世界中。例如,来自其他文化的人们是低一等的、不值得信赖的;变化是一件糟糕和可怕的事情等。

因此,留心要求你留意如何与他人沟通。它要求你在事情发生时观察到出现的细节,在没有进一步向其他人了解情况前,不轻易形成意见或偏向某一方。当你开始留心观察,你将意识到陈旧的思想和偏见并努力克服它们。留心给予你理解、尊重和适应他人的自由和动机。

(2)乐于接受新事物

留心的沟通者可以更好地了解其他人和其他文化,因为他们秉持向新事物开放的态度。我们经常认为,他人的信仰和行为是无理的或怪诞的,其实更多了解这些信仰和行为可以帮助我们理解他人。

(3)尊重他人的观点

除了对新事物持开放的态度,留心的沟通者也对其他观点持开放态度。

当你依赖一种方式看待一个人或解释一件事情时,你就停止了留心观察。每个观念、人物或事物都可能有很多侧面,取决于用什么视角观察和解释。一头母牛在牧场主眼里只是牛排和肉;在生物学家眼中,它是一个基因和蛋白质的集合;在善待动物组织成员眼中,它是一种被虐待的动物。

(4)适应他人

当你与周围的人相处融洽时,你可能感觉十分舒适。想让自己与他人相处融洽,你也许要调整自己,跟家庭成员、朋友、同事、权威人士、陌生人的谈话方式。例如,两个人来自同一国家的不同地区,如一个来自吉林,另一个来自广东。当他们回家时,他们的语调、所用词汇、语句结构、语速甚至是音量都会为了适应他们的家庭文化而改变。然而,在正式的环境中,他们讲话的风格和内容也会更正式。

霍华德·贾尔斯在《沟通适应理论》中探讨了这些适应性倾向,阐释了在所有的沟通情境中,我们会跟来自其他群体的讲话者做比较。如果我们认为另一个群体更具影响力或者更具有令人向往的特质时,我们倾向于调整我们的谈话,以使发言的行为和规范被对方认同。依据沟通适应理论:

①沟通的相似性和差异性存在于所有谈话中。不管你跟一个外国留学生还是跟你的祖母谈话,都会遇到分歧。

②我们对于与他人沟通情形的感知方式,将决定我们如何评估与他人的互动。有效的沟通者会通过仔细聆听和留心观察他人的行为,来避免刻板印象。

③语言和行为传达社会身份和团队成员的信息。通常,更有地位和权力的个人或团队会确立被认同的谈话和行为方式。例如,如果你正在进行工作面试,面试你的人很正式,那么你很可能也会采用正式的方式。

④沟通适应有程度上的差异,规范引导沟通适应的过程。当出现尴尬情况时,你会试着调整团队的行为。因而,如果你在尊重长者的文化中沟通,当你面对年长者或地位较高的人时,可能会犹豫是否要质疑他们的观点。但如果你认识到某种特定行为是不恰当的,你也不会在这种情况下附和整个团队。例如,你和同事面临一项工作的最后期限,而当同事们决定在项目完成前离开办公室时,你可能不会跟着他们一起离开。

(5)主动参与到他人中

直接地、面对面地跟来自不同文化背景的人们进行交流,对每个人都有益。你和他人可能将彼此长期持有的对对方文化负面的认识,转变为积极的评价。如果你能在遇到他人时,成功地把焦虑感和误差程度降到最低,你将会发现一个新的世界,那里到处是能够丰富你生活的充满魅力的人。事实是,无论什么文化、国籍、性别、信仰、年龄和能力,我们所有人都有着独一无二的个性,而我们通过彼此分享见证人类的神奇。

# 第二节　☆2E/3E/4E 热工作业(口述+笔试)

## 一、◎ 作业前的责任明确

### 1.风险评估与责任落实

热工作业是指能够产生火源或产生足够高的温度,致使易燃性混合气体着火的作业,包括所有需要使用下列设备的作业:焊接(电焊或气焊)、切割、烧、刨(电或气)、加热(喷灯或热风枪)、钎焊(电动或喷灯)。在危险区域使用下列临时/便携式设备应归类为热工作业:电动工具(带电的或电动工具)、非本质安全的电子设备、内燃机(驱动空压机、泵、压力清洗机等)。

风险评估指导船岸人员对船舶营运过程中存在的危险源,对有关人员、船舶、货物、环境可能造成的危害进行风险评估,制定和落实预防和控制措施,确保人员、船舶和货物安全,避免造成环境污染。危险源(危险有害因素)包含可能导致人身伤害和(或)健康损害和(或)财产损失和(或)环境影响的根源、状态或行为或它们的组合。包括但不限于人的行为、物的状态、环境因素和管理因素。风险评估应由船舶公司组织有适当知识和丰富经验的人员开展通用的风险评估,识别出与船舶作业活动有关的危险源并开展风险评估,注意还应包括识别健康和卫生的风险。使用风险评估结果去制定安全工作程序,确保制定的安全措施以方针、程序、作业须知等形式纳入公司安全管理体系。基于工作任务的风险评估是指在船舶上开展的、有作业人员参与的、基于本船和特定工作任务的风险评估。此类风险评估分为两类:一是用于常规低风险作业的通用风险评估,二是用于非常规高风险和计划外作业的风险评估。

　　船上的风险评估应由高级船员在船长、轮机长的指导下进行,组织风险评估的人员应接受过风险评估的培训,相关人员都应积极参与。轮机长为安全负责人,船长为总监控人。大副、大管轮分别为船舶甲板部和轮机部热工作业负责人。大管轮需要进行风险评估,仅当风险等级为可以接受的情况下方可作业,同时对相关人员进行培训并落实责任、落实许可证制度,对封闭处所还需要落实密闭处所的相关措施,大管轮还要负责本部门热工作业部位的安全预防工作。二/三管轮作为施焊者或者看火人员需要让持证者施焊,按照许可证制度烧焊并且看火人员严格按照检查标准。热工作业由外部人员进行时,由轮机长负责管理并安排专人监控,确保其作业符合要求。热工作业风险评估表如表 4-2-1 所示。

表 4-2-1　热工作业风险评估表

| 部门/船舶 Department/Ship | | | | 计划完成行动或任务的日期和/或时间 Date and/or time planed for the activity or task | | | | | | | | | | |
|---|---|---|---|---|---|---|---|---|---|---|---|---|---|---|
| 行动或任务详情 Detail of activity or task | | | | | | | | | | | | | | |
| 步骤(细分工作过程) Description (Breakdown process, task or activity sequentially) | 危险 Hazard | | | 固有风险(无任何控制措施) Inherent risk (No controls) | | | 现有控制措施 Existing controls | 控制风险 Existing risk | | | 进一步的控制措施,行动方案的责任人和实施时间 Further controls, responsibility & timescale for action | 剩余风险 Residual risk | | 责任部门 Department | 责任人/岗位 PIC |
| 编号 No. | 危险因素类别 Category | 危险情形或危险事件 Hazard scenarios or hazard events | 暴露在危险中的人员/物体/环境和后果 Person/ Object/ Environment exposed to the hazard and consequence | 可能性 L | 后果 C | 风险等级 Risk level | | 可能性 L | 后果 C | 风险等级 Risk level | | 可能性 L | 后果 C | 风险等级 Risk level | | |
| 1. | | | | | | | | | | | | | | | |
| 2. | | | | | | | | | | | | | | | |
| 3. | | | | | | | | | | | | | | | |
| 参加作业人员 Operating personnel | | | | | | | | | | | | | | | |
| 制定人 Assessor: | | | | 日期 Date: | | | | | | | | | | | |

续表

| 审核意见 Review： | 审核意见 Review： | 审核意见 Review： |
|---|---|---|
| 审核人 Reviewer： | 审核人 Reviewer： | 审批人 Approver： |
| 日期 Date： | 日期 Date： | 日期 Date： |

### 2.相关许可证明

作业负责人按要求填写热工作业许可证,送交轮机长审核,轮机长提醒作业负责人需注意的安全事项,并在热工作业许可证"安全负责人"栏内签字。热工作业负责人按照热工作业许可证中的检查表以及轮机长提出的施工条件逐一检查落实,并填写热工作业许可证送交船长审批。专用施工场所内热工作业许可证如表 4-2-2 所示,专用施工场所外热工作业许可证如表 4-2-3 所示,危险场所热工作业许可证如表 4-2-4 所示。

表 4-2-2　专用施工场所内热工作业许可证(仅供参考)

**第一部分　(适用于专用施工场所内的热工作业)**

**SECTION 1　(Applicable to hot work in designated space)**

**通则 GENERAL**

| 本许可证有效期,自<br>This permit is valid from | 时<br>Hrs | 日期<br>Date | | 至<br>To | 时<br>Hrs | | 日期<br>Date | |
|---|---|---|---|---|---|---|---|---|
| 热工作业地点<br>Location of hot work | | | | | | | | |
| 热工作业的说明<br>Description of hot work | | | | | | | | |
| 实施热工作业的人员和职务<br>Personnel carrying out hot work and their rank | | | | | | | | |
| 热工作业的负责人和职务(大副、大管轮)<br>Person in charge for hot work and their rank<br>(CO, 2E) | | | | | | | | |
| 安全负责人(轮机长)<br>Person in charge for safety(CE) | | | | | | | | |

实施 IMPLEMENTATION

| 1.1 | 专用施工场所是否处于良好通风状态?<br>Is designated space in good ventilation? | □是/□否<br>Yes/No |
|---|---|---|
| 1.2 | 施工部件是否已有效清除油污及其他可燃物?<br>Have the oil or other combustibles been cleared off? | □是/□否<br>Yes/No |
| 1.3 | 作业计划<br>Operation plan | |

在以上说明的情况下,认为进行所指的热工作业是安全的

In the circumstance noted it is considered safe to proceed with this hot work

| 作业负责人<br>Person in charge | | 时间<br>Hrs | | 日期<br>Date | |
|---|---|---|---|---|---|
| 船长<br>Master | | 时间<br>Hrs | | 日期<br>Date | |

## 结束 End

在本人的监管下,该项作业现已完成,所有人员、物资和设备均已撤离现场

The work has been completed and all persons under my supervision, materials and equipment have been withdrawn

| 作业负责人<br>Authorized person in charge | | 时间<br>Hrs | | 日期<br>Date | |
|---|---|---|---|---|---|
| 备注<br>Remark | | | | | |

表 4-2-3　专用施工场所外热工作业许可证(仅供参考)

## 第二部分　(适用于专用施工场所外的热工作业)
## SECTION 2　(Applicable to hot work outside designated space)

## 通则 GENERAL

| 本许可证有效期<br>This permit is valid from | |
|---|---|
| 热工作业地点<br>Location of hot work | |

| 此项热工作业是否已获得公司的批准?<br>Has written permission been obtained from company for doing hot work? | □是/□否<br>Yes/No |
|---|---|
| 是否已签发封闭场所进入许可证?<br>Has an enclosed space entry permit been issued? | □是/□否<br>Yes/No |

| 倘是"否",其理由:<br>Reason if "No" | |
|---|---|
| 热工作业的说明<br>Description of hot work | |

| 实施热工作业的人员和职务<br>Personnel carrying out hot work and their rank | |
|---|---|
| 热工作业的负责人和职务(大副、大管轮)<br>Person responsible for hot work and rank | |
| 安全负责人(轮机长)<br>Person responsible for safety | |

实施 IMPLEMENTATION

| 2.1 是否已用可燃气体指示仪检测过热工作业区域的烃气并保持复测(复测间隔时间不超过 30 min)？(必须低于 1%LFL)<br>Has the hot work area been tested with a combustible gas indicator for hydrocarbon vapor and keep repetitive test (Interval no more than 30 minutes)？(Lower than 1%LFL) | | | | | | | □是/□否<br>Yes/No |
|---|---|---|---|---|---|---|---|
| | (作业开始前)<br>(Begin) | (作业中)<br>(During work) | (作业中)<br>(During work) | (作业中)<br>(During work) | (作业中)<br>(During work) | (作业中)<br>(During work) | (作业中)<br>(During work) |
| 日期/时间 Date/Time | | | | | | | |
| 读数<br>%LFL | | | | | | | |
| 测试人签署<br>Signature | | | | | | | |

| 2.2 设备和管路是否已除气？<br>Has the equipment or pipeline been gas freed? | □是/□否<br>Yes/No |
|---|---|
| 2.3 设备或管路是否已用盲板隔离？<br>Has the equipment or pipeline been blanked? | □是/□否<br>Yes/No |
| 2.4 设备和管路是否已清除油液？<br>Is the equipment or pipeline free of liquid? | □是/□否<br>Yes/No |
| 2.5 设备是否已电气绝缘？<br>Is the equipment isolated electrically? | □是/□否<br>Yes/No |

| | | |
|---|---|---|
| 2.6　周围区域是否安全？<br>　　Is the surrounding area safe? | | □是/□否<br>Yes/No |
| 2.7　增加的防火措施是否可供使用？<br>　　Is additional fire protection available? | | □是/□否<br>Yes/No |
| 2.8　热工作业点是否远离燃油舱或燃油管路 500 mm 以上？<br>　　Is more than 500 mm away from the fuel tank or fuel line? | | □是 □否<br>Yes/No |
| 2.9　特殊条件或预防措施<br>　　Special conditions/precautions | | |
| 2.10　作业计划<br>　　Operation plan | | |
| 2.11　作业开始时间是否已告知公司？<br>　　Has the time of start been notified to the company? | | □是/□否<br>Yes/No |

| 时间<br>Hrs | | 日期<br>Date | |
|---|---|---|---|
| | | | |

在以上说明的情况下，认为进行所指的热工作业是安全的
In the circumstance noted it is considered safe to proceed with this hot work

| 作业负责人<br>Person in charge | | 时间<br>Hrs | | 日期<br>Date | |
|---|---|---|---|---|---|
| 船长<br>Master | | 时间<br>Hrs | | 日期<br>Date | |

结束 End
在本人的监管下，该项作业现已完成，所有人员、物资和设备均已撤离现场。作业结束时间已告知公司
The work has been completed and all persons under my supervision, materials and equipment have been withdrawn. The time of completion has been notified to the company

| 作业负责人<br>Authorized person in charge | | 时间<br>Hrs | | 日期<br>Date | |
|---|---|---|---|---|---|
| 备注<br>Remark | | | | | |

表 4-2-4　危险场所热工作业许可证(仅供参考)

| 第三部分　(适用于危险区域内的热工作业)<br>SECTION 3 (Applicable to hot work in dangerous and hazardous area) | |
|---|---|
| 3.1　船舶是否处于压载状态?<br>　　　Is the ship in ballast? | □是/□否<br>Yes/No |
| 3.2　货油舱内的热工作业(Cargo oil tanker) | |
| ● 作业区域是否已清除干净?<br>　Has the work area been cleaned? | □是/□否<br>Yes/No |
| ● 加热管线是否已用蒸气清洁,不含有烃类气体?<br>　Has the heating coils been cleaned with steam and free of hydrocarbon vapor? | □是/□否<br>Yes/No |
| ● 所有与其他舱室连通的管线,是否已用水冲刷排干保持通风并与作业的舱室隔离?<br>　Have all pipelines interconnected with other compartments been flushed, drained, ventilated and isolated: | □是/□否<br>Yes/No |
| ● 已进行清舱除气已经达到热工作业的安全条件并保持持续通风?<br>　Has the tank been cleaned and gas freed to reach hot work standard and kept continuous ventilation? | □是/□否<br>Yes/No |
| ● 已清除船上的油污水或将其隔离在距作业地点 30 m 以上的与作业舱不临近的舱室内,并且保持油污水舱关闭,与惰气总管(如有)和其他管线的安全隔离了吗?<br>　Have all slops been removed or securely isolated in a non-adjacent tank at least 30 m for the work location, and kept the slop tank closed and securely isolated from IG main and piping system? | □是/□否<br>Yes/No |
| ● 如果在货油舱舱壁或者舱壁 500 mm 的范围内进行作业,那么舱壁的另外一个舱是否也已满足热工作业的安全条件?<br>　Has the space on the other side of the tank of hot work fulfilled hot work standard when hot work is to be carried out on a cargo tank bulkhead, or within 500 mm of such a bulkhead? | □是/□否<br>Yes/No |
| 已惰化的船舶(Inerted ships)：_____ | |
| ● 临近的舱室(包括斜对的舱室)：<br>　Adjacent tank (including diagonally positioned tank)： | |
| 是否已清舱、除气,可燃气体含量在1%LFL 以下? 或<br>Has the tank been cleaned and gas freed, with hydrocarbon vapor content reduced to not more than 1%LFL and maintained at that level; or | □是/□否<br>Yes/No |
| 空舱、驱气,可燃气体体积含量在2%LFL 以下? 或<br>Has the tank been emptied, purged and the hydrocarbon vapor content reduced to less than 2%LFL by volume; or | □是/□否<br>Yes/No |
| 舱室内已充满水了吗?<br>Has the tank been completely filled with water? | □是/□否<br>Yes/No |
| ● 所有其他货油舱必须惰化,并且关闭舱口盖<br>　All other cargo tanks should be inerted and their deck openings closed | □是/□否<br>Yes/No |

| | |
|---|---|
| • 通向作业舱的惰气管线经惰化驱气,烃类气体的体积含量在 2% 以下,并单独隔离了吗?<br>Has inner gas lines to the compartment been purged with inert gas to not more than 2% hydrocarbon by volume and isolated? | □是/□否<br>Yes/No |
| **未惰化的船舶**(Non-inerted ships) | |
| • 临近的舱室(包括斜对的舱室)都必须清舱和除气以达到热工作业的安全条件或者充满水;<br>Have adjacent cargo tanks, including diagonally positioned cargo tanks, either been cleaned and gas freed to hot work standard or completely filled with water; | □是/□否<br>Yes/No |
| • 所有通向作业舱的气体管线都已通风,烃类气体含量在 1%LFL 以下,并单独隔离。<br>Have vapor or vent lines to the compartment been ventilated to not more than 1% LFL and isolated. | □是/□否<br>Yes/No |
| 3.3 货油舱甲板区域的热工作业(距甲板 500 mm 以上的作业) | |
| • 在作业地点半径 30 m 的范围内的所有货油舱和油污水舱:<br>All cargo and slop tanks within a radius of at least 30 m around the working area: | |
| 已清舱、除气,可燃气体含量在 1%LFL 以下,或<br>Has the tank been cleaned and gas freed, with hydrocarbon vapor content reduced to not more than 1%LFL and maintained at that level, or | □是/□否<br>Yes/No |
| 空舱、驱气,可燃气体体积含量在 2%LFL 以下,或<br>Has the tank been emptied, purged and the hydrocarbon vapor content reduced to less than 2%LFL by volume and inerted, or | □是/□否<br>Yes/No |
| 舱室内充满水了吗?<br>Has the tank been completely filled with water? | □是/□否<br>Yes/No |
| • 所有其他货油舱是否已惰化,并且关闭舱口盖了吗?<br>Have all other cargo tanks been inerted and their deck openings been closed? | □是/□否<br>Yes/No |
| • 是否已清除船上所有的油污水或者将油污水安全地隔离在尽可能远离热工作业的舱室内?<br>Have all slops been either removed from the ship or isolated in a tank as far as practicable from the hot work location? | □是/□否<br>Yes/No |
| **未惰化的船舶**(Non-inerted ships): | |
| • 作业地点半径 30 m 的范围内的所有货舱(包括斜对的舱室)是否都已清舱和除气达到热工作业的安全条件或已充满水了吗?<br>Have all cargo tanks within 30 m of the work location, including diagonally positioned cargo tanks, been cleaned and gas freed to hot work standard, or completely filled with water? | □是/□否<br>Yes/No |
| • 是否已清除船上所有的油污水或者将油污水安全地隔离在离作业地点距离最远的一个舱内(至少超过 30 m)了吗?通向该舱的蒸汽和透气管线已进行通风,达到烃类气体含量在 1%LFL 的标准,并与其他舱室隔离。<br>Have all slops been either removed from the ship or securely isolated in the tank furthest (and at least 30 m) from the hot work location? Vapor or vent lines to the compartment should also be ventilated to not more than 1%LFL and isolated. | □是/□否<br>Yes/No |

## 二、● 热工作业的实施步骤

作业负责人按要求填写热工作业许可证第一部分"通则"栏,送交轮机长审核,轮机长提醒作业负责人需注意的安全事项,并在热工作业许可证"安全负责人"栏内签字。热工作业负责人按照热工作业许可证中的检查表以及轮机长提出的施工条件逐一检查落实,并填写热工作业许可证第一部分的"实施"栏,送交船长审批。船长在确认作业负责人已按施工条件做好准备,方可批准热工作业,并在热工作业许可证上签字。

热工作业负责人将船长批准的热工作业许可证带到作业现场,作业前检查表如4-2-5所示。作业的看火人员在热工作业实施前到位,自始至终(包括在作业中断期间)在现场监督,并备妥相应的灭火器材,及时扑灭热工作业产生的火星,防止点燃附近的可燃物品。热工作业操作人员应遵章操作,热工作业过程中存在任何不安全的状态或不安全的行为时,热工作业负责人应立即制止操作人员的热工作业操作。

**表 4-2-5 作业前检查表(仅供参考)**

| | 检查/测试项目<br>Inspecting and Testing Contents | 结果<br>Result | | 检查/测试项目<br>Inspecting and Testing Contents | 结果<br>Result |
|---|---|---|---|---|---|
| 气焊作业前检查<br>Check before gas welding operation | 工作压力下所有接头、胶管是否完好?<br>Whether all joints and hose are in good condition under working pressure? | | 电焊作业前检查<br>Check before electric welding operation | 电焊机是否保持干燥、可靠接地?<br>Whether the welding machine is kept dry and reliably grounded? | |
| | 减压阀、阻焰器是否正确安装完好?<br>Whether the pressure reducing valve and flashback arrestor are properly installed? | | | 电焊机和焊线的各部分接头是否牢固,导电良好?<br>Whether the welding machine and welding wire of each part of the joint is firm, good conduction? | |
| | 焊枪、面罩是否完好?<br>Whether the welding gun and mask are in good condition? | | | 焊枪、面罩是否完好?<br>Whether the welding gun and mask are in good condition? | |
| | 作业场所是否安排看火人员并采取防火措施?<br>Whether the workplace has arranged fire watching personnel and take fire prevention measures? | | | 作业场所是否安排看火人员并采取防火措施?<br>Whether the workplace has arranged fire watching personnel and take fire prevention measures? | |
| | 作业人员个人防护设备是否完好?<br>Whether the personal protective equipment of the operator is in good condition? | | | 作业人员个人防护设备是否完好?<br>Whether the personal protective equipment of the operator is in good condition? | |

### 三、● 热工作业的要求

船长同意后,方可进行热工作业。进行热工作业时不得在危险区域进行,危险区域是指船上可能存在爆炸气体的地点。对于油船来说,这实际上意味着比货舱甲板更大的区域,包括货舱、压载舱、泵间以及它们周围和上方的大气空间。

作业人员至少由 1 名操作员和 1 名看火员组成。热工作业人员须经过充分培训并具有进行热工作业的资质。在燃料加装、货物作业、原油洗舱(COW)、洗舱作业以及任何货舱舱气释放时,禁止进行热工作业。如果需要进行热工作业,这些操作应该停止,直到热工作业完成。对于电焊或气割等热工作业,应在专用施工场所内建立安全边界,以防止电弧闪光和围住火花。这个区域应该用帘幕或其他障碍物围起来。其他因素,如燃料舱或电缆,也可能需要一个安全边界。在安全边界外的专用施工场所内作业,应通过风险评估确定额外的控制措施。

对于专用施工场所外的热工作业,船长应该首先决定热工作业是否合理,以及它是否可以安全地进行。在工作开始前,部门长应对部门内所有计划的工作进行评估,风险评估应该识别危害和所涉及的风险,制定降低风险的措施,以确保工作的安全进行;风险评估应识别对看火人员的危害,以及在紧急情况下他们如何疏散,确定额外的个人防护装备(PPE),以确保风险水平可接受。指定的不直接参与热工作业的负责人应确保作业计划的执行。在热工作业开始之前,工作区域应该认真准备并处于受控状态。查消防安全措施和灭火措施,准备、布置足够的消防设备,以便能立即使用。

对于热工作业区域和相邻的空间,因热传导或意外损坏可能造成危险的地方,如液压管路、电缆、热油管线等,应建立看火程序。看火人员应监视热工作业,并在残留物或油漆涂层着火时采取行动。应制定有效地控制和扑灭焊接火花和熔渣的方法。该区域的气体应经过测试并小于1%的低可燃极限(LFL)。

热工作业许可证应在作业开始前签发。如果推迟开工,在开工前应重新检查并记录所有安全措施。许可证是在特定条件下发放的,但如果这些条件变化应立即停止热工作业。许可证应撤回或取消,直至所有条件和缓解措施均已检查并恢复,才可重新签发或重新批准许可证。

工作区域应该保持足够的、持续的通风,并应确定气体监测的频率、气体监测的次数和结果。同时对工作区域进行隔离和采取消防安全措施,消除火灾风险。如果在靠码头时需要在危险区域进行热工作业,应仅在符合现行国家或国际法规、港口和码头要求,并获得所有必要的批准后才允许进行。如果热工作业涉及进入封闭处所,应遵守 SAF09 进入封闭处所须知,对要进行热工作业的分隔区域进行清洁和通风,应特别注意任何相邻空间的情况。如果燃油舱的舱气测试结果显示 LFL 读数低于1%,则可认为相邻燃料舱是安全的。不得在燃油舱的舱壁上或其 500 mm 内进行热工作业,除非该燃油舱已被清洗可以进行热工作业。除货舱外,应对相邻的压载舱和隔舱进行检查,以确保它们已经过除气,对热工作业是安全的。如果发现它们含有碳氢液体或蒸汽,应进行清洁、除气或充惰气。

### 四、◎ 热工作业后的检查安排

热工作业完成后,由操作人员和看火人员清理现场,检查周围区域及相邻处所,确认无热源或无火灾危险,向热工作业负责人报告。热工作业负责人应在 30 min 内到现场进行复查,确认一切正常后,填写热工作业许可证"结束"部分,完成全部的许可证内容。

# 第三节 ☆CE/2E/3E/4E 船舶接船管理（口述+笔试）

## 一、● 接船前的准备工作

收到接船通知后,人事部门拟定接船人员的名单,相关负责人按规定进行审核、批准,接船人员应在接船前接受相关安全及业务培训,熟悉相关的接船程序及计划安排,了解新接船的基本情况。接船干部船员与公司主管人员进行交流谈话,重点了解与其职务有关的注意事项及工作要点。同时,接船人员应接受船厂各相关部门的培训,熟悉船厂安全规章和各方联系方式等。

各接船人员应尽快熟悉与自己职责相关的结构、设备及系统,轮机长应尽快索取与接船相关的图纸资料并提供给各相关职务轮机员。大副与大管轮分别负责各部门备件、物料及专用工具的开列、交接、签收和入库。大副与大管轮分别负责各部门每日发现问题的汇总递交轮机长。轮机长审核后向船长报告,船长对问题确认并汇总后发送给造船室,船长与造船室就接船问题进行充分协调交流,造船室与厂方协商解决,必要时造船室应协调各方召开工作交流会议以促进问题的尽快解决。船长应积极与各方协调交流,尽快确认与船舶营运、检验及外部检查相关的证书资料的配备情况。

## 二、● 船舶交接过程中的工作

各批次接船人员进厂后应首先接受船厂各相关部门的培训,熟悉船厂的安全规章制度以及各方联系方式等。在厂期间(包括试航)接船人员接受造船室的统一领导,服从厂方及造船管理室的安排,如有任何问题应提前进行协调沟通。船长应积极与公司各主管部门、船厂及船级社进行协调交流,尽快确认与船舶营运、检验及外部检查相关的证书资料的配备情况。

轮机长应尽快索取与接船相关的图纸资料并提供给各相关职务轮机员;在与船厂沟通后并在船厂相关人员的陪同指导下组织接船人员登轮熟悉船舶环境,了解船舶结构、设备、舱室、通道的布置情况。各接船人员应尽快熟悉与自己职责相关的结构、设备及系统。如可能,应积极参与各分管设备及系统的校验及调试工作。在船厂期间接船人员不可擅自操作、调整船舶的任何机电设备及系统,所有的操作均应由船厂各专业人员进行。

进入压载舱、货油舱等场所前应取得船厂主管人员的许可并应关注各通道处所的安全提示与警示标志。大副与大管轮分别负责各部门每日发现问题的汇总,在递交轮机长审核后发送至船长进行确认,最终由船长将问题汇总发送给造船室。轮机长应每天监控船舶意见的整改封闭情况并根据缺陷的重要程度制订出进度计划,在与船厂主管人员协商后积极监督推进整改计划的执行。船长应每日组织接船人员召开班前会,了解总结船舶存在的问题以及整改情况并布置后续的工作安排。船长应与造船室就接船期间的问题进行充分协调交流,必要时造船管理室应协调船厂、船级社及接船人员各方召开工作交流会议以尽快解决问题。

对于船厂期间提出的问题缺陷,各主管人员应与船厂相关人员现场确认整改情况。接船人员驻厂后,轮机长应安排大副、大管轮根据船舶具体情况尽快开出接船备件物料清单并及时报送公司主管人员。船长应协调船厂按照接船进度完成随船备件、物料以及专用工具的交接,交接过程中大副、大管轮应分别组织各主管人员进行认真清点、签收、入库。对于公司供船的备件物料,船长应组织接船人员按照公司主管部门的计划安排在供船前完成全面详尽的清点、封签工作,备件物料具体供船时间应由船厂、造船室、船方以及供应商协商后确定,供船时接船人员应与供应商现场再次清点确认所供备件物料的质量与数量。上述物料备件供船后大副与大管轮应集中管理、储存及发放。

新造船舶试航前各主管人员应提前了解船厂的试航计划,轮机长应预先与船厂主管人员确定试航期间的设备及系统演示、培训项目并做出详细的计划安排。试航期间各主管人员应积极参与主管设备及系统的演示、调试、报验,以及船舶值班,如有疑问应及时咨询船厂专业人员。各设备及系统运行期间,接船人员应全面掌握熟悉运行工况、操作性能、注意事项以及技术参数。试航后设备及系统的拆检工作各主管人员应全程参与,发现问题立即反馈。

交船前接船人员应再次确认船舶技术资料、物料备件、航海资料、船舶证书以及其他船舶备品的配备情况,如有不足应立即进行反馈。燃油、润滑油及淡水的数量应在船方及公司主管部门根据航线及实际船存情况协商后合理安排。交船前轮机长应安排各职人员与船厂主管人员现场核对确认船舶缺陷的整改封闭情况,厂内缺陷应尽可能在开航前全部解决,如存在特殊原因不能够按时处理,需对缺陷进行备注并由船厂相关人员签字确认并标注计划整改措施及日期。

### 三、◎ 接船后初级阶段的工作

接船人员应根据接船方案进行对口交接,技术资料应当面交接确认,如有缺失或破损问题应立即反馈报告。各机电设备如存在现场测试条件应进行双方人员现场测试确认,同时认真记录各项运行参数并由双方人员签字认可,各项参数应与交船人员提供的参数进行比较,如存在较大的差异应立即报告。船舶各应急、防污设备以及其他安全设备必须进行现场运行试验。轮机长应根据船舶设备的实际状况以及接船人员的技术水平合理安排接船人员参与设备的操作及试验。

燃润料交接时,轮机长应与大管轮及二管轮一同进行,在测量及计算过程中,应全面考虑吃水差及温度等的修整,力求计算结果精确,同时应检查船舶舱容表是否完整并具有专业机构的认可(如船级社),如发现任何破损以及涂改现象应立即进行报告。物料备件应由各主管人员逐项进行交接确认,如发现损坏及废旧备件或物料应及时提出并做标记。

接船人员在现场交接过程中应尽可能对所主管设备做简单标识以便于接入后能够快速熟

悉设备的操作及管理。船长应向交船人员索取船舶设备的密码(如设备存在密码)以及保险箱的密码并妥善保管。交接过程中应尽力争取交船人员的配合,尽可能让其为接船人员多介绍各设备的管理及操作经验以及详细演示各操作过程。

如交接过程中双方出现矛盾或交船人员不配合现象,应避免与其正面冲突,需由船长报告船舶总管团队,由岸基进行协调处理。如交接过程中发现设备存在故障或其他不符合现象,不应与交船人员计较,应进行现况交接,交接报告中应书面如实说明设备的状况并由交船方主管人员签字确认。

交接后开航前,应对全船消防、救生及防污设备及器材进行全面检查确认,确保其处于良好的状态,同时应组织全部接船人员进行消防救生演习以确保船舶人员熟悉应急设备及系统的布置及操作。开航前完成本轮单船操作文件并经总管团队批准后执行。开航后轮机长应监督各主管人员按照设备说明书及专业厂家的指导全面进行各项设备检查、维护保养、调试调整等工作。无人机舱必须在经过轮机长对船舶机电设备运行工况、各系统管线状态进行详尽全面的评估后方可实行,同时报送公司总管团队确认。

首航期间轮机长应合理安排主管人员对全船所有货油舱、压载舱以及干隔舱进行全面的检查清理并按程序报公司。船舶首航结束后,轮机长应将综合评估结果形成详细的首航报告报送公司总管团队;船舶交船后的保修安排应按照保修合同的要求执行,对于船舶的保修问题轮机长应积极配合船厂进行反馈,向造船室和总管团队报告。各轮机员新接船操作检查表如表4-3-1、表4-3-2、表4-3-3和表4-3-4所示。

**表 4-3-1　轮机长新接船操作检查表**

| 序号<br>No. | 检查项目<br>Inspection Item | 检查结果<br>Result |
|---|---|---|
| 1 | 是否已参与了公司接船前的安全培训?<br>Have you participated in the company's pre-delivery safety training? | |
| 2 | 是否熟悉新接船船舶管理须知?<br>Are you thoroughly familiar with the Vessel Take-over Management Instructions? | |
| 3 | 是否已熟悉船厂、船舶环境、机舱设备等基本情况?<br>Have you acquainted yourself with the shipyard layout, vessel environment, and engine room equipment? | |
| 4 | 是否已签收、清点厂方提供的技术图纸、设备说明书? 是否已检查设备证书、检验报告是否齐全?<br>Have you signed for and inventoried technical drawings, equipment manuals from the shipyard? Have you verified the completeness of equipment certificates and survey reports? | |
| 5 | 是否已熟悉并掌握主机、副机、辅锅炉等主要设备的技术性能和操作?<br>Are you proficient in the technical specifications and operations of main engines, auxiliary engines, auxiliary boilers,etc.? | |
| 6 | 是否已熟悉其他辅助设备的技术性能和操作特点?<br>Are you familiar with the technical performance and operational characteristics of auxiliary equipment? | |

续表

| 序号<br>No. | 检查项目<br>Inspection Item | 检查结果<br>Result |
|---|---|---|
| 7 | 是否已熟悉燃、润油料的加装及驳运系统的管路和阀门？<br>Have you mastered the piping and valves for bunkering and transfer operations of fuels/lubricants? | |
| 8 | 是否已熟悉主机、舵机、辅锅炉等主要设备的应急操作？<br>Are you trained in emergency procedures for main engines, steering gears, and auxiliary boilers? | |
| 9 | 是否已了解船舶燃润油消耗情况？<br>Have you reviewed the vessel's fuel and lubricant consumption records? | |
| 10 | 接船期间各职人员发现的设备问题、缺陷以及整改意见汇总后递交给船长？<br>Have all department heads submitted consolidated reports on equipment defects and rectification proposals to the master? | |
| 11 | 是否了解试航计划并做好了相应准备？<br>Are you aware of the sea trial schedule and prepared accordingly? | |
| 12 | 试航中出现的问题是否已记录并及时递交？<br>Were issues identified during sea trials documented and promptly reported? | |
| 13 | 试航期间记录的设备运行参数是否已整理存档？<br>Have equipment performance parameters from sea trials been archived with systematic categorization? | |
| 14 | 设备零部件的拆检照片是否已整理存档？<br>Have dismantling inspection photos of equipment components been systematically archived? | |
| 15 | 是否熟悉船舶润滑油、化学品、添加剂等的使用品牌和方法？<br>Are you familiar with approved brands and application methods for lubricants, chemicals, and additives? | |
| 16 | 相关人员是否参与了相关设备的培训？<br>Have designated personnel completed equipment-specific training? | |
| 17 | 发现的问题是否已整改？未整改部分是否已备忘？<br>Have identified issues been rectified? Are pending items documented with action memos? | |
| 18 | 物料和备件是否已供船？<br>Have stores and spare parts been delivered onboard? | |
| 19 | 燃润料、化学品等是否已供船？<br>Have fuels, lubricants, and chemicals been bunkered? | |
| 20 | 相关管理资料、记录台账、开航所需设备工具是否已就位？<br>Are management documents, record books, and departure-critical tools/equipment available? | |
| 21 | 开航前是否已对主要设备进行了测试和检查？<br>Have pre-departure tests and inspections of main equipment been conducted? | |
| 22 | 是否已布置各职船员做好了开航前准备？<br>Have all crew members been briefed on departure preparations? | |

续表

| 序号 No. | 检查项目 Inspection Item | 检查结果 Result |
|---|---|---|
| 备注： Remark | | |

轮机长签字：　　　　　　　　　　　　　　　　　　日期：
CE Signature　　　　　　　　　　　　　　　　　　Date

表 4-3-2　大管轮新接船操作检查表

| 序号 No. | 检查项目 Inspection Item | 检查结果 Result |
|---|---|---|
| 1 | 是否已参与了公司接船前的安全培训？ Have you participated in the company's pre-delivery safety training? | |
| 2 | 是否熟悉新接船船舶管理须知？ Are you familiar with the New Vessel Take-over Management Instructions? | |
| 3 | 是否已熟悉船厂、船舶环境、机舱设备等基本情况？ Have you familiarized yourself with the shipyard layout, vessel environment, and basic conditions of engine room equipment? | |
| 4 | 是否已签收、清点厂方提供的技术图纸、设备说明书？设备证书、检验报告是否已验证完整性？ Have you signed for and inventoried technical drawings and equipment manuals provided by the shipyard? Have equipment certificates and inspection reports been verified for completeness? | |
| 5 | 是否熟悉主机的主要技术性能参数、正常和应急操作、安保系统功能测试,气缸注油量的调整时间和方法以及日常管理注意事项？ Are you proficient in: the main technical performance parameters, normal and emergency operation, security system function test of the main engine, cylinder oil injection adjustment time and method, and daily management precautions? | |
| 6 | 是否熟悉主机增压器的日常冲洗操作方法以及日常管理要点？ Have you mastered daily flushing methods and management procedures for main engine turbochargers? | |
| 7 | 是否熟悉主机燃油、系统油净化及驳运、气缸油、高低温冷却水、启动及控制空气等系统的管路和阀门？ Are you familiar with piping and valves for the main engine fuel, system oil purification and transfer, cylinder oil, high and low temperature cooling water, starting and control air systems? | |
| 8 | 是否熟悉主机扫气箱灭火系统的操作和相关管路和阀门？ Are you trained in scavenge fire extinguishing system operations and related piping/valves? | |
| 9 | 是否掌握冷却水的化验及水处理药剂的使用方法？ Have you mastered cooling water testing procedures and chemical treatment applications? | |

| 序号<br>No. | 检查项目<br>Inspection Item | 检查结果<br>Result |
|---|---|---|
| 10 | 是否熟悉尾轴系统的管路和阀门、尾轴密封正常和应急情况下的转换、密封高低位重力油柜的转换操作？<br>Are you familiar with the pipeline and valves of the tail shaft system, the normal conversion of the tail shaft seal and the emergency situation, and the conversion operation of the high and low gravity oil tank? | |
| 11 | 是否熟悉舵机系统的主要技术性能参数以及操作？<br>Are you familiar with steering gear technical specifications and operations? | |
| 12 | 是否熟悉空调系统的主要技术性能参数以及操作？<br>Are you proficient in air conditioning system specifications and controls? | |
| 13 | 是否熟悉冰机系统的主要技术性能参数以及操作？<br>Have you mastered refrigeration plant specifications and operating procedures? | |
| 14 | 是否熟悉主空压机和控制空压机的主要技术性能参数以及操作？<br>Are you trained in main air compressor and control air compressor specifications and operations? | |
| 15 | 是否熟悉主机滑油净油机的主要技术性能参数以及操作？<br>Are you competent in main engine lube oil purifier specifications and controls? | |
| 16 | 是否掌握水雾喷淋系统的操作方法？<br>Have you mastered water spray system operations? | |
| 17 | 是否掌握机舱通风筒和防火风闸的操作方法？<br>Are you proficient in engine room vent duct and fire damper operations? | |
| 18 | 收集的轮机部的设备缺陷以及整改意见是否已及时递交？<br>Have collected machinery defects and rectification proposals been submitted promptly? | |
| 19 | 是否了解试航计划并做好了相应准备？<br>Are you aware of the sea trial schedule and prepared accordingly? | |
| 20 | 试航中出现的问题是否已记录并及时递交？<br>Have sea trial issues been documented and reported promptly? | |
| 21 | 试航期间记录的主机运行参数是否已记录？<br>Have main engine operating parameters during sea trials been recorded? | |
| 22 | 设备零部件的拆检照片是否已整理存档？<br>Have disassembly inspection photos of equipment components been archived? | |
| 23 | 是否熟悉船舶润滑油、化学品、添加剂等的使用品牌和方法？<br>Are you familiar with approved brands and application methods for vessel lubricants, chemicals and additives? | |
| 24 | 是否参与了相关设备的培训？<br>Have you participated in equipment-specific training? | |

续表

| 序号<br>No. | 检查项目<br>Inspection Item | 检查结果<br>Result |
|---|---|---|
| 25 | 发现的问题是否已整改？未整改部分是否已备忘？<br>Have identified issues been rectified? Have unresolved issues been documented? | |
| 26 | 相关物料和备件是否已供船？<br>Have relevant stores and spare parts been delivered onboard? | |
| 27 | 燃润料、化学品等是否已供船？<br>Have fuel/lubricants and chemicals been bunkered? | |
| 29 | 开航前是否已对主管设备进行了测试和检查？<br>Have pre-departure tests and inspections of assigned equipment been completed? | |
| 30 | 是否已布置各职船员做好了开航前准备？<br>Have all crew members been briefed on pre-departure preparations? | |
| 备注：<br>Remark | | |

大管轮签字：　　　　　　　　　　　　　　　　　日期：

2/E Signature　　　　　　　　　　　　　　　　　Date

表 4-3-3　二管轮新接船操作检查表

| 序号<br>No. | 检查项目<br>Inspection Item | 检查结果<br>Result |
|---|---|---|
| 1 | 是否已参与了公司接船前的安全培训？<br>Have you completed the company's pre-delivery safety training? | |
| 2 | 是否熟悉新接船船舶管理须知？<br>Are you familiar with the New Vessel Take-over Management Instructions? | |
| 3 | 是否已熟悉船厂、船舶环境、机舱设备等基本情况？<br>Have you familiarized yourself with the basic conditions of the shipyard, vessel environment, and engine room equipment? | |
| 4 | 是否熟悉辅机的技术性能参数和操作方法？<br>Are you familiar with the technical specifications and operating procedures of auxiliary engines? | |
| 5 | 是否熟悉辅机增压器的冲洗方法？<br>Are you familiar with the flushing methods for auxiliary engine turbochargers? | |
| 6 | 是否熟悉辅机燃油、系统油净化及驳运、高低温冷却水、启动及控制空气等系统的管路和阀门？<br>Are you familiar with the piping and valves of auxiliary engine fuel oil, system oil purification and transfer, high- and low-temperature cooling water, starting air, and control air systems? | |

| 序号<br>No. | 检查项目<br>Inspection Item | 检查结果<br>Result |
|---|---|---|
| 7 | 是否熟悉燃油净油机的技术性能参数和操作方法?<br>Are you familiar with the technical specifications and operating procedures of fuel oil purifiers? | |
| 8 | 主管设备问题、缺陷以及整改意见是否已及时递交?<br>Have equipment issues, defects, and rectification proposals under your responsibility been submitted promptly? | |
| 9 | 是否了解试航计划并做好了相应准备?<br>Are you aware of the sea trial schedule and prepared accordingly? | |
| 10 | 是否熟悉辅锅炉的技术性能参数和操作方法?<br>Are you familiar with the technical specifications and operating procedures of auxiliary boilers? | |
| 11 | 是否熟悉混合锅炉的技术性能参数和操作方法?<br>Are you familiar with the technical specifications and operating procedures of composite boilers? | |
| 12 | 是否熟悉应急发电机的技术性能参数和操作方法?<br>Are you familiar with the technical specifications and operating procedures of the emergency generator? | |
| 13 | 是否熟悉应急空压机的技术性能参数和操作方法?<br>Are you familiar with the technical specifications and operating procedures of the emergency air compressor? | |
| 14 | 是否熟悉燃油速闭阀的操作方法?<br>Are you familiar with the operation of fuel oil quick closing valves? | |
| 15 | 是否掌握燃润油的加装及驳运系统的管路和阀门?<br>Have you mastered the piping and valves for fuel/oil bunkering and transfer systems? | |
| 16 | 试航中出现的问题是否已记录并及时递交?<br>Have issues encountered during sea trials been recorded and submitted promptly? | |
| 17 | 试航期间记录的辅机运行参数是否已记录?<br>Have auxiliary engine operating parameters recorded during sea trials been documented? | |
| 18 | 设备零部件的拆检照片是否已整理存档?<br>Have photos of equipment component disassembly inspections been organized and archived? | |
| 19 | 是否熟悉船舶润滑油、化学品、添加剂等的使用品牌和方法?<br>Are you familiar with the brands and usage methods of vessel lubricants, chemicals, and additives? | |
| 20 | 是否参与了相关设备的培训?<br>Have you participated in training for relevant equipment? | |
| 21 | 发现的问题是否已整改?<br>Have identified issues been rectified? | |

续表

| 序号<br>No. | 检查项目<br>Inspection Item | 检查结果<br>Result |
|---|---|---|
| 22 | 相关物料和备件是否已清点入库？<br>Have relevant stores and spare parts been physically counted and recorded? | |
| 23 | 相关管理资料、记录台账、开航所需设备工具是否已就位？主管设备的操作规定是否已制定并张贴？<br>Are management documents, record logs, and departure-required equipment/tools in place? Have operating procedures for assigned equipment been established and posted? | |
| 24 | 开航前是否已对主管设备进行了测试和检查？<br>Have pre-departure tests and inspections of assigned equipment been completed? | |
| 备注：<br>Remark | | |

二管轮签字：　　　　　　　　　　　　　　　　日期：

3/E Signature　　　　　　　　　　　　　　　Date

表 4-3-4　三管轮新接船操作检查表

| 序号<br>No. | 检查项目<br>Inspection Item | 检查结果<br>Result |
|---|---|---|
| 1 | 是否已参与了公司接船前的安全培训？<br>Have you participated in the company's pre-delivery safety training? | |
| 2 | 是否熟悉新接船舶管理须知？<br>Are you familiar with the New Vessel Take-over Management Instructions? | |
| 3 | 是否已熟悉船厂、船舶环境、机舱设备等基本情况？<br>Have you familiarized yourself with the shipyard layout, vessel environment, and basic conditions of engine room equipment? | |
| 4 | 是否熟悉货泵和透平系统的技术性能参数和操作方法？<br>Are you familiar with the technical specifications and operating procedures of cargo pumps and turbine systems? | |
| 5 | 是否熟悉惰性气体系统的技术性能参数和操作方法？<br>Are you familiar with the technical specifications and operating procedures of the inert gas system? | |
| 6 | 是否熟悉甲板接卸设备和液压系统的技术性能参数和操作？<br>Are you familiar with the technical specifications and operations of deck cargo handling equipment and hydraulic systems? | |
| 7 | 是否熟悉造水机的技术性能参数和操作方法？<br>Are you familiar with the technical specifications and operating procedures of fresh water generators? | |

续表

| 序号<br>No. | 检查项目<br>Inspection Item | 检查结果<br>Result |
|---|---|---|
| 8 | 是否熟悉油水分离器的技术性能参数和操作方法?<br>Are you familiar with the technical specifications and operating procedures of oil water separators? | |
| 9 | 是否熟悉焚烧炉的技术性能参数和操作方法?<br>Are you familiar with the technical specifications and operating procedures of incinerators? | |
| 10 | 是否熟悉救生艇艇机的操作和保养?<br>Are you familiar with the operation and maintenance of lifeboat engines? | |
| 11 | 是否熟悉消防泵和应急消防泵的操作和保养?<br>Are you familiar with the operation and maintenance of fire pumps and emergency fire pumps? | |
| 12 | 是否熟悉排油监控系统的操作和保养?<br>Are you familiar with the operation and maintenance of the Oil Discharge Monitoring Equipment (ODME)? | |
| 13 | 是否熟悉机舱污水系统的管路和阀门?<br>Are you familiar with the piping and valves of the engine room bilge system? | |
| 14 | 主管设备问题、缺陷以及整改意见是否已及时递交?<br>Have equipment issues, defects, and rectification proposals under your responsibility been submitted promptly? | |
| 15 | 是否熟悉燃润油的加装及驳运系统的管路和阀门?<br>Are you familiar with the piping and valves for fuel/lubricating oil bunkering and transfer systems? | |
| 16 | 试航中出现的问题是否已记录并及时递交?<br>Have issues encountered during sea trials been recorded and submitted promptly? | |
| 17 | 设备零部件的拆检照片是否已整理存档?<br>Have photos of equipment component disassembly inspections been organized and archived? | |
| 18 | 是否参与了相关设备的培训?<br>Have you participated in training for relevant equipment? | |
| 19 | 主管设备发现的问题是否已整改?<br>Have identified issues in assigned equipment been rectified? | |
| 20 | 相关物料和备件是否已清点入库?<br>Have relevant stores and spare parts been physically inventoried and logged into the system? | |
| 21 | 相关管理资料、记录台账、开航所需设备工具是否已就位?主管设备的操作规定是否已制定并张贴?<br>Are management documents, record logs, and departure-required equipment/tools in place? Have operating procedures for assigned equipment been established and conspicuously posted? | |
| 22 | 开航前是否已对主管设备进行了测试和检查?<br>Have pre-departure tests and inspections of assigned equipment been completed? | |

续表

| 序号<br>No. | 检查项目<br>Inspection Item | 检查结果<br>Result |
|---|---|---|
| 备注：<br>Remark | | |

三管轮签字：　　　　　　　　　　　　　　　　　　　日期：
4/E Signature　　　　　　　　　　　　　　　　　　　Date

## 四、● 保修期内的工作

　　轮机员接船后应对设备进行全面检查，发现问题，及时提出并修理，做好记录，填写保修单，保修单的填写参考如表 4-3-5 所示。

表 4-3-5　某船保修单(仅供参考)

　　保修事宜：××××××设备故障

| 保修单编号:×××××× | 日期： | 是否紧急/是 |
|---|---|---|
| 设备名称/型号/系列号/图号/运行时间： | | |
| 设备安装位置：机舱 | | |
| 设备制造商：×××××× | | |
| 故障现象描述分析及采取的措施： | | |
| 船东要求：根据以上故障现象，请厂家提供如下备件及服务： | | |
| 船期及代理:具体动态请联系船东或代理 | | |
| 船长签名：　　　　　　　　　轮机长签名： | | |

# 第四节 ☆CE/2E/3E/4E 修船管理（口述）

## 一、◎修船的种类和原则

### 1.修船的种类

根据船舶修理的原因，船舶修理可以分为自主修理和被动修理。船东为适应新技术的发展，改装、修理船舶和船舶定期检修可以算作船东自主修理，其他原因导致必须修理的情况可以称为被动修理。

根据修理工程承担对象，可分为"船员自修"和"厂修"。

船员自修是船员应尽的基本职责之一，是保证船舶技术性能良好、消除设备隐患、减少故障、缩短修期、节约修费、提高船员技术水平的重要措施。

（1）船员自修

船员自修分为不停航自修、停航自修和厂修时的自修。

①不停航自修是船员在航行期间内进行的自修保养工作。主要内容是按计划和设备保养规程规定的预防性检查保养项目，解决航行中发现的问题。

②停航自修是有计划安排或停泊期间的船员自修工作。主要以主机的检修为主，并进行其他不停航时无法进行的工程。停航自修以船员为主，必要时由航修站或船厂协助进行。

③厂修时的自修是船员在船舶厂修期间尽可能多地完成一些厂修范围的工程。船舶进厂时，船员的主要职责是积极配合厂修做好检修工作。船厂应积极支持船员自修，及时解决自修所需的零部件加工和配件供应等问题。

（2）厂修

厂修的种类，没有统一的规定。如交通运输部曾经根据使用的时间和磨损的程度，分为航修、小修和检修三种。

①按交通运输部的规定

航修：船舶营运中发生局部过度磨损或一般性事故，影响航行安全而船员难以自行修复，必须由船厂或航修站修理的工程。

小修：营运期中的船舶按规定周期结合定期检验而进行的短期计划性修理。目的是消除在使用中产生的过度磨耗和腐蚀，保证到下次修理期内的安全运转。主要对船体、主副、机、管系，通海阀，舵装置，轴系，锅炉，受压容器，液压设备，电气设备及工程专用设备进行重点检查和修理，对设备进行清洁保养、研磨、调整和更换零部件。一般以原样修复为主。

小修间隔期，客货船为 12 个月，远洋货船为 12~18 个月。如船舶技术状况良好不需修理时，经验船师检验认可后，可以延期 6 个月，但最多不超过 12 个月。

检修：检修是按规定周期每隔 2~3 次小修进行的厂修工程。它结合定期检验对船体，主、副机及其他设备进行较全面的检查，修复小修时不能解决的较大缺陷，消除检验证书上重要保留条款，保持船舶强度和主要设备的安全运转条件。主、副机允许做全面检查和修理，但必须依据设备的技术状况确定项目,不应盲目全面解体和修换。

除计划厂修类别外,还有事故修理。事故修理是指船舶在营运中,如遇到不可抗拒(台风、龙卷风等)的因素或意外(船舶碰撞、触礁等)所造成的海损事故后的修理。其修理情况要根据船舶损坏程度和船检部门提出的修理意见和要求进行临时性修理,以取得适航证书。

②按航运企业的规定

航修:航修属临时性修理,不编入计划。主要是为解决营运中发生的影响航行安全的局部故障,而船员又不能自修,可由船厂、航修队等利用船舶在港期间进行,不影响船舶营运。

计划修理:一般为5年一个周期,5年中一次特检和一次计划修理。在两次计划修期之间有一次坞修。

事故修理:船舶发生事故后,应根据船舶损坏情况和检验部门提出的修理范围和要求进行。

如果通过临时性修理可以取得适航证书,则可做临时性修理以减少营运损失。如损坏严重,则应根据当时当地的条件决定修理方案。事故修理如距计划修理时间较近,可以考虑合并进行。

### 2.修船的原则

(1)船舶修理应以恢复机械、设备的原有性能为目的。要对船舶进行更新和改造时,需要进行经济论证,并经船级社认可。

(2)船舶的使用年限是修船的重要依据。对于船龄较小的船舶,修理时应尽可能保持其原设计性能;对于大龄船舶,修理时要保证安全营运和使用年限;对于老龄船舶,只进行维持性修理,同时采取适当减载和限制功率的措施以保证强度和安全运输的要求。

(3)远洋船舶应按入级标准进行修理,如为达到原入级要求而修理范围过大,经济论证又不合算时,应按改变入级航区或改为沿海使用的要求进行修理。

(4)保证修船的质量。修理的项目必须达到质量标准,应满足验船规范、修理标准、技术说明书等有关规定。

(5)缩短修船时间,降低修船费用。

(6)修船工作实行预防为主,维护保养和计划修理并重的原则,切实保持船舶良好的技术状况。

## 二、● 修船的组织工作

### 1.拟订修理计划

轮机长、大管轮、大副按照船舶航修、厂修、自修等不同原因和标准,制订相应的修理计划。大副负责编制甲板工程、甲板部的坞修工程修理单,大管轮负责编制轮机工程、电气工程及轮机部的坞修工程修理单。修理单要求项目准确,内容清楚,注明必要的规格数量和技术要求,应充分考虑到所有船级社要求的检验项目、遗留项目及检查缺陷项目,修理所需的备件物料也应一并提出申请。所有的修理单须经轮机长汇总、审核,最终由船长审批后上报船舶总管团队。

### 2.修理的前期准备

进厂修理前要做好清舱除气和测爆工作以满足进厂要求,同时应备好修船所必需的备件。

重大备件至少应提前半年提出申请,以便及时订货。进厂前船舶应备妥施工可能需要的图纸资料、专用工具,清理影响施工的物品、危险品,为施工提供安全的工作条件。

船舶应确认货舱、机舱间、泵间、货泵进口滤器和出口油气分离器(需要打开)、货油管系以及需要作业的其他舱柜和相邻舱室、管线等部位的污油和污水排除并清洁干净,除去可燃气体,清除油脚和积水,不留存残水,并对压载舱和隔离空舱进行检查,且船舶对上述部位测爆合格后(舱、柜、泵、管系等特别危险区域检测可燃气体浓度在爆炸下限的 5% 以下,需明火作业区域的可燃气体浓度在爆炸下限的 1% 以下,测氧合格后才能施工作业,测量后按照规定填写相关记录表),同时通过电邮或电话等形式报告船舶总管团队。

### 3.修理过程中的管控

进厂后船舶领导应及时与船厂联系,了解船厂的安全保卫制度,并向船厂说明船舶有关安全保卫的要求,共同落实防火、防盗、防风、防冻、防污染、防工伤等各项安全措施。船舶甲板部和轮机部应各派安全值班员,负责相关的安全监督工作。积极做好各项安全准备工作。在厂期间如有抗灾施救工作,船舶应服从船厂的统一指挥。船舶进厂后应立即签订由船厂提供的船舶修理期间安全管理协议,明确安全责任。

### 4.进厂后的安全措施

船舶进厂靠泊并确认主机完车并与厂方总管确认无须动车后,大管轮应立即安排将主机循环油舱的滑油转驳到滑油沉淀柜,防止修船过程中机舱污水过多导致主机系统滑油污染。在转驳的同时在机舱集控室做好醒目的标识以示提醒。如需要在坞内进行锅炉检验,二管轮负责在进坞前将炉水排空,以免烫伤坞内作业人员;要求锅炉清洗单位人员回收使用后的化学药剂,并提供接收单据。在进行尾轴检验前,大管轮负责将尾轴系统相关阀件调整妥当,尾轴管内的残余润滑油泄放收集,防止造成污染。

厂修期间,船舶应严格遵守 MARPOL 公约和当地港口当局和船厂的环境保护规定,三管轮负责关闭船舶生活污水舷外阀并且锁闭,严禁使用,并在轮机日志上做好记录。厂修期间主管人员应合理安排,确保人员得到充分休息,防止因作业人员疲劳导致工伤事故发生。需要作业的舱室,应确认厂方执行了进入封闭处所和热工作业相关规定,并留存相关记录。船方易燃易爆危险品仓库须有醒目标志和禁烟禁火标志,水手长每天定时检查。如发现因施工可能影响其安全时,易燃易爆危险品应移位或转移,但仍需要按有关规定保管,由大副负责。

船舶离厂营运后,轮机长应组织各主管人员对船厂修理项目进行全面测试及评估,在规定时间一个月内向船舶总管团队提交书面总结及评估报告。对于设备及结构的损坏如有证据表明是由承修厂的责任造成的,船舶应在航标平台中向船舶总管团队报告并附相关的证据,由船舶总管团队负责与船厂进行协调处理。船舶厂修出厂后,机舱应保持至少 72 h 有人值班或者直到完全确定所检修设备工作正常为止。开航后安排各主管人员对船舶结构及设备进行全面检查试验,发现问题及时处理,如船舶无法自行解决应立即寻求岸基支持。开航后立即组织人员对修理现场进行彻底检查清洁,尤其应关注主机、副机、锅炉以及其排烟管附近处所,防止易燃物在高温环境下自燃。

### 三、● 修船的监督与验收

#### 1.监修

轮机长是船舶监修的总负责人。在轮机长的指导下,大副具体负责甲板部的工程监修,大管轮具体负责轮机部的工程监修。重要工程应由船舶总管团队亲自参与监修。

监修人员的职责包括:监督船厂是否按照船舶修理单指定的范围和要求施工,工艺、材料及安装质量是否符合技术要求;监督施工中有无船厂责任引起的部件及设备的损坏。监督施工时有无不安全因素,可能引起火灾及其他的危险,必要时有权停止施工,并向主管人员汇报,等待处理;做好必要的修理记录,以便准备验收和审核账单需要的材料;配合船厂工作,为施工提供方便条件。

厂修期间工程的增减应由船舶根据实际情况提出具体的项目清单,在轮机长与船舶总管团队进行充分协商后,以书面的形式正式通知船厂。工程增减项目的范围不宜过大,应尽量不要影响整个工程的进度。

#### 2.验收

验收的目的是检查修理质量是否达到技术要求。船厂施工完毕应交船方验收,验收时应有厂、船双方代表在场。重大修理项目的验收需要船舶总管团队主管在场。大管轮在轮机长的指导下负责轮机部修理工程的验收,由轮机长保存完工单。大副在轮机长的指导下负责甲板部修理工程的验收并保存完工单。对船级社要求检验的项目,船舶总管团队主管应现场与船厂协调,合理安排船厂修理和验船师检验。

单项工程完毕后,可以进行单项验收;需要运转试验的设备,应进行运转试验;必须试航才能验收的项目,可留待试航时验收。凡不符合要求的项目,应由船厂负责解决,双方如有争议,应按照修船合同协商解决。

对于修理后的阀和液压系统,要进行检查试验,保证其工作正常。船舶出坞时船方与厂方联合派人对各类通海阀进行全面检查,发现问题及时与厂方联系采取措施;必须及时对主海水系统进行查漏、放空气等,确保主海水系统正常,避免因副机故障导致失电事故发生。

修理完工后可根据修理范围决定是否需要海上试验或系泊试验。试航时应由双方提出试航大纲,明确试航时双方的安全责任。在试航过程中发现的问题,凡厂方负责的项目应由船厂负责修理。船舶离厂前,船长与轮机长应与船舶总管团队主管共同核实船级社签发和签署的船级证书,确保无误和有效。船舶离厂营运后,对于设备及结构的损坏如有证据表明该损坏或故障是由承修厂的责任造成的,船舶应在航标平台中向船舶总管团队报告并附相关的证据,由船舶总管团队负责与船厂进行协调处理。

# 第五节　☆CE/2E/3E/4E 个人评估题卡

## 一、适用于☆CE 轮机长的个人评估题卡

注:考生从个人评估任务中抽取一项,评估过程按照个人方式进行,与团队评估任务组成两个评估任务。

| 评估项目 | 评估要素 | 评估题目 |
|---|---|---|
| 不同人文背景下的轮机部船员管理 | ◎中国船员的跨民族、跨文化管理趋势 | 1.随着国际航运业多国籍船员配员模式的普及,中国船员在远洋船舶工作中需应对多元文化交融的挑战。请结合船员职业及海上特殊工作环境,详细说明当前中国船员在跨民族、跨文化管理中的发展趋势,并分析其背后的推动因素 |
| | ◎中国船员的跨文化管理中的努力方向 | 2.跨文化管理能力是国际船员的核心素养之一。请从语言沟通障碍、思维模式差异及文化习俗冲突三个维度,阐述中国海员在提升跨文化管理水平过程中的改进方向 |
| 接船管理 | ● 接船前的准备工作 | 1.请说明接船前需完成的文件审核、物资清点、试航计划制订等准备工作 |
| | ●船舶交接过程中的工作 | 2.请列举在船厂与接船方移交船舶时,必须重点交接的技术文件、设备权限、未完成工程清单等内容,并分析漏交或误交可能引发的管理风险 |
| | ◎接船后初级阶段的工作 | 3.接船初期是设备故障高发期,需强化监测与调整。请说明在接船后的过渡期内,轮机部应如何开展设备运行参数跟踪、船员操作适应性评估及应急程序优化等管理检查工作 |
| | ●保修期内的工作(一年内) | 4.船舶保修期是船厂对建造/修理质量承担责任的法定时段。请阐述保修期内发现设备缺陷或性能不达标时,船方需遵循的报告流程、争议解决机制及文件留存要求 |
| 修船管理 | ◎ 修船的种类和级别 | 1.修船工程根据周期与范围可分为不同级别。请结合船级社检验规则与船舶运营实际说明修船的种类和原则 |
| | ●修船的组织工作 | 2.请说明修船前需编制的技术文件、签订的协议类型,以及在修船过程中如何组织和协调船厂、船级社与船方三方协作 |
| | ● 修船的监督与验收 | 3.修船质量直接关系到船舶适航性。请从工艺合规性检查、设备性能测试及文件完整性验收三方面,说明修船监督与验收的核心要点 |

## 二、适用于☆2E 大管轮的个人评估题卡

注:考生从个人评估任务中抽取一项,评估过程按照个人方式进行,与团队评估任务组成两个评估任务。

| 评估项目 | 评估要素 | 评估题目 |
|---|---|---|
| 不同人文背景下的轮机部船员管理 | ◎中国船员的跨民族、跨文化管理趋势 | 1.随着国际航运业多国籍船员配员模式的普及,中国船员在远洋船舶工作中需应对多元文化交融的挑战。请结合船员职业及海上特殊工作环境,详细说明当前中国船员在跨民族、跨文化管理中的发展趋势,并分析其背后的推动因素 |
| | ◎中国船员的跨文化管理中的努力方向 | 2. 跨文化管理能力是国际船员的核心素养之一。请从语言沟通障碍、思维模式差异及文化习俗冲突三个维度,阐述中国船员在提升跨文化管理水平过程中的改进方向 |
| 热工作业 | ◎责任 | 1.请说明在甲板或机舱实施焊接、切割等热工作业前,必须完成的现场检查内容、安全防护措施及人员职责分工 |
| | ●实施步骤 | 2.为确保热工作业安全可控,操作流程需遵循标准化步骤。请按时间顺序详述从作业申请到现场清理的全过程实施步骤 |
| | ●热工作业要求 | 3.热工作业许可的签发需满足特定条件。请列举作业前必要的技术条件、人员资质要求及文件审批流程 |
| | ◎热工作业后的检查安排 | 4.请具体说明作业完成后需执行的检查项目、记录要求及后续跟踪措施 |
| 接船管理 | ●接船前的准备工作 | 1.请说明接船前需完成的文件审核、物资清点、试航计划制订等准备工作 |
| | ●船舶交接过程中的工作 | 2.请列举在船厂与接船方移交船舶时,必须重点交接的技术文件、设备权限、未完成工程清单等内容,并分析漏交或误交可能引发的管理风险 |
| | ◎接船后初级阶段的工作 | 3.接船初期是设备故障高发期,需强化监测与调整。请说明在接船后的过渡期内,轮机部应如何开展设备运行参数跟踪、船员操作适应性评估及应急程序优化等管理检查工作 |
| | ●保修期内的工作(一年内) | 4.船舶保修期是船厂对建造/修理质量承担责任的法定时段。请阐述保修期内发现设备缺陷或性能不达标时,船方需遵循的报告流程、争议解决机制及文件留存要求 |
| 修船管理 | ◎修船的种类和级别 | 1.修船工程根据周期与范围可分为不同级别。请结合船级社检验规则与船舶运营实际说明修船的种类和原则 |
| | ●修船的组织工作 | 2.请说明修船前需编制的技术文件、签订的协议类型,以及在修船过程中如何组织和协调船厂、船级社与船方三方协作 |
| | ●修船的监督与验收 | 3.修船质量直接关系到船舶适航性。请从工艺合规性检查、设备性能测试及文件完整性验收三方面,说明修船监督与验收的核心要点 |

## 三、适用于☆3E/4E 二/三管轮的个人评估题卡

注:考生从个人评估任务中抽取一项,评估过程按照个人方式进行,与团队评估任务组成两个评估任务。

| 评估项目 | 评估要素 | 评估题目 |
|---|---|---|
| 不同人文背景下的轮机部船员管理 | ◎中国船员的跨民族、跨文化管理趋势 | 1.随着国际航运业多国籍船员配员模式的普及,中国船员在远洋船舶工作中需应对多元文化交融的挑战。请结合船员职业及海上特殊工作环境,详细说明当前中国船员在跨民族、跨文化管理中的发展趋势,并分析其背后推动因素 |
| | ◎中国船员的跨文化管理中的努力方向 | 2.跨文化管理能力是国际船员的核心素养之一。请从语言沟通障碍、思维模式差异及文化习俗冲突三个维度,阐述中国船员在提升跨文化管理水平过程中的改进方向 |
| 热工作业 | ◎责任 | 1.请说明在甲板或机舱实施焊接、切割等热工作业前,必须完成的现场检查内容、安全防护措施及人员职责分工 |
| | ●实施步骤 | 2.为确保热工作业安全可控,操作流程需遵循标准化步骤。请按时间顺序详述从作业申请到现场清理的全过程实施步骤 |
| | ●热工作业要求 | 3.热工作业许可的签发需满足特定条件。请列举作业前必要的技术条件、人员资质要求及文件审批流程 |
| | ◎热工作业后的检查安排 | 4.请具体说明作业完成后需执行的检查项目、记录要求及后续跟踪措施 |
| 接船管理 | ●接船前的准备工作 | 1.请说明接船前需完成的文件审核、物资清点、试航计划制订等准备工作 |
| | ●船舶交接过程中的工作 | 2.请列举在船厂与接船方移交船舶时,必须重点交接的技术文件、设备权限、未完成工程清单等内容,并分析漏交或误交可能引发的管理风险 |
| | ◎接船后初级阶段的工作 | 3.接船初期是设备故障高发期,需强化监测与调整。请说明在接船后的过渡期内,轮机部应如何开展设备运行参数跟踪、船员操作适应性评估及应急程序优化等管理检查工作 |
| | ●保修期内的工作(一年内) | 4.船舶保修期是船厂对建造/修理质量承担责任的法定时段。请阐述保修期内发现设备缺陷或性能不达标时,船方需遵循的报告流程、争议解决机制及文件留存要求 |
| 修船管理 | ◎修船的种类和级别 | 1.修船工程根据周期与范围可分为不同级别。请结合船级社检验规则与船舶运营实际说明修船的种类和原则 |
| | ●修船的组织工作 | 2.请说明修船前需编制的技术文件、签订的协议类型,以及在修船过程中如何组织和协调船厂、船级社与船方三方协作 |
| | ●修船的监督与验收 | 3.修船质量直接关系到船舶适航性。请从工艺合规性检查、设备性能测试及文件完整性验收三方面,说明修船监督与验收的核心要点 |

# 参考文献

[1]王雪峰. 机舱资源管理实训教程[M]. 大连:大连海事大学出版社,2015.

[2]韩雪峰. 船舶机舱资源管理[M]. 北京:人民交通出版社股份有限公司,2018.

[3]蒋德志. 机舱资源管理实训教程[M]. 大连:大连海事大学出版社,2015.

[4]仇大志. 机舱资源管理[M]. 大连:大连海事大学出版社,2021.